中国传统方志艺文志研究

马春晖　著

國家圖書館出版社
National Library of China Publishing House

图书在版编目(CIP)数据

中国传统方志艺文志研究/马春晖著. --北京：
国家图书馆出版社,2015.1
ISBN 978 – 7 – 5013 – 5518 – 1

Ⅰ.①中… Ⅱ.①马… Ⅲ.①艺文志—研究—
中国 Ⅳ.①G257

中国版本图书馆 CIP 数据核字(2014)第 294895 号

书 名 中国传统方志艺文志研究
著 者 马春晖 著
责任编辑 金丽萍

出 版 国家图书馆出版社(100034 北京市西城区文津街 7 号)
      (原书目文献出版社 北京图书馆出版社)
发 行 010 – 66114536 66126153 66151313 66175620
      66121706(传真),66126156(门市部)
E-mail btsfxb@ nlc. gov. cn(邮购)
Website www. nlcpress. com ──→投稿中心
经 销 新华书店
印 装 北京科信印刷有限公司
版 次 2015 年 1 月第 1 版 2015 年 1 月第 1 次印刷

开 本 710 × 1000(毫米) 1/16
印 张 15.25
字 数 240 千字

书 号 ISBN 978 – 7 – 5013 – 5518 – 1
定 价 60.00 元

序　言

　　中国是世界上罕见的方志编纂大国。有两个数据足以证明：中国科学院北京天文台主编的《中国地方志联合目录》（中华书局 1985 年出版），总共收录国内 180 多个单位所藏方志 8200 多种。由金恩辉、胡述兆主编的《中国地方志总目提要》（台北汉美图书有限公司 1999 年以后陆续出版）更进一步，这套书分上、下两部，上部收录古代至 1949 年旧方志 8577 种，下部收录 1949—1999 年新编方志 3402 种。

　　在中国传统文献大家庭中，地方志是颇具个性的重要文献。它不仅历史悠久，内容丰富，而且与另外两种文献——正史、家谱，共同支撑起中华民族文献大厦，被誉为中国史学领域里鼎足而立的"三大支柱"。"三大支柱"分工明确，各司其职：正史是反映一个国家一定时期内有关历史情况的信息资源，家谱是反映社会基层细胞一定时期内有关历史情况的信息资源，而地方志则是反映一定地域一定时期内有关历史情况的信息资源。比较"三大支柱"之三种文献，方志体例尤似正史。特别是反映文献专篇的艺文志，相似之中又有区别：正史艺文志专纪一国之文献，方志艺文志仅纪一地之文献。

　　考察地方志基本体例，"艺文志"起码在三个方面显示出重要而深远的意义。第一，地方志的编撰具有不间断的连续性，这就意味着依附于它的"艺文志"的永无穷期，意味着为后人研究相关文献提供了永不消失的开放窗口。第二，方志艺文志旨在反映一定时期内有关某一地域藏书之盛或著述之盛，这不仅提升了方志的含金量，也扩大了地方志的学术地位和影响。第三，同正史艺文志一样，方志艺文志也是治学和著述的门户。如果说"不通《汉书·艺文志》，不可以读天下书"（王鸣盛《十七史商榷卷》二十二），则方志艺文志通过"辨章学术，考镜源流"的揭示与报道，同样为读者利用地方文献提供了一个极为理想的检索平台。

　　虽然方志艺文志的意义重大，但存在其中的诸多缺憾也是不争的事实。首先，地方志属于官修文献，反映统治阶层正统观念是其一贯的指导思想，这一特征也不可避免地体现于艺文志中。其次，艺文志的文献著录也存在许多问题。阅读马春晖著作，即可略窥一斑：其一，良莠不齐。艺文志中固然收录不少颇有价值的作品，但是也有附庸风雅、无病呻吟之作。例如道光间张道超《伊阳县志》，其中就有这类问题。其二，比例失调。艺文志仅为方志体例之一，但有些方志艺文志没有全局观念，大量堆砌诗文，所占篇幅极不相称。例如明嘉靖间《四川总志》八十卷，而自十七卷以下皆为《全蜀艺文志》。其三，张冠李戴。有些艺文志信手误收，不加考证，实在贻害后人。例如南阳《卧龙冈志》，本意收录古人歌咏南阳"隆中"诗，却误收了歌咏湖北襄阳之"隆中"诗。其四，疏于核校。例如《全唐诗》三百三十七卷韩愈《峋嵝山》："蝌蚪拳身薤倒披，鸾飘凤泊拿虎螭。"而在《衡州府志·艺文志·三七言古诗》中，题名居然成为《峋嵝峰》，"虎螭"也变成了"蛟螭"。这种情形并非个案。此外，理论研究问题非常突出。古代学者中，唯章学诚有理论又有实践，对艺文志建树最为突出。其余大都浅尝辄止，不成系统。近代以降，学界有一普遍现象，多数人以"序""跋""例言"或书札信函等形式，反映个人对艺文志的片面认识。二十世纪五六十年代以来，朱士嘉、傅振伦、王重民等学者在致力方志研究时，都不同程度地涉猎了艺文志理论问题。继之而起的王欣夫、仓修良等人显然更进一步，他们甚至在著作中特辟专章研究方志艺文志。但是方志艺文志毕竟是一篇大文章，所涉事项纷繁复杂，亟待研究和解决的问题很多。换言之，无论是出版有关方志艺文志的专著，还是发表有关方志艺文志的论文，依然是目前方志领域中翘首以盼的喜讯。

马春晖博士长期关注方志艺文志的研究，还在攻读学位期间即将其确定为研究方向，填补了国内博士论文的空白。在撰写本书过程中，作者以国家图书馆为重要基地，对古今方志艺文志做了艰苦细致的摸底排查，涉及的明、清、民国、新中国四个时期的方志艺文志文献达到 3500 多种。在《中国传统方志艺文志研究》中，作者界定了方志艺文志相关概念，以七个阶段系统反映了传统方志艺文志的发展轨迹，对方志艺文志的内容、体例及相关研究一一论列，并在肯定方志艺文志作用和解析相应缺失的基础上，指出传统方志艺文志对新编方志的启迪作用和重要参考价值。

毋庸置疑，传统方志艺文志是一个相当专业而又存在诸多问题的选题。《中国传统方志艺文志研究》是作者艰苦劳动的结晶，无论在相关理论的研究方面，还是在资料的梳理方面，都做出了一定的贡献。当然，为了更加适应当今形势下新方志编写工作的需要，作者还应该在原来基础上再接再厉，尤其在艺文志的理论方面进行更加深入的研究。

马春晖博士的著作于马年问世，我以为起码有两项意义：一是本书问世后,相信对新方志的编修工作一定会有所裨益。二是本书问世后,或许还会对该领域的研究起到"抛砖引玉"的作用。可以期待:如果本书出版后,真的"引"起了更多学人关注艺文志的研究,真的"引"出了许多更高水平的艺文志论著,那将是学界的一件幸事。

王锦贵
甲午年春节于北京中海枫涟山庄

目　录

绪　论

　　方志艺文志,顾名思义,是指我国传统文献方志之中的艺文门类,又称艺文略、文艺考、典籍志、经籍志等。它来源于一地的图经、档案、牒谱、传志、碑碣、钟鼎、笔记、信札以及逸闻逸事等原始材料,专门展现一地的著作名称、著者、成书年代、序跋、内容提要及记载诗文、奏疏、金石碑刻等内容,阅读艺文志可了解一地的图书文献、学术源流及文化发展情况。

　　我国拥有千年一贯的正史,艺文志是构成正史的重要内容,亦称经籍志,以东汉《汉书·艺文志》为发端,到唐初魏徵等编撰的《隋书·经籍志》而趋于完善。二十四史中有艺文志者有六部,包括《汉书》《隋书》《旧唐书》《新唐书》《宋史》《明史》①,其他史付之阙如。后经历代学者特别是清代学者穷年累月、铢积寸累地补苴,又出补史艺文志六十余种,凡是没有艺文志的朝代,都有学者前赴后继、精心考核补撰艺文志。这些补遗成果和原有的正史艺文志大体反映了我国近两千年来系统厘然的典籍记载,从这些记载当中,可以明了各个时期学术文化的兴起和发展概况。郭沫若曾指出"历代史书多'艺文志',虽仅具目录,但据此也可考察文化发展情况之一斑"②。如:《新唐书·艺文志》按经、史、子、集四部分类,记载了李唐时代的国家藏书之盛。正史艺文志构成了我国史志目录的主流,"所谓史志目录,乃是正史中用来揭示某一历史时期国家藏书之盛的综合性大型目录"③。因此,从学术地位上看,正史艺文志体尊,记载具有权威性、传世性。宋代的徐侨曾赋诗《读艺文志》:

---

　　①　《汉书》艺文志分为"六艺、诸子、诗赋、兵书、数术、方技"六略,其书目包括书名、撰人、篇卷数,叙述包括总序、小序、书名下之小注;《隋书》经籍志分经史子集四卷,分四部目及释道目,并有小序及注撰人姓氏,附卷轴数;《旧唐书》分四部目及释道目,并有小序及注撰人姓氏,略卷轴,只记篇部,释道目录亦不附;《新唐书》艺文志含书名、卷数、小序及注撰人姓氏;《宋史》艺文八卷,编纂书名、卷数、小序及注撰人姓氏;《明史》艺文四卷,编纂书名、卷数、小序及注撰人姓氏,录释道(含奏议类)。六本正史中《隋书》《旧唐书》曰经籍志者,其实质实为"艺文志"。

　　②　郭沫若.关于目前历史研究中的几个问题[N].人民日报,1959－04－08(7)

　　③　王锦贵.实至名归与名正言顺.浅谈我对史志、方志概念的理解[J].山东图书馆学刊,2009(4)

"所存诸子少知名,自古陈编浩莫程。未说合神老成子,谁传谈易杜田生。到头法语那能废,终久浮言自不行。只向孔门详答问,正途坦坦甚分明。"表达了文人学者对正史艺文志作用的肯定和对其"正途"权威地位的认同。

艺文不仅是我国纪传体史书和政书中的重要内容,也是地方志书的应有之义。古典文献学专家王欣夫先生认为:"志乘之列艺文,几乎是不可缺的项目。"①从其编纂讲,方志艺文志与正史艺文志的编纂初衷是一样的,目的是"辨章学术、考镜源流";从目录学的角度来说,二者都是对文献的高位整合,前者承传地方文化的资源价值,后者存续历朝历代之文脉。"地方志乘,本是一地方的历史,与国史不过具体而微。国史有艺文志,所以纪一代的文献;志乘有艺文志,所以纪一地的文献。"②所言切中肯綮。并且,经历代学人的传承和努力,方志艺文志在文化总体系的发展上,逐渐有了一套较为稳定的规制和成熟的评价标准,其远远超出文献目录的层次,与古文献学和古籍整理以及文化史研究的某些环节都有着密切的关系。

从方志艺文志的起源来看,方志艺文志仿正史艺文志而来,最远可追溯到《汉书·艺文志》。这是我国古代目录学长河中的久负盛名之作,是探究周秦、西汉学术文化源流演变的学术史名篇,方志沿袭《汉书》引艺文入志,并在参互钩稽其艺文之例的基础上,经过长期的演绎过程,形成了独具特色的方志艺文志。方志艺文志的编纂同正史艺文志一样,在我国有着悠久的历史,古往今来,经历代学人的传承接力,已累积留存了一定数量的编纂成果。根据李濂锃所编《方志艺文志汇目》,仅1932年北平图书馆馆藏中国方志中所载之艺文志,就计有一千六百五十三部,十三万八千五百七十一卷,可谓是撰述宏富③。

可以说,正是有了方志艺文志,方志才体现了文化的多样性的统一,体现了方志的政教人伦价值。鉴于方志艺文志的意义以及方志艺文志的实际影响,我们在研究中对地方志艺文志的理解,就不能局囿在通常意义上的把方志艺文志作为方志罗列的一个门类的狭义认识,而要做比较宽泛的理解。换言之,就是要放到其映像一个时代学术发展大势、揭示一地人杰地灵的文化

---

①② 王欣夫.古文献要略(讲稿上册)[Z].南京:南京大学中文系印:57—58

③ 李濂锃《方志艺文志汇目》,国家图书馆收有缩微胶片。所载之艺文志,以书目为限,各志以省为次排列,共录十九个省,计一千六百五十三部,十三万八千五百七十一卷。各志均著录志书名称、卷数、艺文所属卷次、志书修纂时间及其他。

发展的背景上,将其视为千百年来为中华文明提供了知晓地方文化成果的最佳识度方式和知解视角的载体。这才是方志艺文志安身立命的所在,也是本书确定研究的理论意义所在。

编制方志,这几乎是中华文明发展过程中的一种定制,对艺文一门独立设志,是志书编纂的突出特点之一,也是一定时期一地的社会政治、经济、文化的综合再现。"历来史志学家最重视文字资料的艺文志或经籍志,这是地方文献的重要组成部分。"①现代中国的新编方志仍在一轮又一轮的进行中,然新编方志中只有极少数沿袭了设置艺文志这一做法。就是在对艺文独立设志或独立设篇章者,也没有比较好地继承艺文志编写体例、方法方面的好传统。这一现象的背后,有着怎样的政治、经济和文化背景,通过本书的研究,将这一现象放在社会历史的整体环境来综合考察,进行历史和文化层面的回溯、思考和研究并求得答案。

正史艺文志和方志艺文志在学术史上理应属于同一层位,可是当前学术界对于二者的研究重视程度是不同的。前者之研究成果,可谓是汗牛充栋,无论古代还是近现代,一直是学术界关注的热点和研究的重镇,相比较而言,先贤们对于后者的论述是零散和贫乏的,现代学术界对其研究也是非常薄弱,更谈不上系统全面的总结归纳了。因此,对于方志艺文志,不论是从理论的研究总结层面,还是对方志成果的开发和利用层面,都有必要将其作为特定的对象加以深入研究和探索。方志艺文志作为一地文化的重要组成部分,是如何发生、发展的? 其在我国的方志发展过程中呈现了什么样的状态和景象? 其对现阶段方志的编纂有着怎样的借鉴意义? 这些问题将成为本书的主要研究方向。

究竟什么样的文献才是方志艺文志呢? 到目前为止,学界还没有哪一部(篇)著作或论文对这一问题做出较为科学的、令人信服的定义。因此对方志艺文志进行研究的前提,是必须对方志艺文志的内涵和外延有所界定,而界定之先,就必须对其赖以存在的母体——"地方志",进行梳理并就其发展历史和发展脉络进行追溯和厘清。

我国方志的编修历史悠久,在世界文化发展史中独树一帜,在西方找不到和方志相匹配的文献类型。国有史,郡有志,家有谱,方志与正史、家谱共

① 傅振伦.方志立文献刍议[M]//傅振伦方志论著选.杭州:浙江人民出版社,1992:423

同构成了中华历史大厦的三大支柱。它系统记载了一地古今的综合情况,成书多,史料丰,是中华民族献给世界文化宝库的一笔宝贵财富。现存的全国八千多种方志,对于研究中国政治史、经济史、军事史、社会史、文化史、教育史、科技史等许多方面,都是极为珍贵的历史文献。史学家顾颉刚总结地方志价值时指出:"夫以方志保存史料之繁富:纪地理则有沿革,疆域,面积,分野;纪政治则有建置,职官,兵备,大事记;纪经济则有户口,田赋,物产,关税;纪社会则有风俗,方言,寺观,祥异;纪文献则有人物,艺文,金石,古迹。"①李约瑟也在《中国科学技术史》一书中谈及了方志的独特价值,"伟烈亚力曾经写道,在中国出现的一系列地方志,无论从它们的广度来看,还是从它们的有系统的全面性方面来看,都是任何国家的同类文献所不能比拟的。凡是熟悉中国文献的人都知道,在中国的文献中有卷帙浩瀚的'地方志',它们确实是当地的地理和历史著作。其他各类文献在卷帙浩瀚的程度上很少能够和这类文献相比,它们是各地的学者长期以来辛勤工作而结出的硕果"②。方志学家傅振伦也提出类似的见解,"在许许多多文化典籍中,地方志书发展很早,品类繁多,内容丰富,是值得珍视的文化遗产"③。可见,对于方志这一文献的意义和价值的理解和认识,不同的时代、不同的学人和志家,可以有多角度的认识和丰富的阐释,见仁见智。他们的理解和判断虽各有千秋,但基本都在以下几点形成共识,即方志的起源早、史料丰,虽穷年累月历经时代变迁,却始终保持着核心的内容和独特的地域特性,它系统、连续、丰富,具有重要的功用和价值。以河南省编纂的志书为例,从春秋战国至民国,历代编修的地方志书累计达到两千种左右,且品类繁多,从通志、府志、州志、县志都有编纂,涵盖广,载述极为宏富,是研究中原地域的"博物之书"。

　　本书的研究对象为历代方志中的艺文部分,这些艺文志分布于各个行政区域的方志之中,以方志为载体,反映当地的学术发展和文运兴衰,记述地理环境与人文环境发展情况,是一种区域性的著作和资料的总汇,诸如省志、府志、州志、县志、镇志、里志、村志、乡土志,比较全面地反映了各地各级的地方文献。在记述的范围上,反映全国内容者曰一统志,如元、明、清三代均有《一

---

① 顾颉刚.中国地方志综录序[M]//李泽.朱士嘉方志文集.北京:燕山出版社,1991:17

② 李约瑟.中国科学技术史(第五卷第一册)[M].北京:科学出版社,1976:44—45

③ 傅振伦.中国方志学自序[M]//傅振伦方志论著选.杭州:浙江人民出版社,1992:3

统志》；反映大行政区域者曰区域志，如隋虞茂修《隋区宇图志》；反映在两省以上者曰总志，如明徐学漠修《湖广总志》；反映在两县或两县以上者曰合志，如《常（熟）昭（文）合志》。

方志艺文志亦有一些别称，如有称坟籍志者，如《关东风俗传》；有称诗话者，如南宋《新安志》；有称文籍志者，如康熙《费县志》；有称集古者，如元延祐《四明志》；有称经籍者，如嘉庆《洛阳县志》；有称文艺者，如民国《岐山县志》①；有称书籍者，如明《仁和县志》；有称诗文者，如明《交陟总志》；有称文章志者，如明《鄘陵志》；有称文略者，如明《滇略》；有称志贵者，如明《雍大志》；还有汇为一篇实艺文志而不称者，如嘉靖颜木纂《随志》②。为求周延，方志中凡属上述名目者，皆为本书研究对象。

方志艺文志的内涵，是指构成方志艺文志内在的基本元素，主要指其所选辑的畛域、设置、分类与编排等。如在选辑内容上，与正史艺文志只录典籍探讨的焦点集中在图书目录上不同，方志艺文志蕴含的史料较为丰富，其有的与纪传体史书的艺文志或经籍志相同，只录书目不录诗文的，如民国《钟祥县志》，有的方志艺文志是集录文学作品而不是书目，如清张高等纂修的《崖州志》；有记载书序的，如乾隆《大名县志》、嘉庆《广西通志》；还有诗文与书目并载的，如民国杨恩元、赵俏等纂《续遵义府志》，其艺文目载目录及诗文碑铭，再如民国《黑龙江志稿》艺文志载目录、文征。方志艺文志正是因为有了如此丰富的内涵和多样的元素，才能够全面反映和解读地域的文学文献概况、社会文化和历史思想等多元意义。

方志艺文志的外延，主要指其撰修艺文必然有所涉及的一些因素，如方志艺文志发展的时代背景和历史脉络、与政治、经济和社会的交互关系、各个时期主要方志的特点、成因以及数量、质量、收藏、存佚等。对于外延的研究，将有助于从历史发展的宏观角度，了解方志艺文志在中国传统文化中所扮演的角色、所发挥的作用、所映射的时代精神，感知其意义和价值所在。

在我国传统方志的发展历史过程中，艺文内容作为方志一种门类的客观存在，其主体价值至关重要。方志编纂要求志体"横排"，不可缺项，方志的类目一般包括了一地的建置、舆图、疆域、山川、名胜、物产、赋役、风俗、职官、人

---

① 这里作者还特别指出原因，"人物之盛，躬行为先，昔贤言行，有赖诗文，故次九曰文艺"。

② 这部志书分两卷，上卷编年叙事，下卷全录诗文，以代艺文。

物、金石、学校、灾异等，艺文与这些类目构成一个完整的方志。不仅如此，艺文在其文本内涵的背后有着超文本的深意，呈现的是在其价值层面的完整性。志书作为"一方之全史"，其各个类目之间存在着价值体系上的有机联系，它们不只是单独形式化的客观存在，或仅仅限于学科、主题等的客观不同从而使人们误读方志艺文志只是作为一个门类存在。如果只是从方志的学科属性和逻辑类项上划分和作为取舍标准，那么就会无视艺文内容的主体价值，反映不出各具体类目在整体文化的坐标体系中的映射位置和彼此关系，也就不能体味到我国传统文化的一般趋向，而导致在本质上和传统文化精神的内在有机联系相背驰。

　　列宁曾指出："判断历史的功绩，不是根据历史活动家有没有提供现代所要求的东西，而是根据他们比他们的前辈提供了新的东西。"①尼采也有一句名言："我们只有站在现在的顶峰才能解释过去。"②我们研究艺文志，离不开对当下的关心，从这个意义上而言，研究在中国方志编纂尤其近现代视野下方志艺文志的发展和嬗变，更让我们能真正理解方志艺文志编纂背后的学术和文化背景，反思目前我们编纂方志的问题，以及为现代新方志艺文志的发展提供可资借鉴的方法和策略，同时对推动方志艺文志的阅读和研究也有所裨益。因此方志艺文志的研究和编纂，不仅仅是一项学术研究的活动，同时也是对文化和思想领域的一次回顾。如何在这一过程中，总结出其具有价值的精神内核，并应用到我们新时代新志书的编纂中去，我们不仅要反对对传统志书的全面否定，事多而文省，又要避免沿袭旧法，复古、摹古而违反时代精神，还要不能流于画虎成犬，雕鹄类鹜。本书力求通过史料搜集等基础工作，结合中国现代方志艺文志的编纂实际，集百家之成言，考诸家之序论，从所挖掘到的科学方法以及总结出的前人的灼知远见中，探索出新方志艺文编纂的科学路径。

---

① 列宁.评经济浪漫主义[M]//列宁.列宁全集(第二卷).北京:人民出版社,1957:150

② 恩斯特·卡西尔.人论[M].甘阳译.上海:上海译文出版社,2003:281

第一章　方志艺文志的基本理论

第一节　方志

中国方志艺文志的母体是方志，二者可谓是鱼水关系，方志的起源和发展对于探索和研究艺文志颇为重要。本节即就地方志追根溯源，阐述地方志发展历史梗概，以有助于解析方志艺文志的来龙去脉。

一、方志

方志即地方志。

方，地也，又称"方舆"。宋玉赋云"方地为舆，圆天为盖"，束皙诗曰"漫漫方舆，回回洪覆"，《淮南子》"以天为盖，以地为舆"。方志是"四方之志"的简称，所谓"四方"，指各省、府、州、郡、县、乡、镇、里、村等。

"志"与"誌"通，《说文解字》曰："志，意也。"有意念之意，段玉裁《说文解字注》云："志，古文识。识，记也……识，知也。"有识别、记载之义。《周礼·春官·保章氏》说："掌天星，以志星辰日月之变动。"《周礼·春官·小史》记载，周代曾设"外史"一职，"外史掌四方之志"。东汉郑玄注："志，记也，谓若鲁之《春秋》、晋之《乘》、楚之《梼杌》。"此处之"志"泛指的是记述的形式或体裁，反映的是方域之事或成文之作。直到西汉司马迁《史记》中列"河渠书"，在史书中首述地理，并在广泛搜集先秦古籍资料的基础上，其"网罗天下放佚旧闻"里，进行了"考其行事，综其始终，稽其成败兴坏之纪"的整理，并将当时发生的社会和自然状况写进《史记》中，和《尚书·禹贡》中所记载的方域、山川、物产等内容有共通之处，使后来志书和地理产生了紧密的联系。所以清人赵翼说"司马迁参酌古今，发凡起例，创为全史"，才使志书传世行远，代有相继，故司马迁有成就志体先驱之功。而明确把"志"作为一种文学或文章体裁的是班固，班固在司马迁《史记》之八书的基础之上，将《汉书》的十志加以扩展，凡一百篇，有本纪十二、表八、志十、列传七十，记载内容上起汉高祖，下迄王莽，并曰："太初以后，缺而不录。故采纂前记，缀辑所闻，已述《汉书》。"

《汉书》是继《史记》之作并沿袭其体例而纂，虽无"世家"，但其"纪""表""传"都相同，且改《史记》之"书"为"志"，以避免和《汉书》之"书"字重复，后来方志大体上都沿用此例，沿袭"纪""表""书""传"，记载大事采用本纪，记载地理、政治、经济、文化、教育采用书志，家谱、宗族采用表格序列，记载人物采用列传，并附有图谱。嘉靖《临颍县志》说："志，史类也。藩省郡县，类各有之，以记时事，其所贵者在真焉而已尔。夫真则一方实录，足备采择，以征文献，故信史也；否则，浮诞失实，辞藻虽工，无所于征，奚以志为？"①民国的熊斌说："班书始有十志，释曰，志，识也。谓积记其事也。"②学者们还在就方志的"名"与"实"进行的理性思考和清晰表达的基础上，进行了具体的辨析，刘知幾说："原夫司马迁曰书，班固曰志，蔡邕曰意，华峤曰典，张勃曰录，何法盛曰说，名目虽异，体统不殊。"

后来，方志之称谓代有沿袭，其内容和体例逐步成型，并发展成为以行政区划为范围载一地的经济、政治、军事、文化、人物、艺文等事项的综合记录一地事物的志书。方志编纂成为一项重要的文化工程和官府政事，晋左思《三都赋》云"方志所辨，中州所羡""鸟兽草木，则验之方志"，章学诚在《文史通义》中说："国史、方志，皆春秋之流别也。"又说："有天下之史，有一国之史，有一家之史，有一人之史……部府县志，一国之史也；综纪一朝，天下之史也。"③

我国的传统方志，除大多数冠以"志"名外，还另有许多称谓："书"，如《越绝书》；"经"，如晋挚虞《畿服经》；"记"，如晋张勃《吴地记》；"图经"，如唐《沙州图经》；"录"，如宋程大昌《雍录》、高似孙《剡录》；"传"，如刘宋吴琚《襄阳耆旧传》；"略"，如明毛凤韶《浦江志略》；"乘"，如元于钦《齐乘》；"谱"，如宋杨备《思平郡谱》；"考"，如清冯苏《滇考》；"集"，如明崔桐《海门县志集》；"编"，如清赵宗藩《盐亭县志续编》；"簿"，如东汉《会稽贡举簿》；"文献"，如清张园真纂《乌青文献》；"览"，如民国项元勋《临海要览》；等等。

二、方志的起源

关于方志的起源，学术界历来是各抒己见，众说纷纭。从源头的多寡来

---

① 嘉靖《临颍县志·序》
② （清）熊斌序[M]//王俊让，王九皋纂修.府谷县志.石印本,1945（民国三十四年）
③ （清）章学诚.州县请立志科议[M]//叶瑛.文史通义校注.北京：中华书局,1985：

说,有"一源说"和"多源说"之分。

"一源说"是指方志来源为一种文献,但至于是哪一种,历来争论不已,细数诸家之说有数十种之多,其中在学术界有影响的大体上有以下几种:

来源于《九丘》。元代集贤殿大学士许有壬言:"九州之志,谓之《九丘》……志之由来尚矣。"①明代陈霖就此做了更深入的解释,称:"古者,九州之志,谓之《九丘》。丘,聚也。言九州所有,土地所生,风气所宜,聚此书。《九丘》亡,而后岁时记于荆楚,风土述于周处,方舆载于祝氏,虞衡笔夫石湖。与夫名贤者有录,花石有谱,斯各具丘之一也。而外史之遗意,今志之大凡也。"②

来源于《春秋》。汉代郑玄谓"志,记,谓若鲁之《春秋》、晋之《乘》、楚之《梼杌》"③,清代章学诚赞同此说,其在《湖北方志叙例》中言:"百国春秋,实称方志。"近代梁启超亦首肯此论,其着眼于方志的地域特性和史书的载史功用,指出:"最古之史,实为方志。如《孟子》所称'晋《乘》、楚《梼杌》、鲁《春秋》',墨子所称'周之《春秋》、宋之《春秋》、燕之《春秋》',《庄子》所称'百二十国宝书'。比附今著,则一府州县志而已。"④

来源于《禹贡》。元代张铉在至正《金陵新志·修志本末》中指出:"古者九州有志尚矣,书存《禹贡》,周纪《职方》,春秋诸侯有国史,汉以来郡国有图志。图志兼记事记言之体,自山川、物产、民俗、政教、沿革、废置、是非善恶、灾祥祸福,无不当载。"清人邹汉勋在《黄阳山水图记·叙》中也言:"《禹贡》一书,为千古地志之祖。"王重民在《中国地方志》一文中指出,《禹贡》是一部最早的全国性区域志书,它对黄河和长江两大流域的土壤、物产、贡赋以及交通等都做了简略的记载,具有全国性的区域志的雏形⑤。刘光禄认为:"《禹贡》是战国时期的作品,它记述了全国的区划,将全国分为冀、兖、青、徐、扬、荆、豫、梁、雍九州,在每州之下,记载了该州的山川、土壤、田等、物产、贡赋、交通等。按照行政区划,记述一地的山川、贡赋等,就地方志书的体例来说,

---

①　张国淦.元一统志序[M]//张国淦.中国古方志考.北京:中华书局,1962:115

②　正德《新市镇志·序》

③　《周记注疏》

④　梁启超.清代学者整理旧学之总成绩(三)——方志学[M]//梁启超.中国近三百年学术史.北京:东方出版社,1996

⑤　王重民.中国地方志[N].光明日报,1962-03-14

《禹贡》已经是基本上奠定下来了。"①

来源于《山海经》。傅振伦认为:"我国方志源远流长,早在战国时期就有记载古代地理的《山海经》和《禹贡》。前者记载山川、形势、土性、物产、古迹,略似今天的地文地理。后者记载方域、地质、物产、贡赋、政治,略似今天的人文地理。后世的地方志,即胚胎于此。"②近人王以忠称:"《山海经》一书不仅为中国原始之地志,亦可谓中国最古地图之残迹矣。"③

来源于《周官》。由宋代史学家司马光最早提出。其为宋敏求所纂《河南志》作序云:"《周官》有职方、土训、诵训之职,掌道四方、九州之事物,以诏王知其厉害。后世学者为书以述地理,亦其遗法也……凡其兴废、迁徙及宫室、城郭、坊市、第舍、县镇、乡里、山川、津梁、亭驿、庙寺、陵墓之名数,与古先之遗迹、人物之俊秀、守令之良能、花卉之殊尤,无不备载。"④言之方志源头为《周官》的职方、土训、诵训。清代的任兆麟《同里志·序》亦云:"地志何仿乎?《周官》:外史掌四方之志,小史掌邦国之志,诵训掌方志,此即后世郡县志之权舆。"

来源于《汉书》。清人李世祐在《襄陵县志·序》称:"班固《汉书》有地理、沟洫等志,为史中之体,与表、传分刻,此则郡县志之滥觞。"

来源于《国语》和《战国策》。近代学者金毓黻认为,中国地方志"启于《国语》、《国策》以国别为史,继以《华阳国志》,大成于各省县方志"⑤。

来源于《越绝书》。《越绝书》十五卷,为东汉袁康所撰,记述春秋战国时期越国地方(今浙江和江苏一部分地区)的历史沿革、城市建设、山川、人物、生产情况和风俗习惯等内容。万历《绍兴府志》卷五十八序志云:"其文奥古多奇,地传具形势营构始末道里远近,是地志祖。"洪亮吉于《重修澄城县志·序》中也称:"一方之志,始于《越绝》,后有常璩《华阳国志》。《越绝》先记山川城郭冢墓,次以记传,实后世志州县者所仿。"乾隆《醴泉县志》毕沅序云:

---

① 刘光禄.略谈我国古方志体例的演变[M]//中国地方史志研究组编.中国地方志论集(1950—1983),1985:70—71

② 傅振伦.地方志漫话[M]//中国地方史志研究组编.中国地方志论集(1950—1983),1985:47

③ 转引自:黄苇.方志渊源考辨[M]//方志论集.杭州:浙江人民出版社,1983:1—15

④ 《司马温公集》卷六十六

⑤ (清)金毓黻.《文心雕龙·史传篇》疏证[J].中华文史论丛,1979(1)

"一方之志,始于《越绝》。"朱士嘉《宋元方志传记索引》序云:"《越绝书》是现存最早的方志。"范文澜在《中国通史简编》中也称,"东汉会稽郡人赵晔著《吴越春秋》,又有无名氏著《越绝书》,两书专记本地典故,开方志之先例"。

来源于《华阳国志》。晋常璩撰,全书十二卷,附录一卷,记述以巴蜀为中心的西南地区的地理沿革和历史变迁。对于政治、历史人物等方面的记载尤为详尽。清代学者刘光漠称:"方志之书,始于吾蜀。《华阳国志》其鼻祖也。"①

来源于汉代图经。历史学家谭其骧先生认为:"地方志的渊源确乎也可以追溯到汉朝,从《华阳国志·巴志》里可以看到,东汉恒帝时巴郡太守但望的疏文里提到了《巴郡图经》,可见在此以前已有'图经'。图经就是一方的地图加上说明……这就是方志的滥觞。"②

来源于古之图记。元代卢镇言:"古者郡国有图,风土有记,所以备一方之记载,今之志书,即古之图记也。"③

来源于《畿服经》。清人谢启昆《广西通志·叙例》谓:"晋挚虞依《禹贡》、《周官》作《畿服经》,其州郡及县分野、封略、事业、国邑、山陵、水泉、乡亭、城郭、道里、土田、民物、风俗、先贤、旧好,靡不具悉,凡百七十卷,实后世方志之祖。"

来源于《南阳风俗传》。《隋书·经籍志·序》载:"后汉光武始诏南阳撰作风俗传,故沛、三辅有耆旧节士之序,鲁、庐江有先贤之传。郡国之书,由是而作。"清人张学都在《太平县志·序》中说:"东汉以还,有南阳风俗、襄阳耆旧之纪,而志郡邑者始备。"

以上几种说法,都能言之成理,持之有故,故长期并存,但却互相排斥。现在不少的地方志专家、学者认为,方志并非起自一源,局限于一种文献,而是在长期的发展过程中,由史、书、志、记、录、传、图、经等各种不同体裁的书籍,互相渗透、兼容并蓄、不断融合演化而来的一种特定体裁的著作。主张方志多源论的,远可上溯到司马光,近可推王棻、黄苇等学者。

王棻曾曰"地志虽微也,史之一体""郡邑志者,史之细",认为志乃"史之

---

① （清）章学诚.章石斋文钞·县志分篇议［M］.华阳王氏菊饮轩,1917（民国六年）

② 谭其骧.地方史志不可偏废　旧志资料不可轻信［M］//中国地方史志协会.中国地方史志论丛.北京:中华书局,1984:9

③ 《重修琴川志·序》

支流""修志之法与修史同"①。

黄苇认为"方志并非起自一源,而是多源""源头较多,不仅有《周官》、《禹贡》、《山海经》,还有《九丘》之书和古舆图等等"②。而关于方志源头的林林总总的阐述,决定了方志起源在年代的考证上也没有一个确定的结论,学术界多数的观点还是认为要聚焦于汉代、唐代、明代以及近世等。

前引诸家可以得出,方志的发端,历来为古今学者所重视并孜孜以求,长期探索,他们列举实据,详加载述,深中且要,自成一家之言,成为我们今天研究方志起源的重要参考。尽管其说法不一,各有深浅侧重,今天看来,这些结论还大有商榷和深入探讨的空间,但不可否认的是,方志的产生不仅和先秦有着剪不断、理还乱的渊源关系,而且,这一时期的著述,所采用的形式和所记述的内容,开创了后世方志的雏形,是其后的人物、地理、艺文等的发端和祖述。故方志在秦朝初始开始萌芽,发端于地记,到两晋南北朝时期,进入多元发展的阶段,而到了隋唐则是图经盛行,元朝是过渡,明清则进入了鼎盛时期。

三、方志的性质

方志起源为何,直接关联到对方志的性质的认知。对于志书的性质,历史上长期以来有不同看法。综合起来,有地理说、历史说、史地两性说、百科全书说、资料书说、政书说、地情书说、综合著述说、边缘学说、独立学说等不同见解。从宏观而论,主要可以归纳为以下三种:

一是方志是地理书,即所谓方志来源于《禹贡》《山海经》之说,认为方志是从舆地学科,即地理书演变而成的。禹贡是《尚书》中的一篇,作者不详,著作时代尚无定论,此书用自然分区方法,记述当时我国的地理情况,把全国分为九州,假托为夏禹治水以后的政区制度,详细记载了当时黄河流域的山岭、河流、薮泽、土壤物产、贡赋、交通等。对长江、淮河等流域也有粗略的记载,是我国最早一部科学价值很高的地理著作;《山海经》,共有十八篇,是由《山经》《海经》《大荒经》等三部分组成,作者不详,此书的成书时间较长,各篇著作时代亦无定论,最晚应是战国时已有成文记载,经秦汉两代又有所增补。

---

① （清）王棻.柔桥文钞·卷九·仙居县志凡例[M].排印本.上海:上海国光书局,1914(民国三年)

② 黄苇.方志学[M].上海:复旦大学出版社,1993:102

内容主要为民间传说中的地理知识,包括山川、道里、民族、物产、药物、祭祀、巫医等,保存了不少远古的神话传说。客观上讲,此两部地理书不论是体裁还是内容,对方志的形成和发展影响很大,致使历代地方志多与地理书混杂。晋以前的志书记述的只是单纯的地理方面的内容。当时的志书就是只记述地理,这是无可争议的。直至晋挚虞撰的《畿服经》,才在地理志固有内容的基础上又增加了社会与人文的内容。因此可以说,方志脱胎于地理著作。

二是方志是历史书,如梁启超说:"最古之史,实为方志。"持这种观点的学者,认为方志起源于《周官》。所谓周官指周朝王室的官制,后成书《周礼》亦称《周官》,宋代司马光在《河南志序》中认为,周官中的职方、土训、诵训的职掌,于后世方志都不无相似之处。清代方志学家章学诚从"志为史体"角度出发,认为春秋战国时期那些记载地方史事的书籍,如晋之《乘》、楚之《梼杌》、鲁之《春秋》等,应是最早的方志。后代许多学者也认为这些史书,类似后来地方志,具有地方志的雏形,应称为方志之源。郑樵在《通志》自序中言"古者记事之史谓之志"。社会和人文的内容不断增多,特别是到了宋代,随着人文内容的增加,方志记述的重点开始从地理转到人文历史方面,"人物"和"艺文"逐渐占据重要地位,北宋初年成书的《太平寰宇记》集中反映了这个变化,历史的内容逐渐增多,地理的内容逐渐压缩,故历史学家白寿彝曰"方志是地方之史"。

三是史地两性说。黎锦熙提出了"两标"之论,称方志"史地两性,兼而有之。惟是兼而未合,混而未融,今立两标,实明一义。即方志者,一、地志之历史化;二、历史之地志化"①。朱希祖《新河县志·序》称:"作县志之法,能兼得今世历史、地理二学之所长,乃得为善志。"这也代表了一部分志家的观点。

各说都从不同的角度论证自己的观点并相互驳斥,然而,仔细剖析这些观点的形成,皆是根据某一时间段内,人们对于志书的认识来回溯和还原的,而没有将其置于一个大的背景下,从历史发展的角度来判断。志书的发展不是静态的、简单的历史复制和因循,而是处在动态的、不断在自我否定中前进和创新的变化过程中。在这个变化过程中,不是它的所谓性质决定了它的存在,而是它的存在决定了它的性质。不同时期人们对方志性质的认识是很不一样的,同一时期的人们由于视角不同对方志性质的认识也会两样。因此,

---

① 黎锦熙《方志今议》、于乃仁《方志学述略》中,提出相近见解,"方志者,以地方为单位之历史与地理也"。

戴震、洪亮吉、章学诚、黎锦熙等历史上的志学专家,所持的志书性质地理说、历史说、史地两性说,都是对特定的历史时期内编修的志书认识,因而不同时期,人们对志书的概念、内容及体式的认识是不同的,故而方志的性质一直没有统一的定论。

那么,今天的志书性质又如何呢?志书的内容,林林总总,包罗万象,面面俱到,所以有方志性质系百科全书说、综合著述说、地情书说、资料书说、政书说、边缘学说等见解,见仁见智,难以达成共识,志书已经成为具有独特个性的一种体裁,很难用某一单一性的概念来将其归类。因此,在二十世纪三十年代,江呐《复潜夫书·论志书性质》中曾提出:"惟方志之综合性,似为任何学术所未有。如以科学目之,或称为综合学科可也,或称其为近代社会学之鼻祖亦可也。"①仓修良曾云,"时至今日,地方志已经有了自己完整的理论和体系,并已独立成为一门学科——方志学。因此,它尽管具有'亦地亦史'的性质,但它已经既不属于地理、也不从属于历史"。之所以这样说,是因为方志学在和历史学的长期结合和互动中,削弱了其作为一个研究本体的独立性,导致人们对方志的性质的认识始终局限在认知层面,对其意义和性质的阐述时常摇摆。发展到今天,方志学从史学中独立出来,人们的研究焦点已经超越方志是史是地的讨论,而将其放到现代学科和学术的大背景下去解析,从而引发了较古代志家学者更为深入的学术思考。这种理念和做法也更具有眼光和胆略,并且将现代科学思维融汇其中,把方志从历史学中还原出来,在已然整理出的方志现象和学理基础之上,建立一套完整、科学的体系,揭示其现代价值,积极参与当代文化创造,从而使方志摆脱用概念归类的宿命,重新赋予当代文化意义,利于方志在当代社会条件下发挥独特的文化功能和进行意义再造。

四、志与史

虽然关于方志的源头和性质各志家众说纷纭,但有一点是明确的,即主流学者对方志源头和性质的理解,既了然于"志"即是"史"的发展过程,又面向现实,在"志"和"史"辨析的基础上进行方志编纂实践和理论探讨。仓修良认为,先秦史籍中的"志",均指的是史,并云"我们在研究方志的起源和发展时,必须把它放在史学发展的长河中进行探索,才能正确得出产生的原因,发

---

① 江呐.复潜夫书·论志书性质[J].学风,1931(民国二十年),1(4)

现每个阶段不同的特点"①。郑樵在《通志·总序》中说"志之大原起于《尔雅》,司马迁曰书,班固曰志"②,又进一步推论,"古者记事之史谓之志,《书大传》曰:'天子有问,无以对,责之疑有志而不志,责之丞',是以宋、郑之史皆谓之志。太史公更志为记"。

近代章学诚强调"志属史体""志乃史裁",并且进一步提出了"为国史取裁""方志乃国史要删""方志乃一方全史",认为方志应为史类书,"正史"是天下之史,"方志"则是一国之史,即"在中央者,谓之史;在地方者,谓之志"③。它非是一个人之创物,仅从志即史这一论题出发,宋志、明志均有过此种论述,如唐《元和郡县志》之叙例,宋《景定建康志》之微旨,明代志乘则更为明确,韩浚万历《嘉定县志》序曰:"夫志者,识也。文献理道所以识也""志者,史之遗也。比词属事,纂要举凡,用以彰往诏来,辅政教之不逮。"

梁启超也认为"史之缩本,则地志也""最古之史,实为方志"。从方志可以看出"各地方分化发展之迹"④,孙星衍则认为史书与志书名称、体裁虽异,但作用是相同的,两者间存在表里关系。在《松江府志》"凡例"中,他明确提出"志与史相表里者也,兹志仿史例,为志十:疆域、山川、建置、田赋、学校、武备、名迹、艺文、祥异、拾遗;为表二:职官、选举;为传二:名宦、人物"。他虽重视志书的地理沿革考证,但也认为方志与史书有其内在关联。"古来国有史,邑有志,史陈论断,志尚沿革",邑志与国史在某种程度上相为表里。可见,持史志相同观点的学者,其着力点基本上是强调一代一兴必有史书、降而郡县即宗其义而各自为志的理念。明代朱衣在其所撰《汉阳府志·序》中云"志者,史之积也;史者,志之成也",清代纪昀云"今之志书,实史之支流也。志以史为根柢,而不能全国史;与史相出入,而不离乎史"⑤。光绪时,许清源曾曰:"邑之有志,犹国之有史也。国史纪一时之政治,观一代之盛衰,扬清激浊,劝戒攸关,其事固不易。故修史者必兼三长,始足称良史也。"⑥顾祖禹则把

---

① 仓修良.方志学通论[M].济南:齐鲁书社,1990:1
② (宋)郑樵.通志·总序[M].北京:中华书局,1987:2—3
③ 李泰棻.方志学[M].铅印本.上海:商务印书馆,1935(民国二十四年)
④ 梁启超.清代学者整理旧学之总成绩——方志学[M]//梁启超.中国近三百年学术史.北京:人民出版社,2008:324
⑤ 嘉庆《安庆县志·序》
⑥ 光绪《续修乾州厅志》林书勋序

"史"与"方舆"相提并论,其著有《读史方舆纪要》,更是提升了志的层次和地位。

综上所述,志和史的关系问题,长期以来是方志理论研究的不可回避甚至可以说是一个关键的问题。尽管论者蜂起,众说不一,有"史志同一""史志相异""史志分流但志备史法"等多种学术主张,但论述中史论结合,颇为精详。博采众家之说,兹细述志和史关系如下:

从纂修的主旨分析,二者同受儒家礼教的浸染,从属于相同的文化体系,具有形塑相似的价值观,即"五方之民,言语不通,嗜欲不同。达其志,通其欲"①。方志作为政治工具,即"地志,官书也,以存一方掌故,以示千秋鉴戒"②,编纂的目的,主要有三点:

其一,为君王展现政绩,彰显资治,具有辅政的功能。乐史提出"万里山河,四方险阻,攻守利害,沿袭根源,伸纸未穷,森然在目,不下堂而知五土,不出户而观万邦。图籍机权,莫先于此"③。明嘉靖《山西通志》中也明确提出,"治天下者以史为鉴,治郡国者以志为鉴",志书有助于辅弼国策,弘扬善政,巩固政权。宋朝《太平寰宇记》历来被公认为方志艺文志之滥觞,其编纂的目的首先在于歌颂君王的文治武功,巩固王朝政权,维护统治秩序。纂者乐史明确提出,"图籍之府未修,郡县之书罔备,何以颂万国之一君,表千年之一圣"④。康熙《东安志例》云:"艺文以诏谕分载各款,俾随事观省",故光绪时期张景祁就说:"邑乘何为而作也?古之王者疆理天下,有分土无分民,故于申画郊圻之中,仍寓一道同风之治。维时辀轩四出,陈诗问俗,入告我后,以佐省方设教之钜典,于是上德宣,下情达,而国俗以兴。今之郡邑志乘,其遗意乎!"⑤

其二,还有教化之义。明《鄢陵县志序》中说:"睹其山川景物,则坚其安土乐业之心,观夫忠良孝义,则兴其去恶向善之志……岂非政教之一助哉!"寿鹏飞《方志本义管窥》中说:"史笔所关,春秋之作,迁固之书,其于为道,固无论矣。即如《资治通鉴》,如《天下郡国利病书》,安有一字非载道者。"他认为"方志体要,在正人心,厚风俗,明正谊,陈利弊,垂劝惩,诉疾苦,补救时政

---

① 《礼记·王制》
② 潘文凤,林豪.澎湖厅志稿·凡例
③④ (宋)乐史.太平寰宇记·序
⑤ 光绪《福安县志》张景祁序

之阙失,研求民生之荣枯。"章学诚则将此阐发为:"史志之书,有裨风教者,原因传述忠孝节义,凛凛烈烈,有声有色,使百世而下,怯者勇生,贪者廉立……况天地间大节大义,纲常赖以扶持,世教赖以撑柱者乎!"这里都反复申述了惩劝和教育之意。

其三,从时空角度看,史书以时为经,重记过去,要求"略古详今,隔代修史",而志书却不同,它以记当代现状为主,要求"略古详今",故有"当代修志"之说。以当代人记当代事,其收录的资料范围应该更详尽一些,内容更真实一些,并具有鲜明的地域和时代特点,"史有因时考义之殊,志有辨地制宜之异"①。从范围上,相对而言,史主国家,志记一邑;史覆盖的面积大,志覆盖的面积小。"夫取数百年之文献而聚之一书者,史也;取数百里之文献而聚之一书者,志也;取数十世之文献而聚之一书者,谱也。谱之文献,修志者之所资;志之文献,作史者之所资。"②通过方志的记载可纵向考察一个地区的历史和现状。

从内容上看,方志与史书相比,其取材更为多元,内容更为详尽。史书上主要记载社会情况,着重于政治、军事、文化,叙述政事、纪传人物,而志书不仅记载社会情况,而且要记载自然情况,不仅要记载过去,而且要记载现状,可谓是有关于地方的"人、事、物"无所不载,是"一地之全史"。章学诚云:"夫一代文献,史不尽详,全悖大部志选,得载诸部文字于律令之外,参互考校,可补二十一史之不逮。"《四库全书存目丛书编纂缘起》中记录:"就明清二代而言,列入存目的地方志约占总数的百分之八十四。即便是四库馆臣也不否定这些地方志的价值。"如四库馆臣评介清印光任、张汝霖《澳门记略》:"考《明史·地理志》只载南头屯门、鸡栖佛堂门、十字门、冷水角、老万山、零丁洋澳诸名与虎头山关之类,其他皆未记其详。此书于山海之险要、防御之得失言之最悉。盖史举大纲,志详细目。"③

李文藻、周永年《历城县志》自序中云:"凡历代掌故,风土之记,寰宇之志及直省通志、名人总集,下逮稗官小说,无不搜罗,金石之文,无不抉剔。"周元英在光绪《滋阳县乡土志稿》中说:"郡县有志,犹国之有史也。史必断自三

---

① 同治《南城县志·凡例》

② (清)王棻.柔桥文钞·卷九·仙居县志凡例[M].排印本.上海:上海国光书局,1914(民国三年)

③ 《四库全书存目丛书编纂缘起》

代,溯沿革、明损益,而后一朝之治必以成;志则备职方所掌,征文献、考风俗,而后一邑之典章以著。"王锦贵先生在《实至名归与名正言顺——浅谈我对史志、方志概念的理解》一文中也说:"'史志'反映的内容,乃是属于人文制度层面的相对单一的信息;'方志'反映的内容,则是囊括了关乎'一定地域'的方方面面的所有信息。"①

志书因"时近、地近、事核",详述地情,关乎民生,具有丰富的民史资料,"国计民生,务之重者也,则必详"②,因而保留了不为正史收录的逸闻轶事,不仅关涉地方治绩政要、文教武略,而且民风土习、金石物产,焕焉可述。尤其在二十世纪初期,"君为重,民为轻"的封建纲常在根本上动摇,新生代知识阶层倡导民史观和进化论,将重民、民本思想注入方志编纂领域,对二者进行了分析比较,提出了正史为国史和方志为民史的观点。如梁启超在其《中国史叙论》和《新史学》中提出二十四史不过是二十四姓帝王之家谱,"曾无有一书为国民而作者",记载的都是"有权力者兴亡隆替之事",所以方志记载的就是民史。徐世昌在民国《固安文献志》序中也对方志的流变进行了阐述,他说:"孔子作《春秋》,取百二十国之宝书为之。太史公书乃以秦灭诸侯史记为恨,百二十国及秦所灭诸侯史记,皆后世之方志也。战国以前盖无国无史。秦统天下,废封建,置郡县,惟皇帝有史官,郡县无之。因之正史所录,乃皆朝廷故事,世人讥为一姓家谱。岂非以方志无征,人治盛衰莫由稽考欤!"宣统年间的冯如衡在《太仓州镇洋县志》序中就旗帜鲜明地指出,省、府、州县之志书就是民史,以驳斥中外言中国无民史之观点:

> 国于地球之东南,纵横万里,上下四千余年,文治武功,彪炳乎二十四史,煌煌乎天下之大文也。泰西人犹讥之,谓吾国无民史,一代之史,一姓之大事记耳;民族源流、进化退化,末由稽焉。岂知省有志、府有志、州县有志,与列代之史相辅而行者,非民史乎!

他认为三代之下,郡邑人士编写地方志乘,也就担负起了编写民史的重任:

> 夫国史有专职,郡邑之志由郡邑之人为之,能文而谙掌故,此其选也。三代下,太师失职,不复陈诗以观民风,而志乘迭兴,五方之

① 王锦贵.实至名归与名正言顺——浅谈我对史志、方志概念的理解[J].山东图书馆学刊,2009(4)

② (明)李维桢.高平县志·序

风土、人情，胥赖是以考见。设又荒坠厥绪，数典皆忘，正德、利用、厚生，盲驰无正轨，等羲轩苗裔与于猓黎，民德、民风将何所附丽而表见？谁负国无民史之咎！惟都人士实职之。

此论将方志即为中国民史的观点表达得淋漓尽致，方志为民史的观点，无疑是在认识上将方志置于和国史并驾齐驱的地位，而吴宗慈则进一步指出，方志的地位不仅与国史并驾齐驱，还要优于国史。"我国正史所留之缺憾，为现代新史学家疵议者，每谓正史二千年来之记载，只有国家而无社会；然则方志所重者，诚有超乎正史之上者"，并称，方志是"吾国一切所有之总底册""国家无量之宝库""有系于全国大计"①。历史文献学家张舜徽就志书的价值也进行了更深入的论述："方志的价值不但与国史相等，其作用往往比二十四史、九通之类的书籍还重要得多。因为二十四史、九通之类是以历代王朝为中心，只是记载有利于维护统治与服从的社会秩序的事实和言论，而丝毫没有注意到平民的生活与活动。""至于方志，便以社会为中心。举凡风俗习惯，民生利病，一切不详载于正史内的，都藉方志保存下来了。"②

从详略上看，志书"补史之略"，以记微观事物为主，而史书具有宏观性，记大事大纲。康熙《顺宁府志》序云："志者，何志者？至也，何至也？曰：取其志不一者而归于致一，大一统之义也。国之有史，郡之有志，虽所载不同，其义一而已矣。故史以载巨举，至大而必书；志以载细，虽至小而不遗。有其纲焉，必有目焉；有其经焉，必有纬焉。此志之所为，继史而作也。"志书是一方文献之备载，为国史取材之基础，为国史编写和科学研究提供资料，故存"有良方志然后有良史"之说。可见志书要比史书的资料范围更广、更详细。北齐史学家魏收曾对志的特征有一段精辟的论述，"志之为用，网罗遗逸……理切必在甄明，事重尤应标著"③，所以要"搜猎上下，总括代终，一统天人之迹"。此论述明确志是追求纵向与横向的全面性的，志书所要达到的境界，是要架构一代一方自然、社会、人文历史现实的立体画面。王世贞万历《通州志·序》云："窃谓今志犹古史也。古者千乘之国与附庸之邦，皆有史官，从掌记时事，第不过君卿大夫言动之一端。而所谓山川、土田、民物、风俗、兵防之

---

① 吴宗慈．论今日之方志学［J］．方志论丛，1941

② 张舜徽．中国文献学［M］．郑州：河南人民出版社，1982：209

③ （北齐）魏收．上魏书十志启［M］//汉魏元朝一百三家集·卷一百十魏收集，清文渊阁四库全书本

类,意别有图籍以主之。志则无所不备录矣。是故古史之失在略,而今志之得在详也。"章学诚曰"史体纵看,志体横看,其为综核一也。"①

志书中,县志、府志、省志等体例大体相同,仅是详略有异,一般规律是按照区域的由大到小,详细程度是递增的,县志详于州志、府志,为州府等志取材,州、府志详于省通志,为省通志取材。可见县志是最为详尽,有人曾就县志的内容做如下阐述:"县之有志,犹国之有史也,然国史只总其大成,网罩欠备。若夫县志,则举凡衣冠文物之盛衰,社会制度之迁嬗,山川形势之险要,风俗物产之殊异,疆界经域之变迁,城池都市之兴替,与夫村落布置,人类演进,新陈代谢,革故鼎新,无不搜罗万有,悉举靡遗。虽曰往事陈迹,然其所以代表前代之推演,为后世之楷模,使因乘相循,以知兴废,前车后鉴,惩毖乃彰。故治学者资为材料,为政者倚为准绳。工商农艺悉资类察,其意义与使命,至为重大。"②乾隆年间的程凤文在《天津府志》序中说:"若官其地矣,宰于县曰知,守于府曰知,知者,于是府是县大政无不知之谓也。"知县、知府即称"知",则于一地之情形必当了然于胸。因为"县令为亲民之官,知一邑而后可治一邑。县志为风土之书,志一邑即可以知一邑。治之所及,皆志之所载。俾官斯土者,得以议政而齐民,是志为一邑出治之谱也。且令生其间者,得以观感而兴起,是志又为一邑受治之资也。邑乌可以无志,志乌可以不修……而余窃愿览是书者,观疆域、建置诸编,常思恪供职守也;观星野、气候诸编,当思不夺农时也;观田里、赋税、物产诸编,尝思抚民归业取民有制也;观学校、选举、艺文诸编,当思明体达用华国匡时也;观人物、古迹、纪事诸编,当思激扬风节,砥柱披靡也。邑志成而政教立,民志定,人才振,风俗端。余窃自勉,并为合邑勉焉,则以是志为一邑励治之书也可,以是志为一邑励俗之书也可"③。程凤文的观点代表了封建时代一般官吏对志书功用的看法,因而很有典型性。

从体例上说,源于对史志关系的认识不同,所以在论述二者关系及方志的体例时,各家的说法不一。同治时期温圻指出,志书体例"盖原本乎史之体

---

① (清)章学诚.答甄秀才论修志第二书[M]//叶瑛.文史通义校注.北京:中华书局,1985:828
② 民国《儋县志》彭元藻序
③ 转引自:《北流县志》编纂委员会编.北流县志[M].广西:广西人民出版社,1993:1162

例而又神明变化乎史之体例"①,此看法代表了许多志家的看法,其认为志书
体例是从史书体例发展衍生的。但王棻经过仔细分析,认为"史虽志之一体,
而体裁实与史异""史记帝王,故首本纪,志记方隅,故首舆地;史善恶并书,志
则称善而不称恶;史艺文但列书目,不载诗文;志则兼载诗文,仍列书目;史列
传或专采诗文,如《汉书》贾谊、相如等传,志则诗文不宜载入传中;史体侔作
者,故援据诸书不注出典,志则纪述旧闻,每事宜注出处"②。还有一种观点,
认为史是史,志是志,泾渭分明,如民国时期编写的《霸县志》绪论中将古今经
世之文分为三种,"曰史书,曰志书,曰政书。史书所以记以往,志书所以记现
在,政书则由已往成就将来,使人遵而守之"。而清杨笃则认为,"志非史也,
是体本图经而例同传也",虽然认识不同,但对体用之道的基本判断则是一致
的。民国时期,陈继淹在民国《张北县志》序中说:"是以国有史,县有志,体例
虽殊,其义则一,要所以知因革损益而促进文明者也。"

从作者上说,史一般是由现存的资料文献汇编、取舍而成,编纂者多为奉
皇家诏命较有才学、通晓典章的儒生,故文献价值较高;而志书编纂者一般为
地方上的乡绅,主要依据地方档案调查采访而成,清王祖畲纂修的《太仓州
志·卷末·旧序》中,曾就此有记述,乡曲士绅"尝窃自汇集一方之事以谓之
郡邑志",除载自然和人文等资料,还对赋税、河湖道路变迁等时空变迁等予
以记录,乃是"经世致用之书"③。现代学者祁龙威曾说:"以一地一隅而论,
方志作者往往比国史纂修人容易掌握更多的直接史料。"④

从褒贬上说,史重褒贬,志则只褒不贬。康熙《黎城县志·凡例》称:"史
与志不同,史兼褒诛,重垂诫。志则志其佳境奇迹,名人胜事,以彰一邑之
盛。"廖偲苏说:"尝谓志之为书,以例诸史,异源而同流,盖'史论出于国,而志
乘采于乡'。其出于国者,宜按是非得失,而寓之以褒贬;其采于乡者,宜赅风
土人情,而加之以典丽。"⑤光绪《善化县志》凡例称"志与史殊,史昭法戒,故

---

① 同治《湘乡县志》温圻序

② (清)王棻.柔桥文钞·卷九·仙居县志凡例[M].排印本.上海:上海国光书局,
1914(民国三年)

③ (清)章学诚.方志略例一·方志辨体[M]//章学诚.章氏遗书(卷14).北京:文
物出版社,1985:121

④ 许卫平.中国近代方志学(序)[M].南京:江苏古籍出版社,2002

⑤ 刘新运修,廖偲苏纂.民国《大通县志·序》[M].铅印本,1919(民国八年)

善恶直书;志称美而不称恶,铭之义也。然取舍一严,与史暗合矣"①,强调取舍资料如果严格,志书实际上也可寓褒贬意义。

虽然在史志成书来源和宗旨的宏观层面以及内容、体例、章法、编次和格式等微观层面有差异,但有两点可以确定:

一是各学各派世代对地方史志根源的不遗余力地开掘,可以旁证一点,就是地方志具有极其重要的学术价值。我们可以看到史志之间的互引关系,在中国传统历史学的架构中,方志的位置愈来愈独立地凸显,方志所起的作用也越来越明晰,方志的社会功能从边缘走向中心,逐渐与正史和家谱并驾齐驱,成为中国史学的三大支柱。尤其到了民国时期,随着西方进化史观和社会学等学科的引入,学界对于方志的功用有了新的见解,如梁启超在论及方志的价值时曾指出,"以我国幅员之广,各地方之社会组织、礼俗习惯、生民利病,樊然淆杂,各不相侔者甚伙",而仅依靠史家记述,"其不足以传过去现在社会之真相",并且,"以史文简略之故,而吾侪所渴需之资料乃摧剥而无复遗,犹幸有芜杂不整之方志,保存'所谓良史者'所吐弃之原料于粪秽中,供吾侪披沙拣金之凭藉,而各地方分化发展之迹及其比较,明眼人遂可以从此中窥见消息。斯则方志之所以可贵也"②。

二是明确了一点,即在中华传统文化发展的过程中,两者在源流上可能是你中有我,我中有你,具有同一性,同时也就决定了它们在学术发展历史上具有密切的联系。"志"与"史"逐渐发展为相辅相成的两种著作体裁,二者同中有异,异中有同。王毓恂纂顺治《长子县志》序云:"志与史异名而同功,史所载者,朝廷纪纲法度、理乱兴替、忠贞金壬之迹,而于一郡一邑之事,千百无一焉。无一,则郡邑之山川、风物、钱谷、徭役、循良、荐绅、孝子、烈妇之实,文献不足,杞宋无征,千百世之下,乌从而知千百世以上之所为乎?此留心方舆者志之所由作也。"此论史、志虽名异而功用同。故而有如下认知,"史与志皆本于春秋,史之上下千古,志之纵横万里,其意一也。一代有一代之史,一郡有一郡之志,识大识小,各从其类。其意又一也。故必精于《春秋》者乃可以撰史,熟于史者乃可以修志"③。

①　光绪《善化县志·凡例》[M]//中国地方志集成·湖南卷.上海书店等,1990

②　梁启超.清代学者整理旧学之总成绩(三)——方志学[M]//梁启超.中国近三百年学术史.北京:人民出版社,2008:326

③　(清)王毓恂纂顺治《长子县志·序》

上述论述可知,志和史同是中华传统文化的一部分,是古老的中华历史文明的宝贵遗产,虽各有侧重,但也有相济为功又别具一格的整体性。"是综合记载一定区域自然及人文社会情况的一种地方性著作形态,地方志的形态发展与不同时期国家政治统治需要相适应,采取自上而下的官修形式,成为历代地方官因俗成治、参稽佐政的重要依据。"①一方面,方志在编修实践上,注重编纂体例的统一和借鉴传统国史编纂的要求和方法。另一方面,方志编修使各个时期的主流思想,尤其是政治统治思想的影响得以实现,它反映了集权中心与各级地方之间的支配与皈依的关系。因而,方志不仅是历代统一性政治化学术活动的产物,而且配合了不同时期国家一统志、实录、国史等编修而统摄地方原生性知识的需要,还是传统社会政统、道统、学统的体现和运用,也是特定历史文化活动的典型缩影,全方位地记载了地域和人文社会情况,促使地方知识系统不断向广深层面扩展。

史、志之间关系甚密,在历史发展进程中,二者交光互影,彼包此摄,转从其类,相辅相成,但是二者不宜以此代彼或趋同,在如何对待史志的问题上,我们不妨引用黄苇的观点,即"我们不能站在近代西化史学的研究畛域来切割史志关系,那样就很容易抹杀中国传统历史学的民族特色,导致对中国传统历史学庞大家族的主观割裂"。

第二节 艺文志

一、艺文

任何一种著作体裁,都是适应时代发展的需要应运而生,是汲取时代先进文化养分和总结前人成果的产物。"艺文"的出现,亦是如此。考艺文志"艺文"之义,其蕴含着丰富创造力和深厚睿智的历史积淀,可谓是参酌古今,上有源头,下有沿袭。

甲骨文"艺(藝)"字为"𢭐",左上是"木",表植物,右边是人用双手操作,可知"艺"始于劳作,蕴含栽种、种植之意,如《诗经·齐风·南山》:"艺麻如之何,衡从其亩。"《毛传》:"艺,种也,种之然后得麻。"《尚书·禹贡》:"蒙羽其

① 刘道胜.论传统方志修纂与官方主流学术的统一——以徽州方志编修为中心[J].安徽师范大学学报(人文社会科学版),2005(3)

艺"，伪孔传注为"种艺"，皆用的是"艺"的本义，是改造自然以自谋生存的主要技能，因而"艺"很早就被引申为才艺、技艺，并逐渐扩展到了文明的各个领域。如《尚书·金縢》说"乃元孙不若旦多材多艺"，这个"艺"指的就是技艺或才艺。《礼记·礼运》说："月以为量，故功有艺也。"郑玄注："艺犹才也。"《史记·孔子世家》引孔子之说"吾不试，故艺"，郑玄注之："言孔子自云我不见用，故多伎艺也。"这里的"艺"皆为才艺或技艺，蕴含着丰富的礼、乐文化艺术精神，故何晏《论语集解》说："艺，六艺也。"对于六艺的理解，有两种解读，一是指《诗》《书》《礼》《乐》《易》《春秋》六部儒典，一是指礼、乐、射、御、书、数等六种儒士必学的技艺。西汉刘安《淮南子·泰族训》曰："六艺异科而皆同道。温惠柔良者，《诗》之风也；淳庞敦厚者，《书》之教也；清明条达者，《易》之义也；恭俭尊让者，《礼》之为也；宽裕简易者，《乐》之化也；刺幾辩义者，《春秋》之靡也。"颜师古注《汉书·艺文志·六艺略》亦指为"六经"，乃《诗》《书》《礼》《乐》《易》《春秋》六部经书；《论语·述而》篇："游于艺"①，此处之意，据皇侃《论语义疏》系指"礼、乐、射、御、书、数"。《周礼·地官·保氏》言："掌谏王恶，而养国子以道，乃教之六艺，一曰五礼、二曰六乐、三曰五射、四曰五驭、五曰六书、六曰九数。"段玉裁说："儒者之于礼乐射御书数，犹农者之树艺也。"②"艺"指礼、乐、射、御、书、数等六种技艺固然正确，儒家以六艺为教，所以姚名达说"孔门之教科书固俨然分为六门，谓为图书分类之始未始不可"③。司马迁在《伯夷列传》中说："夫学者载籍极博，犹考信于六艺。"班固对于"艺"的理解则又进一步，"至于五学，世有变故，犹五行之更用事焉。古之学者耕且养，三年而通一艺，存其大体，玩经文而已，是故用日少而蓄德多，三十而五经立也"。"玩味经文"而通"艺"，既而"蓄德"，深受儒家影响的班固，他理解的"艺"和"德"之间有必然联系，故其在《汉书·艺文志》中置"六艺"于"诸子"之前，并曰："'六艺'者，王教之典籍，先圣所以明天道，正人伦，致至治之成法也。"④章学诚《校雠通义·原道》曰："由刘氏之旨，以博求古今之载籍，则著录部次，辨章流别，将以折衷六艺，宣明大道，不徒为甲

---

① 《论语》：子曰："志于道，据于德，依于仁，游于艺。"
② （清）段玉裁. 说文解字注
③ 姚名达. 中国目录学史［M］. 北京：商务印书馆，1957：63
④ （东汉）班固. 汉书·儒林传［M］. 北京：中华书局，1983：3589

乙纪数之需,亦已明矣。"①由此可见,六艺之"艺"也是由"树艺"之"艺"衍生而来,并且发展成为选用史料的重要依据。故傅振伦说:"惟艺文实括六艺之文,故《汉志》兼录农家、兵、数术、方技等书,以艺文为名较以经为主的经籍志为妥。"②

甲骨文"文"字为"",是一个会意字,表示祈使人之文身,起于祝巫,作物之栽培,后转义为交错的线条,《说文解字·文部》"错画也,像交文③,例如《庄子·逍遥游》有"越人断发文身"的说法,后"文身"之文的错画,逐渐脱离"文身"特定的语义,演化为具有普遍审美意义的其他形式和功能,为五色错杂、文雅、文辞、文采、文章、文学等文化性的指称,与"艺"同义,《尚书·尧典》称尧为"文祖",又称为"艺祖",伪孔传"艺,文也"。孔颖达疏:"才艺文德,其义相通,故艺为文。"《国语·郑语》曰"声一无听,物一无文",《周易·系辞下》曰"物相杂,故曰文",《礼记·乐记》曰"声成文,谓之音",文渐渐从文身之文中抽象出来,被应用于更广泛的领域,且赋予了深广的内涵。《周易》之《贲》卦《彖》传云:"刚柔交错,天文也;文明以止,人文也。关乎天文,以察时变;关乎人文,以化成天下。"此处万物皆文,随着对事物认识的深入,古人对如此博大之文,做了进一步的区分,逐渐从文身之错画遍及于天文、人文,进而向文献书籍之文演化,孔子曰:"周监于二代,郁郁乎文哉!吾从周。"

"艺""文"合称,始于汉代,班固著《汉书》首称"艺文志"。对于"艺"与"文"的架构,有人认为是"六经"之文的偏正结构,如刘咸炘云"群书皆文,而以六艺为宗,故名艺文"。近有学者于此观点又做了进一步阐释,以《汉志》所列诸类为"六经"的文本体现或反映之意。还有学者认为"艺"与"文"是并列结构,刘天惠《海学堂初集》卷七《文笔考》认为:"《艺文志》先六经,次诸子,次诗赋,次兵书,次术数,次方技。六经谓之六艺,兵书术数方技亦子也。班氏序诸子曰:'今异家者各推所长,穷知究虑,以明其指,虽有蔽短,合其要归,亦《六经》之支与流裔。'"班固之《典引》曰:"苞举艺文,屡访群儒。"④《南

① (清)章学诚撰;叶瑛校注.文史通义校注[M].北京:中华书局,2005:952
② 傅振伦.傅振伦方志论著选[M].杭州:浙江人民出版社,1992:423
③ (东汉)许慎.说文解字[M].长沙:岳麓书社,2006:185
④ (东汉)班固.典引[M]//萧统编.文选·卷四十八.上海:上海古籍出版社,1986:2165

史·雷次宗传》云"时国子学未立，上留意艺文……凡四学并建"①。此处的"艺文"，意为典籍图书，晋葛洪《抱朴子》曰"心悦艺文，学不为禄"②，引申为辞章、诗文。

虽各家之言对此有不同的解读，也可谓是各推所长，穷知究虑，各有蔽短，但对于艺文的理解和阐释足以引起人们对艺文的认知和重视。本书之"艺文"，取古代史志典籍之"艺文"，而非泛义的"艺文"语词。

二、艺文志

"艺文志"三字虽由班固整合并提，但"艺文志"体裁非惟班氏创制，其雏形胚成于《史记》这部著作，是远览《史记》、近用《七略》的产物。

《史记》是司马迁在"网络天下放佚旧闻"的基础上，广收博采先秦古籍资料的基础上写就的，实际上是"一部规模空前的隐性书目文献"，虽然没有班固《汉志》中所列的反映图书文献的专篇，但是尽量"通过《孔子世家》、《老子韩非列传》、《孙子吴起列传》、《商君列传》、《屈原贾生列传》、《扁鹊仓公列传》等大量人物传记，以及《天官书》、《十二诸侯年表》等有关内容，特别是通过司马谈《论六家要旨》（载《太史公自序》）等篇章的论列，比较系统地反映了诸子百家有关学说和成就，揭示了先秦学术发展的脉络和线索"③。章学诚《校雠通义》卷三《汉书六艺第十三之三》曰："读《六艺略》，必参观于《儒林列传》……《艺文》虽始于班固，而司马迁之列传实讨论之。"孙钦善亦云："《史记》八书中虽无艺文专篇，但合儒林、诸子以及其他列传中的有关材料，不啻为一部艺文专志。"④因此，王锦贵先生指出，"司马迁的这个创意影响深远：它不仅启发了汉代以后正史里反映图书文献的专篇'艺文志'、'经籍志'，甚至也成为宋元以后学术专门史研究——'学案体'的源头"⑤，并且进一步言明，《汉书》中揭示图书文献信息的《艺文志》，和《史记》有着千丝万缕的联系。

① （唐）李延寿.南史·隐逸传[M].校点本.北京:中华书局,1974

② （东晋）葛洪.抱朴子·审举篇[M]//国学整理社原辑.诸子集成.北京:中华书局,1945

③⑤ 王锦贵.远览《太史公书》，近用刘歆《七略》:史志目录产生背景钩沉[J].情报资料工作,2010(5)

④ 孙钦善.中国古文献学[M].北京:北京大学出版社,2006:62

正是这部"史家之绝唱,无韵之离骚"①开辟了史志目录得以嫁接于正史的先河,其著作的主旨,无疑为班固《汉书》的形成以至于后世学术产生了深远的影响,孕育了史书作为展示学术成果的平台、注重辨析学术源流的治学模式以及重视学术分类等一系列治学思想,因而《史记》是启迪后世而导夫先路的典范之作。

虽如此,艺文志的正式确立却是始于班固撰述的《汉书》。为什么司马迁没有在《史记》中出现反映图书文献的专篇,其实,"撰写这样的专篇,非司马迁不想,亦非司马迁不能","遗憾的是当时缺乏刘歆《七略》那样的基础性成果"②。

班固在远览《史记》的同时,还以《七略》为蓝本成艺文志。班固将《七略》之《辑略》散为小序,在分类上设"出、入、省"诸例,将当时的"五百九十六家"文献分为"六略",即六大类,三十八种,通过其四十篇序言,准确阐释了周秦至西汉末季的文献聚散和文化源流。故胡应麟在其《四部正讹(下)》中曾云:"覈之《七略》以观其源",意为从《七略》考察最早的著录;吴宗慈《江西通志体例述旨》艺文略曰:"艺文有志始于汉书,班固盖仿刘歆七略,旨在举古今著述为辨究原委,剖悉条流,后之史乘间有仿行③,其足骖靳前修者惟隋经籍志耳。"④《七略》其名为"七",实际上却是分为"六略",指六大类别,大类之下,又各分小类⑤,有目有类,从文献整合的高度,"部次流别,申明大道,叙列九流百氏之学,使之绳贯珠联,无少缺逸,欲人即类求书,因书究学"⑥。范文澜曾就《七略》的价值进行评价:"它不只是目录学、校勘学的开端,更重要的还在于它是一部极可贵的古代文化史。西汉有《史记》、《七略》两大著作,在史学史上是辉煌的成就。"⑦

---

① 鲁迅.汉文学史纲要[CD].沈阳:辽宁电子图书有限责任公司,2009:19

② 王锦贵.远览《太史公书》,近用刘歆《七略》:史志目录产生背景钩沉[J].情报资料工作,2010(5)

③ 如隋书、新旧唐书、宋明二史与清史稿。

④ 吴宗慈.江西通志体例述旨[Z],1941(民国三十年)

⑤ 《六艺略》分九小类、《诸子略》分十小类、《诗赋略》分五小类、《兵书略》分四小类、《数术略》分六小类、《方技略》分四小类,总计为三十八个小类,实际上是图书二级分类体系。

⑥ (清)章学诚.校雠通义·互著.章氏遗书本

⑦ 范文澜.中国通史简编(第三编)[M].上海:上海人民出版社,1964:126

《汉书·艺文志》在形式上是目录学著作,实质上却是学术史文篇。艺文志所引的"艺"也好,"文"也好,二者相互联系,如影随形,其着眼的都是心灵所耕种的精神产物和人类所拥有的创造能力,由此创造出来的产物则可以称为"艺文"或"艺术"。由此分析,班固的艺文是一个泛概念,包含了六艺、诸子、诗赋等类的实际形态。正是源于此,对于"艺文"的架构和内涵,不论后世学者们如何进行解读,其"艺文"之合称所包容的学术的基本精神却是一致的,即蕴含着根元式的学术格局和大人文的艺术语境。根学术是指以文化为一切文科学问的根柢,大人文是指以人类生命的创造性体验为精髓。故有学者曾这样评价:"在表面上看,《艺文志》仅仅是班固对上古至东汉早期存见书目的辑录,而从中国思想文化的深层透视,则可以说它是班固对此前学术思想典要性的总结;与近现代世界文教体制相比较,还可以看到《艺文志》中蕴含的班固及中国学者对学科分类问题的通变式处理。""它将我们带入历史文化的原生时空,也将我们置于博大精深的创造境界。"①

班固在首创了"艺文志"体裁的同时也创造了"艺文志"术语,并且赋予了其独特的语境,标志着对"艺文"的认知进入了一个新境界。这既是广义的物质劳动,也是精神上的创造性活动,可以抽象为很富弹性和开放性的艺文理念。其"艺"也被赋予了儒家"六艺"的内涵但又未完全局限于后者,而"文"则囊括了"七略"中《六艺略》之外的其他"六略",乃至于视域较"六略"还要宽泛,既包括儒家的六经,又包括诸子、辞赋、乐府、诗歌,还包括兵家、医方、种植、天文、历数、神仙、卜筮等属于军事、科技、宗教等方面的内容②。而"志"体的记录和"记载"的含义,则赋予了"艺文志"这种特殊的文体形态极具理性,班固对"艺文志"的作用总结曰:"至成帝时,以书颇散亡,使谒者陈农求遗书于天下。诏光禄大夫刘向校经传诸子诗赋,步兵校尉任宏校兵书,太史令尹咸校数术,侍医李柱国校方技,每一书已,辄条其篇目,撮其旨意,录而奏之。"③《汉书·艺文志》的产生,不仅是反映了汉朝一代藏书之盛,而且开启

———————————

① 栾栋.文艺学系谱[J].广东外语外贸大学学报,2006(3)

② 班固在编撰《汉书·艺文志》时,删去了《辑略》,而在《六艺略》中,详细介绍了《诗》《书》《礼》《乐》《易》《春秋》的书目和沿革,并且增加了《论语》《孝经》《小学》,调整了其排列顺序,将《易》排在最前面,其后依序是《书》《诗》《礼》《乐》《春秋》《论语》《孝经》《小学》。

③ (东汉)班固.汉书·艺文志

了后世史志目录的先河。章学诚《校雠通义·补校汉艺文志》云:"夫刘《略》、班《志》,乃千古著录之渊海……今欲校正诸家著录,当自刘《略》、班《志》为权舆也。"王锦贵先生也指出:"正因为'艺文志'融于正史并成为正史不可分割的一部分,因而大大提升了史志目录连续编写、永远传播的社会功能。换言之,艺文志、经籍志依附于正史文献这一强势母体,也就意味着从此拥有了无限生长的巨大空间。"①将艺文志植栽于方志,同样产生了强大的生命力,对于后世地方志的编纂也产生了深远的影响。艺文志的功用还在于"树风声、流显号、美教化、移风俗"②,"志"可分专题记述政治制度、经济状况、天文地理、文化学术内容,被当作"求周秦学术之渊源,古昔典籍之纲纪"③的手段,并具有承担具观千古学术源流之功能。故傅振伦曾云"艺文志叙述学术品类流变、得失,实是学术的渊海,治学的门径"④。章学诚亦云"故今之学士,有志究三代之盛,而溯源官礼,纲维古今大学术者,独汉《艺文志》一篇而已",充分肯定了其在学术史上的创辟价值。班固之《汉书·艺文志》为后来者编纂艺文志指明了规制,确定了体例,草创之功,不可泯灭。

第三节　方志艺文志

一、方志艺文志是方志的重要组成部分

方志艺文志脱胎于方志,它和母体的内在联系和价值要从两方面考量。研究方志艺文志,一方面,要认真研读方志艺文志文本的内容;另一方面,还要注重艺文文本所在的古代文化系统对其的影响,进而具体考察艺文文本在其时代语境中起了什么作用及怎样起作用。后者可以揭示一些仅仅研读艺文文本之"哲学思想"未必能够获得的线索和信息,这些线索和信息反过来又有助于理解艺文文本所反映的时代思想。经过这样的考察,我们对于艺文文

①　王锦贵.远览《太史公书》,近用刘歆《七略》:史志目录产生背景钩沉[J].情报资料工作,2010(5)

②　(唐)魏徵等.隋书[M].北京:中华书局,1973:903

③　(清)姚振宗.汉书艺文志条理·叙录[G]//二十五史补编(第二编).北京:中华书局,1955:1531

④　傅振伦.傅振伦方志论著选[M].杭州:浙江人民出版社,1992:424

本意谓的领悟或许会比单纯研读艺文文本更进一层,有助于集中而深入地反映古代艺文志的文化特质。

方志艺文志的形成以及系统理论的产生,是在方志演进和嬗变的大背景下逐渐产生的。方志从单纯的地记、图经发展到形成一个包容众多类例的综合性方志的历史,也说明我们的祖先早已完成了将方志的机械物理秩序上升为文化的有机融合秩序的飞跃。而方志艺文志从中演绎着一个重要的角色,可以佐证的是,在方志的类例越分越细的情况下,艺文的相对作用也越来越明晰。

方志艺文志能最大限度地凸显方志的政教人伦价值。方志艺文处处紧密联系地方,"审名以纪地""据地以书人",反映"一方之情"。中华文化世代推崇家国同构,人民热爱乡梓,彰显"物华天宝,人杰地灵""乡帮之光耀"成为传统,这种精神和传统承载于方志之中,架构了"地灵,人杰,文丰"之三位一体。地灵造就人杰,形成文丰,文丰又再现地灵,重塑人杰。文风蔚然是这种良性循环的重要一环,方志艺文志则是"文丰"的具体写照。万历《贵州通志·艺文志》序言云:"刘勰曰:'文,人心生也。'结绳而治,浑浑噩噩已耳,至于今而郁郁乎文矣!名公巨卿以服官任职,宣泄王猷;旅客羁臣以予古怀忠,发抒性术,书之湘素,西南天地蔚然有光焉!"正是这种地方著述能光耀一方的驱动,使"文"具有了崇高的地位。"盖以中国之大,一地方有一地方之特点,其爱之于遗传及环境者盖深且远;而爱乡土之观念,实亦人群团结进展之要素。利用其恭敬桑梓的心理,示之以乡邦先辈之人格及其学艺,其鼓舞浚发往往视逖远者为更有力,地方的学风之养成,实学界一坚实之基础也。彼全谢山极力提倡浙东学派,李穆堂之极力提倡江右学派,邓湘皋之极力提倡沅江学派,其直接影响于其乡辈何若?间接影响全国者何若?斯岂非明效大验焉。"并明确指出了"诗文之征,耆旧之录,则亦其工具而已"①。因此方志编纂绵延千载,经久不衰,一方人民总把方志艺文志当作一地"地灵人杰,人才辈出"的客观记录。

二、方志艺文志丰富了方志文化的内涵

方志体例独特,纵及千年,横及百科,是一个地区上至天文、下至地理,从自然到社会,从政治到经济,从历史到现实,从人物到风貌,全面、系统、准确

---

① 梁启超.方志学[J].东方杂志,1924,21(18)

的综录。可以说,正是就艺文志等内容的酌分细目、广搜博采和融会贯通,方志才体现了文化的多样性的统一,共同构成了一个能够全面解读的完整的文化整体,这也最能体现方志的政教人伦价值。

　　这对我们从多个角度了解人类精神的历史和智慧的积累尤有益处,也显示出了中国方志文化丰富的内涵。季羡林先生曾说过"中国文化的特点可以归纳如下:唯求实用,不尚玄虚,貌似浅显,实亦邃密,整体思考,枝叶兼及,允执厥中,不务偏激。最大的特点还在有极大的包容性""中国或东方文明的根基是综合的思维模式,再说得具体一点就是'整体概念,普遍联系'"①。传统文化的兼收并蓄促成了地方志内容的极为广泛和丰富,以海纳百川的气度和胸襟,集天文、地理、政治、军事、经济、农桑、沿革、教化于一书,建立起自然、人文、社会的三度空间。而艺文志作为其重要内容,千百年来,与其他分志相表里,补各志之未备者。如,在康熙本《广灵县志·学校志》中仅略记县学的设施,但收在艺文志的五篇有关碑文,则分别详细记载了县学的几度兴衰变化。还有光绪本《广灵县补志·方域志》里略记了道光十二年(1832)大饥赈恤,并注明"碑记见艺文志"。收在艺文志里的《捐米赈饥碑记》则详尽记述了灾害和赈济详情。至于寺观庙宇和桥梁等情况,无不如此。在这里艺文发挥着详志之略的作用。

　　清道光《厦门志》也是一典型例子。这是一部较好的志书,此志由福建兴泉永道周凯主持编纂完成,道光十九年(1839)刊刻问世。关于修志的主旨,周凯非常明确地指出:"厦门处泉、漳之交,扼台湾之要,为东南门户。十闽之保障,海疆之要区也。故武则命水师提督帅五营弁兵守之,文则移兴泉永道、泉防同知驻焉。商贾辐辏,帆樯云集。四方之民,杂处其间。涵濡沐浴乎圣神之化者,百有余年。士蒸蒸而蔚起,民蚩蚩以谋生。虽一里也,而规模廓于一邑矣。"通过这部志书我们可以得知,政治上,厦门地理位置重要,为"东南门户"、十闽"保障",是"渡台通洋正口",为闽南地区的政治中心和军事中心;经济上,因是"渡台通洋正口",所以"商贾辐辏,帆樯云集""俨然东南一都会""规模廓于一邑",市场繁荣,经济发达。关于人文方面,就可从"艺文"窥其全貌,其卷九艺文略序云:"志乘之作,仿于《汉书》。《汉书》艺文之志,独载书目,陋矣!我朝《一统志》自名臣硕彦鸿章钜制,备列简编。厥后省、郡、邑

---

　　①　季羡林.新闻学传播学出版学序[M]//丁淦林方厚枢.20世纪中国学术大典.福建:教育出版社,2005:71

志遵循载择,使前贤苦心著作,披书可信,典綦盛哉！厦虽蕞尔一岛,不乏名宦邑贤,故于奏议、公移,以至城池、公署、祠庙、岩洞之记、序、诗、章,有关岛上风化、民命利弊者,录为艺文略。他虽奇文雄策,不系岛上,概置不载,亦由《一统志》之义法焉尔。"艺文的记述,将当时地方文化的各种事象、各个细节展示得更加生动、立体和丰满,如果没有艺文,必然会使整部志书黯然失色。因此,方志艺文志是方志不可或缺的重要组成部分。

综上所述,艺文是一定时期一地的社会政治、经济、文化的综合再现,是志书中的精彩部分,可读性强,是读者喜爱的内容,通常被称为志书的"志眼"。艺文志的优劣是评骘整部志书好坏的一个重要标准,艺文志质量如何,直接关系到对志书质量高低的评价,切关志书的功过得失,因此,历代史志家无不对艺文重视有加,设置艺文志也成为共识。

对于艺文还需要明确的一点是,艺文志可能脱离母体,即方志本身,形成专志单独出版,但其和母体还存在着千丝万缕的联系。在形态上都不是自足的,与其母体不是断然不相涉的封闭单元,和其母体的其他单元还存在着密切联系的开放体系,并且明晰部次条别,共同绘制了关于一域自然和社会的全息景观。

第四节　方志艺文志与正史艺文志

一、方志艺文志与正史艺文志的联系

正史、方志同为中国史学之巨擘,正史是"国史",是古代官修的,是司马迁在编年体的基础之上,首创的以人物纪传为主的正史体例,专门记载一国之大事。《隋书》卷三十三《经籍志二》曰:"自是世有著述,皆拟班、马,以为正史,作者尤广。一代之史,至数十家……今依其世代,聚而编之,以备正史。"方志则是对特定的历史时代和方域的自然环境、人文环境和历史的横向性的综合记述,"在中央者,谓之史;在地方者,谓之志"[1]。而正史艺文志是正史的重要组成部分之一,《汉书·艺文志》首开我国正史收录著述典籍之先河,并启发后学不断发展和完善。后来许多正史都宗承《汉书》,在诸如隋书、宋史、明史中都著有艺文志。艺文志成为纪传体文献中专门用来反映古代图书目

---

① 来新夏.中国地方志·概说[M].台北:"商务印书馆",1995

录及学术思想发展的专篇和体裁,成为史志目录的重要组成部分。"方志一类史书或有将乡贤诗文归入《艺文志》者,亦仍是'以亡佚为虑',录存而已,并非性质有所改变。"①关于艺文志、经籍志的作用,先人对此也多有共识,唐毋煚曾云:"夫经籍者,开物成务,垂教作程,圣哲之能事,帝王之达典。而去圣已久,开凿遂多,苟不剖判条源,甄明科部,则先贤遗事,有卒代而不闻;大国经书,遂终年而空泯。使学者孤舟泳海,弱羽凭天,衔石填溟,倚杖追日,莫闻名目,岂详家代?不亦劳乎!不亦弊乎!"②早期的方志作为史学之分支,亦自觉效仿正史的"艺文志"和"经籍志"的规则和体例收录艺文,记载地方人士著作或目录,并逐渐发展成方志的重要组成内容,特别是在清乾嘉时代,方志艺文志卷帙之繁,前所未有。如此可见,方志艺文志具有正史艺文志中的一般特点,两者有一定的全息关系,分析二者的异同,可探勘两者的一般特点,甄别其得失,总结出规律性的认识。

从其学术起源上,二者关系甚密。正史艺文志以班固的《汉书·艺文志》为发端,班固删刘歆七略中的"辑略",对其余六略"删其浮冗,取其指要",增遗补漏,以"书六略三十八种、五百九十六家、万三千二百六十九卷",成"艺文志"。"班氏之志艺文也,在当日不过节《七略》之要,为史家立其门户,初不自以为详且尽也。今欲求周秦学术之渊源,古昔典籍之纲纪,舍是志无由津逮焉。"③根据唐代刘知幾《史通·史志篇》的记载,方志艺文志的开端之作,当是北朝齐周间宋孝王所著《关东风俗传》,其中的《坟籍志》是最早的地方志艺文志,记录了邺地的地方著作,它比最早的正史的《汉书·艺文志》晚出了约五百多年。到了宋代,艺文伴随方志的成熟和定型,作为文学艺术作品的诗文,被大量选录到方志中,艺文入志渐成惯例,不仅在方志中逐渐增加了比重,而且体例趋于完善,内容不断丰富,涌现了一些名家名作,如宋朝成书的《太平寰宇记》历来被公认为方志艺文志之滥觞。

二者同受儒家思想的浸染,从属于相同的文化体系,具有形塑相似的价值观,编纂的宗旨是一样的。从目录学的角度来说,目的是"辨章学术、考镜源流",都是以梳理学术史的脉络、对文献高位整合为己任,前者承传地方文

---

① 刘梦溪.中华文化通志·艺文典[M].上海:人民出版社,1998:11

② 《旧唐书·经籍志》总序引《古今书录》

③ (清)姚振宗.汉书艺文志条理[G]//二十五史刊行委员会.二十五史补编.北京:中华书局,1955:1531

化的资源价值,后者存续历朝历代之文脉。故《隋书·经籍志》曰:"夫经籍也者,机神之妙旨,圣哲之能事,所以经天地、纬阴阳、正纪纲、弘道德、显仁足以利物,藏用足以独善。学之者将殖焉,不学者将落焉。大业崇之,则成钦明之德;匹夫克念,则有王公之重。其王者之所以树风声、流显号、美教化、移风俗,何莫由乎斯道?"①对于汉书艺文志的评价,最为人们所熟知的莫过于清人王鸣盛载《十七史商榷》卷二十二中所引清儒金榜之语:"不通汉《艺文志》,不可以读天下书。《艺文志》者,学问之眉目,著述之门户也。"而对方志艺文志,章学诚认为"地方志乘,本是一地方的历史,与国史不过具体而微。国史有艺文志,所以纪一代的文献;志乘有艺文志,所以纪一地的文献",此言切中肯綮。

"志随政出,系之于政,用之于政",方志具有资治、辅政、教化的功能,故钱大昕说"志无论小大,皆道之所在""于地方利病,剀且言之,洵非率尔操觚",认为志书关系国计民生,利于地方政治。方志艺文志所承接的思想是源自于母文化,因为只有向母文化靠拢,才能获取价值的肯定,因而方志艺文与社会政治亦是相辅相成的关系,社会政治作用于艺文,艺文也反作用于社会政治,在某种意义上说,艺文同社会现实的联系乃是艺文的生命线,割断这条线,艺文的生命就会枯竭,不只是丧失社会价值而已。故在艺文志编纂视野上,要体现政教特性,透过文教手段推行政治、社会、道德及教育的目的。而文人透过艺文的编纂,呈现方志文化的教养,诠释"立言"价值。陈文达之《凤山县志》凡例第十条也表达了艺文化理、风教的作用,"'艺文'最宜慎选。邑志新拓,搜辑无自。就'郡志'中择其事之有关于化理、文之有系于风教;而又择采新篇,略加次第而登载之。外此,概不录焉。虽不敢谓摘藻撷华,亦庶几不失立言之体云"。

沈茂荫在《苗栗县志》小序中亦云:"艺文一志,率以著述为主。明道阐德,羽翼经传,此其上焉者也。外此,亦必有关政教及有系于一县掌故者,方可登诸志乘。"此说是以艺文"著述"之"明道"为最高宗旨,强调的是艺文的教化作用。

民国《桐梓县志·艺文志》序云:"修志而无艺文,则后此之杞宋无征,然艺文过滥又终必束之高阁而已。古来选文家或以地重,或以事重,或以人重,可法可传,不拘一格。惟于政教有关则吉光片羽,足贻九苞矣。"其对于政教

---

① (唐)魏徵等.隋书[M].北京:中华书局,1973:903

的认识,谓之即使是吉光片羽,但也"足赅九苞"。许多方志的编纂者都是站在这一文化优越的制高点,弘扬这一理念,并竭力贯彻,使方志艺文志的编纂千百年来成为改造心灵的文化工程。

正是因为编纂者希望借助于艺文,"化理之事、风教之文",达到"立言"之目的,起到治国与化民之功效,艺文志成为国家施行"文治"的工具,官府主事者借助方志艺文志展现政绩,因而有了一些"宸翰""奏疏""公文书"等不属于纯文学范畴的文体。而府志、县志、厅志、采访册等根据地域的广狭之分,所选录的官牍文章也不同,行政区域越大,所录公文数量越大。

如,《南雍志经籍考》的全目分为九类,一曰制书类,二曰经类,三曰子类,四曰史类,五曰文集类,六曰类书类,七曰韵书类,八曰杂书类,九曰石刻类。制书单独列为一类,且为首位,充分反映了南雍出书编目为政治服务的目的。其类目如下:《监规》一卷、《大诰》一卷、《大诰续编》一卷、《大诰武臣》一卷、《大明令》一卷、《洪武礼制》一卷、《大明律》三十卷、《教民榜》一卷、《资世通训》一卷、《存心录》十卷、《洪武正韵》十六卷、《洪武正韵小字》十六卷、《孝慈录》一卷、《稽古定制》一卷、《礼仪定式》一卷、《御制帝训》一卷、《御制官箴》一卷、《古今列女传》三卷等十九种。这是由政府颁布,要求臣民执行的文件。而太祖御制《大诰》《大诰续编》《大诰三编》,"凡臣民务要家藏人诵,以为鉴戒。倘有不遵,迁于化外。其有《大诰》者,偶有所犯,减等治罪"①。

另一方面,方志艺文志也同样受制于社会政治的影响,清朝大兴文字狱,艺文志也受到打击,成为严格查毁的对象。乾隆四十四年(1779)十一月上谕:"据(安徽巡抚)闵鄂元奏,各省郡邑志书内,如有登载应销各书名目及悖妄著人诗人者,一概奥行刊削等语,所奏甚是。钱谦益、屈大均、金堡所撰诗文,久经饬禁,以裨世教,以正人心。今各省郡邑志书,往往于名胜、古迹编入伊等诗文,而人物、艺文内,并载其生平事实及所著书目,自应逐加芟削,以杜谬妄。""著传谕各督抚,将省志及府县志书悉心查核,其中如有应禁诗文而志内尚复采录并及其人事实书目者,均详悉查明,概从芟节,不得草率从事,致有疎漏。"从统治阶级对艺文的打压可以看出其以方志艺文治国、化民的政治意图。

这也从另一侧面反映了一个事实,艺文史料无一不是经过编纂者的主观选择与主观组织而成,不论其是否心存公正,内容都是其个人思想和识见的

---

① 《宪章类编》卷二一

集中反映。爱德华·卡尔曾讽刺这种现象:"历史学家可以在文献、铭刻等等诸如此类的东西那里获得事实,就像在鱼贩子的案板上获得鱼一样。历史学家收集事实,熟知这些事实,然后按照历史学家本人所喜欢的方式进行加工,撰写历史。"①纵观历史上各个朝代方志艺文志的编纂人员,包括了基层各个阶层、团体的知识分子,有掌握决策管理权和"话语权"的地方官员,有接受过传统儒学经典训练从事教育的塾学、库校、书院的塾师、教授、县学生,在民国时还有接受过"西学"影响、西式教育的教育家、普通教职人员甚至还包括部分思想激进的人士。这些不同时代、不同层面的编者,出于对方志艺文志之目的不同理解,在编纂的过程中,采取了他们认为合适的体例、语言,启用了不同的思想,但本质都是以文教化的手段。

方志艺文志同正史艺文志具有连续性和传承性,编纂连绵不绝,以浙东"四明"一地地方志为例,四明志的连续编纂,其从宋代始,到民国的连续记载,为浙东宁波地区的发展提供了重要的史料:

乾道《四明图经》十二卷,(宋)张津等撰,初有旧抄本。

宝庆《四明志》二十一卷,(宋)吴槃修,方万里、罗浚纂,宋绍定二年刻本。

开庆《四明续志》十二卷,(宋)吴潜修,梅应发、刘锡纂,宋开庆元年刻本。

延祐《四明志》二十卷,(元)马泽修,袁桷、吴廷献纂,初有抄本《宋元四明六志》本。

至正《四明续志》十二卷,(元)王元恭修,王厚孙、徐厚纂,初有明抄本《宋元四明六志》本。

成化《四明郡志》十卷,(明)张瓒、杨寔纂,成化四年刻本。

嘉靖《宁波府志》四十二卷,(明)周希哲、张时彻纂,嘉靖三十九年刻本。

嘉靖《四明志征》二十卷,(明)戴琼纂,刊本未见,见《千顷堂书目》。

《宁波府简要志》五卷,(明)黄润玉纂,黄溥续纂,明刻本《四明丛书》本,四库入存目。

《宋元四明六志校勘记》九卷,(清)徐时栋撰,陈劢补,《宋元四明六志》本。

乾隆《四明志补》,(清)包旭章纂,抄本。

"四明"一地,明清为宁波府,唐、宋时称明州,又称四明,据《唐书》之地理

① 爱德华·卡尔.历史学家和历史学家的事实[M]//卡尔.历史是什么?.北京:商务印书馆,2007:90

记,因境内有四明山而得名,其最早见于文字的图志,修于唐或北宋初,据《光绪鄞县志》卷七十五著录,清鄞县徐时栋《四明六志校勘记》卷九曰:"宋真宗咸平四年,苏通判为作《善政侯祠堂记》云:'善政侯琅琊王公讳元暐,册封之典,《图志》载之备矣。'其时编葺之诏天下,而吾乡已有志乘可备征引。然则不特宋、元六志足以豪天下,即其渊源亦甚古也。书或唐时旧籍,或宋初新编,莫能考矣。"

徐氏推断方志渊源之甚古,有志乘可备征引。方志编纂从唐、宋起步,历经元、明、清,连续编纂,积累了丰富的方志成果,可谓是源远流长,著述鼎盛,特别是四明六志,是举世瞩目的名著,影响深远,给地方文化奠定了深厚的基础,为后世追溯区域的人文和学术提供了重要资料。

另外,方志艺文志同正史艺文志一样,坚持续修、补修的传统。例如,清代乾隆《福州府志》成书六年之后,李拔任福州郡守修《福州府志艺文志续编》。福州素有"邹鲁之滨"之美誉,文化昌明,教育发达,福州之有郡志始于晋陶夔,增于唐林之胥,再修于宋梁克家。明代有正德《福州府志》、万历《福州府志》,清代有乾隆《福州府志》,但其艺文的收录,较为简略,李拔有感于此,着力修《福州府志艺文志续编》。全书分四卷,首列弁言、姓氏、凡例,卷一为表、疏、议、考、论、说、序,卷二为记、传,卷三为碑、铭、箴,卷四为诗、赋、杂著。此为后世提供了重要史料。

还有的艺文志,连续编纂和续修结合,如《同州府志》:

《同州府志》,张奎祥、李之兰,清乾隆六年(1741),二十册二十一卷:卷十四经籍,卷十五—十八艺文;

《同州府志》,闵鉴、吴泰来,清乾隆四十六年(1781),二十二册六十一卷:卷四十二—五十一艺文,卷五十四经籍志,卷五十五—五十六金石志;

《同州府志》,李恩继、文廉、蒋湘南,清咸丰二年(1852),二十四册三十六卷:卷二十五经籍志,卷二十六金石志,分上、下二子卷;

《同州府续志》,饶应祺、马先登,清光绪七年(1881),六册十七卷:卷九内有经籍志、金石志,卷十四—十五文征续录。

二、方志艺文志与正史艺文志的不同

"名"与"实"不同。追考"艺文志"一词,最早由班固草创,其不仅是一个学术术语,而且逐渐演进为一种独特的体裁和体例。"艺文"不但为正史所袭用,而且是方志惯用称法。在正史中,"艺文志"还有一些别称,二十五史中有艺文志者有六部,包括《汉书》《隋书》《旧唐书》《新唐书》《宋史》《明史》,其中《隋书》《旧唐书》曰"经籍志"者,其实质还为"艺文志"。方志艺文志的别称较多,如在《关东风俗传》中称"坟籍志",在景定《建康志》中称"文籍志",在清《西江志》中称"经籍志",在元延祐《四明志》中称"集古者",在民国《岐山县志》中称"文艺",在明《仁和县志》称"书籍",在明永乐《交陟总志》中称"诗文",在明《鄢陵志》中称"文章志",在明《滇略》中称"文略",在清《续云南通志稿》称"书目",在南宋《新安志》中称"诗话"。虽说名称繁多,但皆是"艺文"之质。对于艺文志的名和实,傅振伦曾分析说:"按刘向、歆父子校书,汇为《七略》,兰台作志,始著艺文之名,虽《隋志》及《旧唐志》改艺文为经籍,而诸史并遵班名。然……改称著述或书籍志为宜。唯'正史'相沿既久,亦不必纠俗立异,故姑仍之。唯'正史'艺文志只列书目,且亦无序释,而后世方志因少著述可录,多代以诗文。"①此说见解独到。

内容不同。就方志艺文志和正史艺文志分别找寻其学术源头,会发现其根植于两种不同的学术范畴:即"史"与"志",二者是相辅相成的著作体裁,同中有异,异中有同。这从本质上决定了正史艺文志与方志艺文志选辑畛域的不同,史书上主要记载社会情况,着重于政治、军事、文化,而志书不仅记载社会情况,而且要记载自然情况,不仅要记载过去,而且要记载现状,可谓是无所不载,是"一地之全史"。山东莱州知府陈谦在《莱州府志》称:"史与志皆本于春秋,史之上下千古,志之纵横万里,其意一也。一代有一代之史,一郡有一郡之志,识大识小,各从其类,其意又一也。故必精于《春秋》者乃可以撰史,熟于史者乃可以修志。"正史艺文志一般是只录典籍,探讨的焦点集中在图书目录上。方志艺文志与之相比,其取材更为多元,蕴含的史料更为详尽。方志艺文志有的与纪传体史书的艺文志或经籍志相同,只录书目不录诗文,有的方志艺文志是集录文学作品而并不是书目;有记载书序的,有诗文与书目并载的,还有艺文目载目录及诗文碑铭的,不拘一格多角度地反映了地域的文学文献概况、社会文化、历史思想等多元意义。

另外,方志艺文志不仅就人物的数量和细节收录较多,还经常在条目的设置和资料的排比上别出心裁,如景定《建康志》、乾隆《浙江通志》、乾隆《归德府志》。其类例分设较正统目录要灵活且能反映当时学术大势,特别是景定《建康志》于记载藏书而外,在每书下注明版本,又专设书版一门,为版本学

---

① 傅振伦.傅振伦方志论著选[M].杭州:浙江人民出版社,1992:472

者研究南宋南京一代刻书、藏书情况提供了依据。

地位不同。正史体尊,在《四库全书·史部·正史类》小序中云:"正史体尊,义与经配,非悬诸令典,莫敢私增。"正史艺文志亦然,它构成了我国史志目录的主流,"所谓史志目录,乃是正史中用来揭示某一历史时期国家藏书之盛的综合性大型目录"①。正史艺文的记载具有权威性,无论是从其编纂机构、作者乃至收录内容,都较方志艺文志正统和严格。

编纂时效性不同。正史艺文志编纂的时间远滞后于方志,通常是后一朝代的产物,而地方志艺文志的编写时间则较正史艺文志相对提前,虽然记载上继承了部分所谓"史"内容,然而更突出当代性特征。如康熙《南阳府志》云:"详搜近事,准之舆论,亲自撰录,不敢一字假手于人,至于见诸前代者,尤不敢依样葫芦,以抄袭塞责。"②

文风不同。同正史大气稳重的文风不同,方志艺文志在内容上保存了大量鲜活的文学史料和数量较多的墓志碑记。通过阅读方志不仅可以从时、空、点、面多个维度全方位地、立体地了解某一地域的空间地理和时间纵轴某一时刻的著述情况和人文风情,而且在阅读中能体会到其独特的崇尚文教的风习。读者会从诗文、碑记、古迹等类简约文字之间,体味到美妙的自然景色与厚重的历史文化叠加凝聚而成的独特韵味。

体例不同。从宋代始创艺文志以来,历代志书体例已成定俗。正史艺文志一般是以书为主体,分类编次,方志艺文志一般是以人为主体加以著录。以书为主体乃是正史艺文志的编纂通例,而以人为主体则是地方志艺文志常采用的变例,两种体裁相比较,以书编次较难,较为正规,而方志艺文则较灵活,具有独特的文体文风,它既有著也有录,既有述也有议,体例上限制较少。

作用不同。正史艺文及其补遗成果大体反映了我国近两千年系统厘然的典籍记载和各个时期学术文化的兴起发展概况。如,《新唐书·艺文志》按经、史、子、集四部分类,记载了李唐时代的国家藏书之盛。而对于"艺文志"的价值,不少方志在志书之首都有所说明。

光绪《杭州府志》艺文志称:艺文,江海之英,湖山之灵,百家滥觞,丛华粹馨,锋尘不辟,奁蠹畸蕾,搜之集之,为述造型,斗宿煜煜,光芒匕经,述艺文志

---

① 王锦贵.实至名归与名正言顺:浅谈我对史志、方志概念的理解[J].山东图书馆学刊,2009(4)

② 康熙《南阳府志·序》,康熙三十三年(1694)刻本

第二十八。

清《崖州志·艺文志》序云：文以载道。其叱辞为经，所以觉世牖民者，固焕乎若日月经天、江河之行也。即学士大夫凭吊登临，著为歌咏，亦足以抒发至情，宣扬胜慨焉。

这里，虽然对艺文志的作用有些夸大，但却表现了方志记载文献、表彰先贤、启迪后学的目的，即章学诚以为撰艺文可使"后人得所考据，或可为馆阁雠校取材"。

三、方志艺文志可补正史艺文志之不足

方志艺文志可补正史艺文志之不足。方志艺文志要晚出正史艺文志五百多年，方志袭用正史艺文志，必要因循志乘之旨，即使单行专著，亦以地方著述或守藏为约，遵守史志目录、官私藏书目录之规范，然而正史等文献虽能够记载一些普遍性的书目文献，却难以提供与现代意义相匹配的各种分县的文献资料、基层的鲜活记录。因此，正史有不足，借用梁启超的话来说，中国的"正史"传统，"能铺叙而不能别裁；能因袭而不能创作"，傅振伦在《拟北平新志例目》中，提出"正史艺文志，只列书目，不列叙录"，也印证了这点。方志艺文除了收录各种著作、书目、著作的时间、作者以外，还计有相当数量的碑文、墓志、诗文、民歌、农谚，这些内容具有鲜明的地方特色，富有生活气息，不少作品在当政者看来是难登大雅之堂而得不到传播的，在方志艺文中却很丰富。

有学者曾以北宋初年成书的《太平寰宇记》和正史艺文志就江西地方藏书情况做比较。《隋志》收录雷次宗《豫章古今记》、山谦之《吴兴记》共两种，《旧唐志》仅收录有《东阳记》一种，《新唐志》收录有《东阳记》、雷次宗《豫章古今记》《浔阳志》共三种。《宋史》仅有雷次宗《豫章古今记》、王德琏《鄱阳记》共两种，记载较为疏略。结论是正史艺文志"实际存书之记载漏略甚多"，而其他类书也不详。如果和《太平寰宇记》比较——这部文献一直被后学作为方志收录艺文之滥觞——就可见正史之不足。其详记艺文，仅江西部分所引三十余种地志，一定程度上裨补了正史艺文志之缺失和疏略①，《太平寰宇记》所载之史事传说，多为正史所不载，具有较高史料价值。

还有，方志艺文能订正正史之误，如宣统《湖北通志·艺文志》卷三第一

① 张保见. 论《太平寰宇记》的文献学价值与地位[J]. 上饶师范学院学报,2009(29)

百五十七页,在经部小学类著录汉胡广撰《汉官解诂》三篇,提要中有案语曰:"《隋志》云:'汉新汲令王隆撰,胡广注。'高似孙《史略》因之,云'王隆有《汉官解诂》三卷,胡广所注'。今考广自序,则王书自名《汉官篇》,广为作注,因题'解诂'之名,自《隋志》以来,咸失分别。"此订正了《隋书·经籍志》以来的沿误①。

综上可知,正史艺文志和方志艺文志虽各有侧重,但相济为功,既不应以此代彼,也不应彼此趋同。只有坚持史志并举,取长补短,才能更加繁荣。千百年来的事实也证明了,二者在历史发展进程中,相互影响、相互促进、相辅相成、交相辉映,为中华民族的灿烂文化做出了巨大的贡献。

第五节 方志学与目录学

中国是一个历史悠久的文明古国,有着辉煌灿烂的文化,积累了丰富的文化典籍,数量之多,举世无双。在漫长的岁月中,和卷帙浩繁的典籍相匹配,从分类的角度,形成了"辨章学术、考镜源流"为目的的目录之学。典籍之中,方志占有重要一席,且以各类古今地方志志书为研究对象,形成了方志学。方志艺文志,是方志学和目录学研究之交叉点。故研究方志艺文志,离不开方志学和目录学的学科背景。

从目录学角度看,中国传统文化领域最具影响的书目形式有三大类,官修目录、私修目录、史志目录。史志目录指历代史书中艺文志、经籍志所列书目,正史中艺文志、经籍志所录的书目是国家藏书目录,但二者又有区别,前者所录有些是史臣从各种书目中搜罗而来,包括了私人编纂的书目。细数之,史志目录首先是正史中的艺文志或经籍志,如《汉书·艺文志》《隋书·经籍志》《旧唐书·经籍志》《新唐书·艺文志》《宋史·艺文志》《明史·艺文志》《清史稿·艺文志》;再有其他史书中的书志,如宋郑樵《通志艺文略》、元马端临《文献通考经籍考》、清嵇璜等《续通考艺文略》、清乾隆十二年敕编《续文献通考经籍考》、清嵇璜等《清朝通志艺文略》、清乾隆十二年敕编《清朝文献通考经籍考》、清刘锦藻《清朝续文献通考经籍考》;其次是补史志,并非所

---

① 王锦贵. 远览《太史公书》,近用刘歆《七略》——史志目录产生背景钩沉[J]. 情报资料工作,2010(5)

有正史都有《艺文志》,即后人补作的正史艺文志或经籍志,包含补原书所无和补原书所有两种类型,如关于西汉,有姚振宗《汉书艺文志拾补》六卷和《汉书艺文志条理》八卷等。王锦贵先生说:"正史是承载史志目录的强大后盾……正因为艺文志融于正史并成为正史不可分割的一部分,因而大大提升了史志目录连续编写、永远传播的社会功能。换言之,艺文志、经籍志依附于正史文献这一强势母体,也就意味着从此拥有了无限生长的巨大空间。"①

随着时代的发展,除史志目录之外,艺文志也和其他的文献类型相结合。

首先是方志。方志艺文志同史志目录中的艺文志在辑存文献的方法上有一个重大的不同之处,从而构成了它自己在艺文书群中的独特之处,就是把"目录"与"事文"两条龙合并为一条龙,变更正史艺文的常规体制。具体反映在一方面方志艺文志录有书目,书古文献群书目录。其编制体例上,主要有三类:一是部类之后有小序,书名之下有解题者;第二类为有小序而无解题;第三类小序、解题皆无,按部类著录书名、卷数、著者。另一方面是为后世保存了大量的地方辞章名篇。

可见方志中的艺文作品,是集方志学和目录学之长,既能体现"辨章学术、考镜源流"的作用,可窥某时学术风尚之盛衰、文化政策之弛张,又可览某地世风、士风、文风的相互关系和主流趋向,在时间和空间上占有优势,因此,不同于其他艺文志的收录,方志艺文志有着特定的收录标准,即其所收录的作品,必须是有关地方志记述范畴之内的作品,或是地方本籍人士的作品,或是客籍记述此地方的作品,于人、于事都必关乎"地方",或纯文学作品品咏风物,或是书目记载学术,或是碑铭墓志悼怀人物,或是地方官员策论时事,都是营造一地的社会和文化氛围,多方面、多角度提供关乎地方的信息,这一特征对构筑地方文化起到了独特的作用。

因此艺文从此种意义上,不只是目,而且有文。

这一点,编纂者在各类序言中纷纷加以强调。

如清乾隆《安溪县志》序曰:"文章乃一代之精华,著述实前人之手泽,苟有可传者,当备载,我安邑虽属一隅,亦人文之薮,故著述之外,首登奏疏而记叙事文,以次编入,匪独不敢掩名贤之遗迹而亦以昭山川之钟秀也,作艺文志。"

① 王锦贵.远览《太史公书》,近用刘歆《七略》——史志目录产生背景钩沉[J].情报资料工作,2010(5)

　　清康熙《兴化府莆田县志》卷三十三艺文序曰："日星云霞,天之文也;山川草树,地之文也;天地举有文,至于人而宁有异乎？莆之文肇于唐历宋元明至今而益盛哉,或进而黼黻朝廷或退而啸歌严户,虽有升沉显晦识大识小之不同,要其平日所结撰演述皆文也,然有多至百十卷,少或一二卷,皆本于心之所发,背于理又无蹈袭夸张之病,然后可传而以年代久远中经变乱,今其存者,虽或随世有征,然而遗漏不传者亦多,甚而传者亦仅有其名而亦遗之矣,百代人文于兹缺憾,岂不甚可叹哉,作艺文志。"

　　可见,编纂者以彰"名贤之遗迹""百代人文于兹缺憾"的责任感和使命感来系统反映一地的著述之盛。

　　其次,就方志艺文志的选文标准严格规定,如《台湾县志》凡例曰："杂文、诗、赋必于风土有关相涉、文足传世者,始为采入;非是,虽有鸿儒著述,不登焉。若夫吟咏新篇,选其尤者,以附于后;毋谓捃藻摘华,海外无文字也。"明确指出了选文的第一标准是"必于风土相关涉",否则,即使是硕学鸿儒的著述,也不录入。这一标准是千百年来优秀的方志艺文选录的尺规墨绳。

　　综上所述,艺文志嫁接于方志,也可谓是强强联合,方志和艺文志,与其说是纯粹的从属关系或母子关系,毋宁说是彼此为用、相辅相成的辩证关系。但依照国人传统理念,国史是反映学术成果的基本载体,其气势恢宏,体系宏伟,历代学人无不细究其奥,而方志则位列其下,研究亦较为薄弱。因此,研究方志艺文志,实乃为对目录学史、目录学方法的一次总结,为史志目录、官私藏书目录的一种补充。王鸣盛说过："凡读书最且要者,目录之学。目录明,方可读书。不明,终是乱读。"①而"艺文志叙述学术品类流变、得失,实是学术的渊海,治学的门径"②。方志沿袭正史录艺文,包含着丰富的目录学智慧和目录学理论,难能可贵的是,方志艺文志有因有创,并不是简单地搬用成例,在体例上,限制较少,不仅就人物的数量和细节记述较多外,还经常在条目的设置和资料的排比上别出心裁,如景定《建康志》、乾隆《浙江通志》、乾隆《归德府志》,其类例分设较正统目录灵活且能反映当时学术大势。

　　与此相近的还有类书中之艺文。如类书《玉海》二百卷,《四库提要》卷一

---

　　①　(清)王鸣盛撰,黄曙辉点校.十七史商榷(卷七)[M].上海:上海书店出版社,2005:45

　　②　傅振伦.方志立文献刍议[M]//傅振伦方志论著选.杭州:浙江人民出版社,1992:424

三五云："是书分天文、律宪、地理、帝学、圣制、艺文、诏令、礼仪、车服、器用、郊祀、音乐、学校、选举、官制、兵制、朝贡、宫室、食货、兵捷、祥瑞二十一门，每门各分子目，凡二百四十余类。"艺文是第六门，在《玉海》出现之前，唐宋以来的类书仅有记载图书典故的艺文，而没有记载图书目录的艺文，王应麟开类书记载图书目录之先河，他把历史文献和图书目录结合，在艺文以外的二十个门类中，以历史文献资料为主，以图书目录为辅；在艺文大类中，以图书目录为主；卷三十五至六十三，汇编类书中的有关目录学的资料，包含四十四个子目，其体例按《隋书经籍志》四部分类法，分经、史、子、集四部。其中卷五十二为"书目"，收自周秦至南宋以来公私目录学方面的目录百十余种。《玉海》艺文的体例与其他类书殊有迥异，其采用编题的形式，分门别类辑录文献，引导着目录学由分类目录向主题目录发展。

在清陈梦雷等人编修《古今图书集成》这一部大型类书中，也将体例做了进一步的发展，增加了学科层次。全书分为六汇编，编为第一层次；编以下为典，共三十二典；典以下分部，共六千一百一十九部；部以下再列目，目下复分成汇考、总论、图表、列传、艺文、选句、纪事、杂录、外编各类，艺文下再按文体细分。

谱牒传志也有艺文之录。家之有谱，若国之有史，许多谱牒把先祖撰写的诗词文章收录其中，设立艺文。如乾隆版《晁氏家乘》十八卷，卷一，条例、宗规；卷二，御赐诗联、诰命；卷三，祖像、赞语；卷四，列祖事实；卷五，科第、授职；卷六，文集、逸事；卷七，祖茔纪要；卷八，祠堂、族考；卷九，墓志铭；卷十，礼赞；卷十一，艺文、诗词；卷十二，序记汇录；卷十三，三眷总系；卷十四，郓城吊图世系；卷十五，六安吊图世系；卷十六，嘉祥吊图世系、济宁金乡附；卷十七，临川吊图世系、四川崇宁附；卷十八，贵溪吊图世系①；谱牒中艺文的诗文，很少见于一般的诗集。故其为研究历史提供线索或旁证，如"《严庄孙氏家乘》，由于该谱牒作者与唐伯虎、祝枝山等人交游甚厚，故而其中辑录了很多唐、祝的佚作"②。谱牒之艺文，除辑录名人作品外，还摹刻手记，具有独特的价值。

一些采访册也收有艺文。志稿志料、采访册、采访稿、采访录、调查记等文献，因其具有志稿性质，故篇目设置与志书的体例相体认，但对照而言，较

---

① 转引自张剑.乾隆版晁氏家乘及其意义[J].文献.2006(4)
② 王云庆,刘振华.谱牒资料的社会意义及文化价值刍议[J].图书与情报,2007(5)

志书在体例上较为粗糙、内容上不够完善,可谓是"准方志"。如民国《怀安县志材料》,正文分六门五十五目,六门依次为疆域、关隘、政治、物产、交通、艺文,具有县志初稿的性质,也是上报省府的修志材料①。光绪《宁灵厅志草》占篇幅最多的就是"艺文"部分,其开篇曰:"宁灵旧属灵州,历代之艺文,州志存者不下百余篇。今摘取其事属宁灵者录之,而附以近今采访之碑传、序记,庶修文者得资采择焉。"志草录文三篇、诗十四首、碑传、序记共九篇,对了解宁夏的地方文化具有一定的价值。而且,采访册的艺文细目上,一般具备方志艺文细目的基本要素,为其纂修储备了丰富的资料。

另外,在金石著述、佛教著述和学者文集等文献类型中也收有艺文。

和众多的录艺文之文献相比较,方志艺文志之发展,千年来始终保持着编纂的连续性,倘同其学术和文化功能上来考察,几与正史相埒,同样起着和正史相同的揭示文献、考辨源流的作用,从一定意义上说,我国五千年历史长河之所以具有连绵不断的特征,方志艺文志的贡献也在其中。并且实际上,方志艺文志的发展是同目录学和方志学的发展息息相关,而这两条主线之下,还有一条副线,即文学史的发展和文学流派的演进,也对方志艺文的内容产生潜移默化的影响。因此,从研究的视域上,无论是方志学研究,还是目录学研究,决不可重正史艺文志而轻方志艺文志,这里有一个正名的问题,应该给予足够的认识。

---

①　转引自王熹. 简述民国时期的志草志料、采访册与调查记等文献[J]. 中国地方志,2009(2)

第二章　方志艺文志的发展沿革

　　方志艺文志从开始萌芽,到宋代体例形式基本成熟定型,其后历代踵事增华,不断发展,不断完善,直到晚清以前的八百多年里,这些历朝、历代编纂的方志不仅在时间上保持了一定的连续性,而且在门类、内容、体例、章法上一脉相承。在某些方面,不仅几乎未产生实质性的突破和变化,保持着相对的稳定性,还出现了不少名志,可见其生命力之旺盛。方志艺文志的全部发展过程大致可以分成以下阶段:一是宋朝以前的萌芽阶段;二是两宋的发育和定型期;三是元朝的过渡期;四是明朝的发展期;五是清代的鼎盛期,这一阶段的方志艺文志,不论是内容还是形式都不断推陈出新;六是民国时期,是方志艺文志的嬗变期;七是新方志艺文的开篇期。新中国成立后,全国普修新方志,各种方志学说和论著不断涌现,方志艺文志不断得到重视,艺文志编纂进入了总结经验和开辟新篇的历史发展阶段。

第一节　萌芽阶段

　　方志艺文志的萌生,是方志和正史艺文志并行发展的结果。一方面,方志的起源虽然非常早,但却没有按照惯例一成不变地演变下去。从先秦时期的古史阶段,到汉魏隋唐多源发展,历经了多种转型和改变,方志艺文志是伴随着方志著述在学术发展史上的反复嬗变而产生的,艺文的演进和整个方志的演进息息相关。另一方面,正史艺文志的创立和发展,也为方志中艺文的内容和体例提供了成熟的规制,方志艺文志借鉴了正史艺文志的合理内核,并不断地衍生发展,逐渐形成了自己独特的风格,并且,在其萌芽之前,历经了一个较长的孕育准备阶段。

一、方志艺文志的孕育

　　自古以来,方志名称和形式多种多样。起自春秋战国迄于北宋,千百年来,以地记、图经、风俗记、郡书、人物传等名称和形式长期流行,直到南宋,才发展为定型的方志。春秋战国时期，作为方志初期形式的地记开始发端，代表性的作品有《禹贡》和《山海经》，它们被后世奉为方志的渊源。《禹贡》记述了冀、兖、青、徐、扬、荆、豫、梁、雍九州的山岭、河流、薮泽、土壤、物产、土贡、田赋、交通和风俗等；《山海经》记载了古代巴、蜀和楚国及其他邦国的地理山川、民情土性、古迹及道里、民族、药物、物产、祭祀、巫医、怪异等。后世探索方志的源流，皆要述及《禹贡》和《山海经》，前者是记物产而不及风俗，职方载地理而不及人物，后者列风土、人情，涉人物、世系。地记乃是地方性的人物传记与地理志结合的产物，是方志发展的最初阶段。

公元前221年，秦统一后，中央政府推行中央集权下的郡县制度，为加强军事和政治统治，颁令全国，要求地方将舆情详细上报。这种上报舆情的郡书包含地理形势、民俗、户口、物质、经济等多方面的内容，图文并茂，较之以前的《周官》《禹贡》《山海经》等地理书，记述范围更加广泛，内容更加详备、信实，体例初具规模，客观上为方志的产生和发展奠定了基础。

西汉末年，随着地方豪族地主政治和经济势力的产生以及门阀制度的形成，地记有了发展的社会基础和政治条件，逐渐兴盛起来，主要内容是记述地域的疆域、山川、古迹、风土，如《三秦记》《上党国记》《上党记》《代都明记》《三晋记》等。据《隋书·经籍志》序记载："武帝时，计书上于太史，郡国地志，固亦在焉。而史迁所记，但述河渠而已。其后刘向略言地域，丞相张禹使属朱赣条记风俗，班固因之做《地理志》。其州国郡县山川夷险时俗之异，经星之分，风气所生，区域之广，户口之数，各有攸叙，与古《禹贡》《周官》所记相埒。"

东汉初期，地记普遍发展，出现了两部地记名作，即《越绝书》和《吴越春秋》。《越绝书》除了记述春秋战国时期越国的地方历史沿革、城郭、山川、墓冢、风俗习惯等内容外，还间有人物的记载，体例较周备。《吴越春秋》为东汉人赵晔撰，记叙春秋时期吴国和越国的兴衰始末，反映了吴越两国春秋争霸斗争。全书十五卷，今存十卷，前五卷记叙吴国，起自周文王之子太伯，迄于吴王夫差，后五卷记叙越国，始于夫余，终于越王勾践，虽然记叙的史事与《越绝书》相似，但该书只记人物，不载地理及都邑、特产等。

东汉光武帝刘秀为了表彰自己的家乡，下令编写《南阳风俗志》，"始诏南阳，撰作风俗，故沛、三辅有耆旧节士之序，鲁、庐江有名德先贤之赞。郡国之书,由是而作"①。在其倡令之下,沛、三辅、鲁、卢江等地也纷纷产生这类著作,各种"耆旧传""先贤传""风俗传""风德记"以及异物、水道、山水等记涌现。这些著书内容,虽名为传记,实际包含了风俗等内容,兼有人物传记和风土记等性质。虽各自为体,散而不统,但形成了方志的雏形,其体例为后世地方志所取法,影响较深。因此仓修良先生曾指出,"志、传两体的结合,形成了地方志的雏形——地记"②。这一时期的名称,或称记,或称志,或称录,或称图经,名称并不相同,以记为主流,记、志又互为通用,但内容都是记载地理、山川、风土、人物等。

二、方志艺文志的萌生

到了魏晋南北朝时,记、传结合的地记盛极一时。据张国淦统计,南北朝时期的地志有五十种之多。其中堪称成方志之体的,当首推西晋挚虞撰《畿服经》。《隋书·经籍志》序记载:"晋世挚虞依《禹贡》、《周官》作《畿服经》,其州郡及县分野、封略、事业、国邑、山陵、水泉、乡亭、城、道里、土田、民物、风俗、先贤、旧好,靡不悉具,凡百七十卷,今亡。"从上述记载中可知,《畿服经》是一部全国性的地理志,不仅记述了地理,而且记述了特产、风俗、人物等。这一时期的地记,记述的内容还有局限,即只是限于疆域、山川、古迹、人物、风土的记载,而就人文方面的政治、经济、军事等记载较为简略,对于艺文记载甚少,只能在人物之中,略记其著述。如《世说新语》中所引江敞《陈留志》,《赏誉》篇注:《陈留志》曰:"(阮)武,魏末清河太守。族子籍,年总角,未知名。武见而伟之,以为胜己。知人多此类。著书十八篇,谓之《阮子》。终于家。"这一时期的地记或地志,人物乃是记载主要内容之一,涉及的和人物相关联的著述只是偶然提及,不是有意识的艺文记录。

相比较而言,这一时期与方志之体较近的则为东晋常璩的《华阳国志》,其门目分为《巴志》《汉中志》《蜀志》《南中志》《公孙述、刘二牧志》《刘先祖志》《刘后祖志》《大同志》《李特、雄、寿、势志》《先贤士女总赞记》《后贤志》《三州士女目录》等。上起远古,下迄晋穆帝永和三年(347),一卷至四卷主要记载梁、益、宁三州的历史地理,五卷至九卷以编年体形式记述公孙、刘焉刘璋父子、蜀汉、成汉四个地方割据政权以及西晋统一的历史,十卷至十二卷记

---

① 《隋书·经籍志·序》
② 仓修良.方志学通论[M].济南:齐鲁书社,1990:145

载三州自汉至东晋初年的"贤士烈女""望族大姓"。宋吕大防在重刻此书的序文中称"蜀记之可观，未有过于此者。"而清代刘光谟更是奉其为方志之源，称"方志之书，始于吾蜀。《华阳国志》其鼻祖也"①。任乃强《华阳国志校补图注》云："其一书而兼备各类，上下古今，纵横边腹，综名物，揆道度，存治要，彰法戒，极人事之变化，穷天地之所有，汇为一帙，使人览而知其方隅之全貌者，实自常璩此书创始。此其于地方史中开创造之局，亦如正史之有《史记》者一。"②作者材料丰厚，取用鸿博，"考诸旧记，先宿所传，并《南裔志》，验明《汉书》，取其近见，及自所闻"③。华阳一地"部分区别，各有条理，其指归有三焉。首述巴蜀、汉中、南中之风土，次列公孙述、刘二牧、蜀二主之兴废，及晋太康之混一，以迄于特、雄、寿、势之僭窃，继之以两汉以来先后贤人，梁、益、宁三州士女，总赞序志终焉。就其三者之间，于一方人物，尤致深意。虽侏离之氓，贱俚之妇，苟有可取，在所不弃。此尤足以弘宣教风，使善恶知所惩劝"④。其关于"两汉以来先后贤人""梁、益、宁三州士女"与"侏离之氓"和"贱俚之妇"的记载，也说明方志在人文著述方面略有发端，例《先贤士女总赞》："云卿安贫。朱仓，子云卿，什邡人也。受学于蜀郡张宁，餐豆屑饮水以讽诵。同业怜其贫，资给米肉，终不受。著《河洛解》。家贫，恒以步行。为郡功曹。每察孝廉，羞碌碌诣公府试，不就。州辟治中从事，以讽咏自终。"

《华阳国志》将史实、地理、人物三结合，从体裁上说，是地理志、编年史、人物传三贯通；从体例上说，它横排门类，颇近后世方志之体，特别是在品藻人物的同时，将其著述标明。常璩在《华阳国志·序》中所言"夫书契有五善：达道义、章法戒、通古今、表功勋，而后旌贤能"，对方志的价值和作用有精辟的见解，这也是目前所能见到的对方志的最早理论阐述。

在地记中记述人物，进而记述人物著作，这是方志艺文产生的条件。方志艺文志的萌芽之作，当属在北朝齐周间宋孝王所著《关东风俗传》，这是一部内容丰富的地记。作者宋孝王，北齐、北周时广平人⑤，所纂《关东风俗传》记录了以邺地为中心的地理、风俗、人物、艺文等内容。根据唐代刘知幾《史

---

① 《章石斋文钞·县志分篇议》
②③ （东晋）常璩撰，任乃强校注.华阳国志校补图注［M］.上海：上海古籍出版社，1987：6
④ （宋）李塈.重刊华阳国志序
⑤ 今河北鸡泽东南。

通·史志篇》的记载,其中的《坟籍志》专录一方人士之著作,是最早的地方志艺文志。"近者宋孝王《关东风俗传》亦有《坟籍志》,其所录皆邺下文儒之士,雠校之司,所列书名,唯取当时撰者。"并对其给予了很高评价,"习兹楷则,庶免讥嫌。语曰:'虽有丝麻,无弃菅蒯',于宋效王得之矣"。特别指出的是其著录的都是本地人士著作,尤其是所列都是当代人的作品,既有区域范围,又有时代断限,既引诗赞颂其著录上流人物的著作,又记录了民间流传或下层社会的作品,实开后世方志著录书目之风气。谢启昆《广西通志》叙例称:"刘《略》、班《志》,艺文著录之祖,宋孝王《关中风俗》,具载艺文,又地志著录之祖。"它比最早的正史艺文志《汉书·艺文志》晚出了约五百多年。

地记经过魏晋南北朝的繁荣,到隋唐逐渐走向低潮,代之而起的是舆图和说明文字相结合的图经。这一时期,地方政治势力和经济势力逐渐衰弱,中央集权加强,图经在这种社会背景下盛行,这是一种混合交通、地理、物产和掌故等内容的文献。"图"指的是一个行政区的疆域图,"图则作绘之名,经则载言之训"①,即图经是图加文字说明。王溥在《五代会要》中指出了图经的模式——"其间或有古今事迹、地理山川、土地所宜、风俗所尚"②。隋朝统一后,实行了一系列加强中央集权的政治措施和文化措施,实施了地方志的官修制度。隋开皇十三年(593),政府诏令天下,"五月癸亥,诏人间有撰集国史、臧否人物者,皆令禁绝",私修史志的风气被遏制,官修制度初步确立。尽管隋朝统治只有 30 年,但政府已建立起一套完整的定期编呈图经的制度。隋大业五年(609),隋炀帝"普诏天下诸郡,条其风俗、物产、地图,上于尚书"③,发出纂修方志的号令,开了国家明令修志的先河,并且据《隋书·郎茂传》记载,"撰《州郡图经》一百卷奏之,赐帛三百段,以书付密府"。对那些编制图经有功的人员,政府还给予赏赐鼓励,故隋代虽历史较短,却有《区宇图记》《诸州图经集》等较完善的图经出现,这些图经主要内容是考记一地的地理、物产、商旅、民情、旧事、古迹和神话传说,内容逐渐宏富、门类逐渐增多,已经接近于定型方志。

通过上文对宋以前的地记和图经的初步考察,我们可以发现,随着封建中央政权的集中和发展,对人民的统治力量的加强,其增加了"四方贡赋、建

---

① (宋)王应麟.玉海·卷14[M].光绪九年浙江书局重锓本
② (宋)王溥.五代会要·卷15[M].上海:上海古籍出版社,1978
③ (宋)王应麟.玉海·卷15[M].光绪九年浙江书局重锓本

置治军、因时制度、事迹人俗"等门类。由过去单纯记载地理方面的志书,开始演变为地理、政事、人文并重,先后产生了许多地方性的人物传记和著述,地理与人物的交流与汇合,为中国方志艺文志的产生埋下了伏笔,当时的编撰者对于人文等内容的记述和认识提供了构成方志艺文志的根源性内容。马克思曾说过,"人们自己创造自己的历史,但是他们并不是随心所欲地创造,并不是在他们自己选定的条件下创造,而是在直接碰到的、既定的、从过去承继下来的条件下创造"①。方志艺文志的出现印证了这一思想,这一时期的方志艺文内容的星点闪现,如《坟籍志》的编纂,是承继以往方志编纂的资源而产生的一种文化上的自发行为,但不可忽略的是,达到这种自发的状态曾历经了一个长期渐进的过程,对未来的方志艺文完全自觉意识的形成必然产生积极的作用。值得考察的是,方志除了记述的政治和军事等意图之外,是对区域人文景观的关注。而通过人文内容的记述,我们可以大致地得到从中所体现的当时人的文化和学术轮廓和一些虽然微弱但却是新的在一定程度上具有变革萌芽性质的知识兴趣,无疑为后世艺文志的发育和成熟做了积极的准备。

在艺文萌芽之后,方志继续向前发展和完善。至唐朝,德宗建中元年(780),朝廷规定各州郡每三年编修图经上报一次,送尚书省兵部职方,后改为五年,此项政策促进了图经的编纂。唐太宗在宫中设立史馆,编修国史,政府三令五申各地必须按时向中央报送图经。据《唐会要》记载:"建中元年十一月二十九日,诸州图每三年一送职方,今改至五年一造送,如州县有创造及山河改移,即不在五年之限,后复故。"②唐代先后编纂了许多全国性的区域志,如魏王李泰纂修的第一部地理总志《括地志》五百五十卷,序略五卷,该书从唐贞观十二年(638)撰修,至唐贞观十六年(642)成书,历时五年。全面记载了各地的建置沿革、山川名胜、河流汇集、风俗物产、往古遗迹以及人物故实等。唐太宗赞其"博采方志,得于旧闻,旁求故老,考于传信,内殚九服,外极八荒,简而能周,博而尤要,度越前载,垂之不朽"。但此书有志无图,内容不能算是完备。且书早佚,今只能见他书所引佚文。现存较完整的一部唐代图志是李吉甫撰的《元和郡县图志》。该书成于元和八年(813),全书四十卷,

---

① 中共中央马克思恩格斯列宁斯大林著作编译局. 马克思恩格斯全集(第八卷)[M]. 北京:人民出版社,1961:121

② (宋)王溥. 唐会要·卷五十九兵部职方[M]. 上海:上海古籍出版社,1991:1213

目录二卷,今传本只有三十四卷,以唐制依次记述各府州县疆域地理、历史沿革、山川道里、物产贡赋、丘墓古迹等,卷首并附图。南宋时图亡佚,书名从此改称《元和郡县志》。李吉甫《元和郡县图志序》中指出:"古今言地理者凡数十家,尚古远者或搜古而略今,采谣俗者多传疑而失实,饰州邦而叙人物,因丘墓而征鬼神,流于异端,莫切根要。"他认为,志书不应疏忽"丘壤山川,攻守利害"的记述。《四库全书总目》评价说:"舆记图经,隋唐志所著录者,率散佚无存,其传于今者,惟此书为最古,其体例亦为最善,后来虽递相损益,无能出其范围。"从体例上考察,这部图志为宋《太平寰宇记》《舆地纪胜》及元明清一统志的编制提供了可参照的范式。

唐朝的图经编纂非常普遍,唐中叶学者张籍曾作《送郑尚书赴广州》诗:"圣朝选将持符节,内制宣时百辟听。海北蛮夷来舞蹈,岭南封管送图经。白鹇飞绕迎官舫,红槿开当谯客亭。此处莫言多瘴疠,天边看取老人星。"可见,即使在岭南偏远之地,仍要按时照例报送图经。这一时期图经不仅广为实行,且内容非常丰富,如《沙洲图经》①残卷,文字简洁、叙事明爽,除记载当地的行政机构和区划外,对于当地的天象、蓄水、碱卤、梁泽、堰堤、驿所、县学、医学、社稷坛、杂神、寺庙、墓冢、古城、祥瑞、异怪、歌谣、古道等都有详略不同的叙述,不仅数量激增,而且分门别类,有图有说,无所不载,具有综合性方志之形,已形成一个较为完善的地方志体例。

五代战火频仍,但图经的编修沿袭唐制,《五代会要》称"后唐天成三年(928)闰八月敕:'诸道州府,每于闰年合送图经、地图,今后权罢'"②,长兴三年(932)五月二十三日,尚书吏部侍郎王权奏:"伏见诸道州府,每遇闰年,准例送尚书省职方地图者。顷因多事之后,诸道州府旧体虽存,其间郡邑或迁,馆递增改,添增镇戍,创造城池,窃恐尚以旧规录为正本,未专详勘,必有差殊。伏请颁下诸州,其所送职方地图,各令按目下郡县镇戍城池,水陆道路,或经新旧移易者,并须载之于图。其有山岭溪湖、步骑舟楫,各得便于登涉者,亦须备载。"时朝廷批复:"宜令诸道州府,据所管州县,先各进图经一本,并须点勘文字,无令差误。所有装写工价,并以州县杂罚钱充,不得配率人户。其间或有古今事迹、地理山川、土地所宜、风俗所尚,皆须备载,不得漏略,限至年终进纳。其画图候纸到,图经别敕处分。"①奏请答复之间,足见图经编印具备章法。遗憾的是,五代图经没有一部完整流传下来。

这一时期的方志,有个明显的趋势,虽是记述,且还多以图经、图记、地记为名号,但已开始称"图志"或"志",并且"经"和"志"所占的比重越来越大,图的地位和作用明显缩小。而且通过追溯方志的发展可以得出,正是方志在发展过程中不拒溪流、不拘形式,逐渐包容某一地区的历史、地理、社会风俗、经济文化等丰富的综合性的内容,成为兼容天文、地理、人物的"博物之书",如后世王世贞所感叹:"窃谓志志者详于地而略于人,志史者详于人而略于地,乃今所志,分野、灾祥、山川、土田、官师、人物,彬彬乎三才之理备矣。"这种内容上将记人和述地相结合的做法,以及对人文和著述关注旨趣的不断强化,为方志艺文的产生发展提供了良好的土壤和环境。如在唐昭宗光华二年编的《桂林风土记》中,已录有唐人的诗词。但未设专门篇目,多与其他篇目相杂。

此外,唐朝是我国类书大发展的时期。类书是一种汇集文献资料的工具书,主要的代表作是《艺文类聚》,它将类书的类和文分别辑录,事文合璧,改变了以往类书偏重事类、不重采文的弊端,其收文的子目是相当成熟的,如子目下收录的文体共有五十余种:诗、赋、赞、表、歌、文、颂、铭、令、序、祭文、启、论、箴、碑、吟、书、述、诔、章、议、哀策、敕、笺、谥策、诏、教、墓志、说、疏、解、训、诰、叹、哀辞、志、吊、乐府、传、策、奏、难、连珠、引、咏、移、戒、檄、讴、行状、状。可以推知,这种录文的方式,为后来艺文的编纂提供了借鉴,方志艺文的部分文体类型和《艺文类聚》所选的文体有些是相同的。当然,方志艺文所受的影响绝不仅是局限于一部书,还受到其他唐文学总集和文体学著作的影响。这些无疑为后来者就方志艺文之录文提供了范式。

第二节　发育成型阶段

有宋一代,远继两汉,近承隋唐,下启明清,学术之兴,为后世称道。明人宋濂曾云"自秦以下,文莫盛于宋"。两宋时期学术氛围的活跃,使得志书的编修在组织、规模、体例、内容和理论等方面都超过之前任何一个朝代,是中

---

① （宋）王溥.五代会要·卷十五职方［M］.上海:上海古籍出版社,1978

国方志发展的一个重要时期,在这一时期,方志艺文志开始发育成型,逐渐占有举足轻重的地位,且备受学者青睐。

一、方志艺文志的发育和成型

两宋时期,官府重视修志,社会经济持续向前发展,雕版印书业空前发达,方志编修得到了前所未有的发展。凌万顷在《玉峰志》序中说"郡县必有志"。宋初地方志的编修沿袭了唐代图经造送制度并渐趋稳定。宋太祖赵匡胤建立北宋王朝后,曾三令五申,要求各州郡编造图经、纂修志书。据《宋史》记载,宋太祖在建国后不久即下令规定:"凡土地所分,风俗所当,具古今兴废之图,州县之籍,遇闰岁造图以进。"后又命大臣卢多逊等人重修天下图经。宋真宗在位时,下诏由李宗谔等负责,纂修《祥符州县图经》一千五百六十六卷。这是宋代最大规模的组织修志活动,也是我国历史上有据可查的第一次有统一类例的图志总集。

具体图经的编制,则由兵部下属的职方郎中和职方员外郎负责,《宋史·职官志》职方郎记载:"职方郎中、员外郎掌天下图籍,以周知方域之广袤,及郡邑、镇砦道里之远近"。并规定:"凡土地所产,风俗所尚,具古今兴废之因,州为之籍,遇闰岁造图以进。四夷归附,则分隶诸州,度田屋钱粮之数以给之……淳化四年,令再闰一造;咸平四年,令上职方。"就是说,各州要编写当地的图经,同时逢闰年编制报送朝廷。为了减轻地方负担,淳化四年改为每八年报送一次。宋代分全国为十八路,每路辖若干州。朝廷要求各路每十年编制。在朝廷的重视和组织下,各州府编修的图志、图经的数量更多,为了加强对图经的管理,在大观元年(1107)成立了九域图志局,即中央的图经管理机构,负责主修全国性的区域图经,此开后世建官方机构修志之先河。据《中国古方志考》统计,宋代方志约有七百多部,记载地方文献成为方志的任务,不仅数量多于隋唐,而且质量上也有了突破,记载事物的广度和深度均有进步。

除了职方司编纂方志外,众多有识之士,如为了抵御外族军事进迫、表达对祖国山河之爱的朝廷大臣、边防将帅、地方官员与学者,也主动参与到编纂图经的队伍中来,编纂主体的多元化带来了地方志的繁荣,产生了大量的地方志和私人著述,《吴郡志》《会稽志》等就是这样的产物。

《会稽志》成于南宋嘉泰元年(1201),由绍兴知府沈作宾等修,通判施宿纂,郡士冯景中、陆子虡(陆游之子)等参与其事。全志共二十卷一百一十七目,书成,陆游参订其概,且为之序云:"朝谒之使,舻衔毂击,中原未清。今天下钜镇,惟金陵与会稽耳。荆、扬、梁、益、潭、广,皆莫敢望也。则山川图牒,宜其广载备书。"

南宋诗人范成大在晚年退归乡里,怅然家乡"自阖庐以霸,更千数百年,号称虽数易,常为东南大都会,当中兴其地,视汉扶冯人物魁悼,井赋蕃溢,谈者至与杭等,盖益盛矣。而旧图经芜漫失考",于是访求搜汇史乘地志文献纂成《吴郡志》①,《四库全书》将其收入并给予极高的评价:"征引浩博,而叙述简赅,为地志中之善本。"②

宋代不仅许多学者参与修志,许多地方官吏也将方志当作了解民情、利弊兴废的资政之书,史能之在咸淳《毗陵志》三十卷序中说:"毗陵有志旧矣,岁淳祐辛丑,余尉武进时,宋公慈为守,相与言病其略也,俾乡之大夫士增益之,计书成且有日,越三十年,余承朝命长此州,取而阅之,则犹故也。""今山川英发,民物殷蕃,谨固封圻,为国之屏壤,地非小弱也,而郡志弗续,非阙欤?"修志得到官员和学术界的重视,因而得以立于著作之林并具有强大的生命力。

宋代方志发展很快,名称也很多,当时是图经、志、记、图志、录、乘等并用,但初期仍以"图经"命名较多,陈桥驿在为点校本《越中杂识》一书写的代前言《从越中杂识谈浙江的方志》中提到:"北宋地方志还替后世开创了图文并茂的先例,这就是丰富多彩的称为图经的作品。"陆游在嘉泰《会稽志》序中也指出:"书虽本之《图经》,《图经》出自先朝,非藩郡所可附益。"至宋中叶,在唐"图经"基础上,逐渐向综合一地之舆地、风俗、物产、人物、方技、金石、艺文等门类汇目为一编的志书发展。表现为门类增多,体例相对成熟,内容扩展,功能更加实用。内容重点由以地理为主体向以人文为主体发展,名目上改"图经"为"志",以区别于原图经的内容和体例。两宋时期的上乘志书很多,"这些现存的宋代方志虽然数量少,但内容丰富,是研究宋代历史乃至中国古代史重要的资料宝库"③。李兆洛曾评价其"义例整赡,考证赅洽,识议深慎",许多都是著称于世、颇具影响的名著佳志,而这之中,目前发现留存于世

---

① (宋)范成大.吴郡志[M]//影印文渊阁四库全书485册.台北:"商务印书馆",1986:3

② 钦定四库全书总目·地理类三·吴郡志提要[M]//影印文渊阁四库全书485册.台北:"商务印书馆",1986:2

③ 李炳泉,邸富生.中国史学史纲[M].沈阳:辽宁师范大学出版社,1997:230

的宋代方志只有五部全国性总志：

《太平寰宇记》，二〇〇卷，乐史，乾隆南昌万氏重印本，《丛书集成》本；

《元丰九域志》，十卷，王存，聚珍本，中华书局1984年点校本；

《舆地广记》，三十八卷，欧阳忞，《国学基本丛书》本；

《舆地纪胜》，二〇〇卷，王象之，道光岑氏刊本，四川大学出版社2003年点校本；

《方舆胜览》，七十卷，祝穆，中华书局2003年点校本。

其余为地方志书，主要有：

《长安志》，二十卷，宋敏求，光绪思贤讲舍重刻灵岩山馆本；

《雍录》，十卷，程大昌，《古今逸史》本；

景定《建康志》，五十卷，周应合等，嘉庆金陵孙忠愍祠刻本；

《吴郡图经续记》，三卷，朱长文，《学津讨原》本；

《吴郡志》，五十卷，范成大，民国南浔张氏影宋刻本；

《重修琴川志》，十五卷，孙应时等，汲古阁刊本；

咸淳《毗陵志》，三十卷，史能之，嘉庆重刊本；

嘉定《镇江志》，二十二卷，卢宪，道光丹徒包氏刊本；

《玉峰志》，三卷，凌万顷，《太仓旧志五种》本；

《玉峰续志》，一卷，边实，《太仓旧志五种》本；

《云间志》，三卷，杨潜，嘉庆华亭沈氏古倪园刊本；

《新安志》，十卷，罗愿，光绪黟县李氏翻刻本；

乾道《临安志》，三卷（原本十五卷），周淙，《武林掌故丛编》本；

淳祐《临安志》，六卷（残本），施谔，《武林掌故丛编》本；

咸淳《临安志》，一〇〇卷，潜说友，道光钱塘汪氏刊本；

《澉水志》，二卷，常棠，《澉水志汇编》本；

嘉泰《吴兴志》，二十卷，李景和，《吴兴丛书》本；

乾道《四明图经》，十二卷，张津，《宋元四明六志》本；

宝庆《四明志》，二十一卷，罗濬，《宋元四明六志》本；

开庆《四明续志》，梅应发，《宋元四明六志》本；

嘉泰《会稽志》，二十卷，施宿，民国影印嘉庆采鞠轩刊本；

续志《宝庆会稽》，八卷，张淏等，民国影印嘉庆采鞠轩刊本；

《剡录》，十卷，高似孙，道光刊本；

嘉定《赤城志》，四十卷，陈耆卿，《台州丛书》本；

《严州图经》,存三卷,刘文富,光绪浙西村舍丛刻,《丛书集成》本;

景定《严州续志》,十卷,郑瑶等,《诵芬室丛书》本,《丛书集成》本;

淳熙《三山志》,四十二卷,梁克家,崇祯刊本;

《仙溪志》,四卷,赵与泌等,铁琴铜剑楼抄本;

《临汀志》,赵与沐等,中华书局影印《永乐大典》卷七八八九至卷七八九五,福建人民出版社 1990 年整理本;

《寿昌乘》,不分卷,佚名,《续修四库全书》本。

这一时期,方志性质逐渐从地理向兼记史地的正式地方志过渡。早在宋元祐年间,郑兴裔在《广陵志序》中就提出:"郡之有志,犹国之有史,所以察民风,验土俗,使前有所稽,后有所鉴,甚重典也。余奉简书,自庐移守兹土,表彰先哲,利赖兆民,日求康治,而文献无征,心窃悼焉。"在方志产生的初期,地方文献较少,只在人物中附记一些。随着著述的增多,方志开始摆脱古地理书传统范围的束缚,大量增加了历史和社会的内容,为此借助了《史记》《汉书》的历史体裁,包括年表、传等。由于体例越来越向历史靠近,体例从纂辑体向撰著体发展。陈智超曾说:"唐以前的地方志,内容主要是自然地理方面,而从宋开始,人文地理方面的内容越来越丰富。对于后人来说,它提供了很重要的史料。"[1]王锦贵先生曾云:"这种叫作'地记'的文献,既反映一地之自然信息,又反映当地之人文信息。于是,真正意义的方志开始萌芽发生,也就自在情理之中了。"[2]徐世昌认为,赵宋以来,"临安志、吴郡志、建康志,粗具楷模,为后世取法"[3];傅振伦说,"宋朝方志传世不多,而多具史氏家法"[4],从宋代起,方志开始了大的变革,详及人物、史事、艺文等,较接近于史书,如《舆地纪胜》自谓:"方言之异闻、故老之传说,与夫诗章文翰之关于风土者,皆附见焉。"地方志著述取材更为广泛,记载人与事,分类更为详密,体例更为完备,主要有图、表、志、传,表现形式上有图有文有表,傅振伦曾云:"从汉到唐的地志、图经内容不过地形、疆域、气候、土产等地理范围,到宋朝才发展到人文历史方面,合一地方的天文、地理、历史、人物、文献于一书,成为封建社会

---

① 陈智超. 宋史十二讲[M]. 北京:清华大学出版社,2010:376

② 王锦贵. 实至名归与名正言顺:浅谈我对史志、方志概念的理解[J]. 山东图书馆季刊,2009(4)

③ 徐世昌. 固安文献志·序[M]//赵复兴. 固安县志. 北京:中国人事出版社,1998:895

④ 傅振伦. 傅振伦方志论著选[M]. 杭州:浙江人民出版社,1992:30

方志完善的体裁。"①可见,宋代的地方志编纂已经完全摆脱了隋唐以前多分别单行、各自为书,门类只限于地图、山川、风土、人物数种的简单体例,从而奠定明清以来一般地方志的体例。

宋代方志理论研究风气浓厚,纂修方志的人多在志书的"序""跋"中阐述自己的修志主张和见解。如周应合提出在方志编修过程中,必须做好"定凡例""分事任""广搜访""详参订"四步修志程序②;再如"必使涉于学者纂之"。宋代学家的这些方志理论,对明清的方志学的形成起到了先驱的作用,即使在今天,其中不少见解仍有着重要的参考价值。

宋代的方志效仿正史,增设了"重修""增修""续修"等内容,在内容、体例、修纂方式上都推陈出新。重修,又称新修,一地已有前修志书,编修后志时不是承续其下限记述各事,而选取其中有用材料,补充新的内容,贯通古今,综合成新志,如孙应时等纂《重修琴川志》十五卷。增修是在原修志书上增补材料,易于竣事,一般多为在原修志书基础上延长下限,增补新增年份内本地各方面的资料,如明隆庆《长洲县志》万历增修本较前志增张凤翼纂艺文志十卷。续修,一地已有前修志书,编修后志时以前修的下限为新编志书的上限,这种编纂方法,谓之续修,编成的志书叫作续志,如边实在凌万顷《玉峰志》三卷的基础上续修《玉峰续志》一卷。

宋代的造纸术和印刷术的发展也为志书的刊刻创造了条件,其刻书范围之广、机构之多、数量之大、版本之精,在历史上是空前的。叶德辉《书林清话》卷六之《宋监本书许人自印并定价出售》云:"明仿宋施宿等《会稽志》,前有记云:'绍兴府今刊《会稽志》一部,二十卷,用印书纸八百幅,古经纸一十幅,副叶纸二十幅,背古经纸平表一十幅。工墨钱八百文,每册装背□□文。右具如前。嘉泰二年五月日手分俞澄王思忠具。'"宋代国子监允许士人纳纸墨钱自印书籍,并且"宋时刻印工价之廉,而士大夫便益学者之心,信非俗吏所能企及矣"③。这些条件无疑为志书的大量出版起到了助推作用。

一般来说,现代方志学家普遍认为,"我国地方志到南宋基本定型"④。而

① 傅振伦.傅振伦方志论著选[M].杭州:浙江人民出版社,1992:185

② 景定《建康志》修志本末[M].宋元方志丛刊本.北京:中华书局,1990:1329

③ (清)叶德辉.书林清话·卷六宋监本书许人自印并定价出售[M].上海:复旦大学出版社,2008:126

④ 张国淦.中国古方志考[M].北京:中华书局,1962:2

所谓成熟和定型,则是在内容上和形式上具备了明显的特征,是以一定行政区域为范围,综合记载疆域、历史、地理、物产、人文的史籍,多数方志多冠以"志"名,体例基本确定下来。

二、方志艺文志的特点

从宏观角度全面审视方志的定型和发展,不仅是两宋国家的特定历史文化环境,宋代学者经世致用、博物洽闻、格物致知的学术理想付诸实践的结晶,也是方志本身成熟发展的产物。有赖于方志母体的定型和发展,方志艺文志渐具规模。这在北宋太平兴国年间乐史完成的《太平寰宇记》、南宋嘉定年间高似孙纂修的《剡录》,以及南宋周应合纂修的景定《建康志》中可见一斑。后世的方志艺文志基本上是沿着这三部志书开创的格局向前发展的。

1.《太平寰宇记》

《太平寰宇记》是参考顾野王之《舆地记》、李吉甫之《元和郡县志》、王存之《元丰九域志》、郦道元之《水经注》之作,这部志书脱离过去单纯的地理书之局囿,囊括了山川物产、风土人情和古迹交通等方面的内容,人文色彩更加浓厚,为后来方志的内容和形式树立了范例。

此书作者乐史(930—1007),抚州宜黄(江西宜黄)人,字子正。太宗时上书言事,擢著作左郎,知陵州(今四川仁寿县),后召为三馆编修,迁著作郎直史馆,转太常博士,黄二州,又知商州,多有政声,累官至职方员外郎,卒年七十八。平生著述颇丰,著有《仙洞集》《广卓异记》《太平寰宇记》,长期担任史馆编修。《太平寰宇记》是一部全国总志,按宋朝的行政区域"道、州"分为二百卷,现存一百九十三卷[1],该书详细记述了全国各府、州、县的建置沿革、地名取义、治城迁徙、山川形势、经济物产、人口增减、风俗文化、姓氏、人物、艺文、古迹和传说。还依据唐贾耽《十道志》与李吉甫《元和郡县图志》列出了后晋割让给契丹的燕云十六州的地名,表达了"不下堂而知五土,不出户而观万邦"[2],要收复失地、维护国家版图完整的心愿。可以说,《太平寰宇记》是乐史有感于宋初国家平定荆南、闽、越及降伏北汉后,为适应政治形势而编纂的。在宋代,许多方志的成因是和《太平寰宇记》类似,如王象之《舆地纪胜》、祝穆《方舆胜览》、王存《元丰九域志》,主要是为了维护国家中央集权、版图完

---

① 第四卷"江南道四"缺、第一百一十二卷至一百一十七卷缺。
② (宋)乐史.太平寰宇记·序

整及内抚外御军事斗争的需要而出现的。南宋的吕武在为《方舆胜览》所写序中,将此种动机表达得淋漓尽致:"学士大夫端坐窗几而欲周知天下,操弄翰墨而欲得助江山,当览此书,毋庸他及。所谓执睿玑以观大运,据要会以观方来,不劳余力,尽在目中,信乎其为胜览矣!虽然,我瞻四方,禹迹茫茫,思日辟于先王,慨未归于故疆,必也志存乎修攘,步极乎亥章。"①

这部作品的意义除了表达忧国之情,还在于它开征引艺文作品之先河。如:该书在第九十九卷"江南东道一十一·处州·丽水县·缙云山"条中,收录了谢灵运的文章:"谢灵运记云:'凡此诸山多龙须草,以为攀龙而坠化为此草,又有孤石耸地特起,高二百丈以临水,连绵数千峰,或如莲花或如羊角之状。'"

此等描绘景色的诗词歌赋,虽寥寥数语,却如一缕清风,拓开了原有方志的视野,增加了人文的含量。诸如此类的行文俯拾皆是,在其第一百卷"江南东道十二·福州·侯官县·螺江"条中,还引录了《搜神记》的内容,解释了"螺江"名称的来由:"闽人谢瑞少孤,于此钓得一螺,大如斗,置之瓮中。每日见盘馔甚丰。后归,忽见一少女,美丽。燃竈之次女,曰:'我是白水素女,天地哀君少孤,遗妾与君具膳。今既已知妾,当化去留壳与君。'其后瑞常得其壳以资米价,养其子孙,因曰钓螺江。"

这部书对后世影响极大,洪亮吉在《重校刊太平寰宇记序》中称赞其"至若地理外,又编入姓氏、人物、风俗数门,因人物又详及官爵及诗词杂事,遂至祝穆等撰方舆胜览宁略建置沿革,而人物琐事必登载不遗,实皆滥觞于此。"谢启昆在嘉庆《广西通志》叙例中云:"唐《元和志》、宋《九域志》亦仅具地理,乐氏《寰宇记》乃增人物、古迹、诗文,虽略伤繁冗,而例实开来。"《四库全书总目提要》曾评价曰:"其书采摭繁复,惟取赅博。于列朝人物,一一并登。至于题咏古迹、若张祐金山诗之类,亦皆并录。后来方志必列人物、艺文者,其体皆始于史。盖地理之书,记载至是书而始详,体例亦自是而大变。"②此书乃开方志列艺文诗文之始。

2.《剡录》

宋县令鄞县史安之修,鄞县高似孙纂。安之字子田,嘉定间任鄞县县令。

---

① (南宋)吕午.方舆胜览序[M]//祝穆.中国古代地理总志丛刊·方舆胜览.北京:中华书局,2003:1

② (清)纪昀等纂修.四库全书总目提要·卷六十八史部地理类一[M].上海:东方图书馆,1927:38

高似孙字续古,号疏寮,孝宗淳熙十一年(1184)进士,曾任校书郎,出知严州、处州等,一生著述颇丰,著有《唐科名记》一卷、《剡录》一卷,《史略》六卷、《子略》四卷、《蟹略》四卷、《砚笺》四卷等。剡为剡县,是汉代的县名,故曰《剡录》,虽未标志名,实是剡县之县志。

史安之序云:"剡在汉为县,在唐为嵊州。未几,复为县。本朝宣和间,以剡为两火一刀不利于邑,故更今名……《录》皆高氏所作,凡山川城池、版图官治、人杰地灵、佛庐仙馆、诗经画史、草木禽鱼,无所不载。"

书首为县纪年,次为城境图,次为官治志、附以令丞簿尉题名,次为社志学志、附以进士题名,次为寮驿楼亭放生池版图兵籍,次为山水志,次为先贤传,次为古奇迹、古阡,次为书,次为文,次为诗,次为画,次为纸,次为古物,次为物外记,次为草木禽鱼。其分类如一博物志,反映了宋代士大夫中博物洽闻、记志存史的文化风尚。

对于此书的作用,《四库全书总目提要》给予好评:"其书……征引极为赅恰。唐以前轶事遗文,颇赖以存。其先贤传,每事必注其所据之书,可谓地志纪人物之法……统核全书,皆序述有法,简洁古雅,迥在后来《武功》诸志之上。"

清周中孚在《郑堂读书记补逸》卷十二中云:"按宋嵊县,在汉为剡县,属会稽郡。在唐为嵊县,未几复为县,仍属越州。宋宣和间,平方腊,以剡字有兵火象,故改为嵊县……其征引赅恰,序述亦简古有法。全书体例,实非后世芜杂者可比也。"

道光重刊本李式圃跋云:"凡唐以前遗文轶事,多所考证。其叙先贤则注其所据之书,叙山水则仿《水经》之例,实为后来康对山《武功志》、韩五泉《朝邑志》蓝本。"

黄苇云"书载阮玉、王羲之、谢灵运等十四人著述及阮、王、谢三氏家谱,开方志载录地方文献书目之先声",而且称"僻陋之邦,偏小之邑,亦必有记录焉"。

以上评价,总体来说还算切合,但有些疏漏没有细述,四库所云"皆序述有法"的评价还显过高,如在体例上,艺文的收录有些杂乱无章,其目录抄列如下:

卷一:县纪年、城境图、官治志、社志、学志、版图、兵籍;

卷二:山川志;

卷三:先贤传;

卷四:古奇迹;

卷五:书、文;

卷六:诗;

卷七:画、纸、古物;

卷八:物外记;

卷九—十:草木禽鱼诂(上、下)。

从宏观层面上看,把"书""文""诗""画""古阡"与"县纪年""山川志""先贤传"等并列,有失体统,因"书""文""诗""画"都属于艺文一类,同样,将"书""文""诗""画"又与"纸""古物"放在一起,分类层次也是不科学的。

3. 景定《建康志》

在宋代,详记艺文最具代表性的当属周应合、马光祖的景定《建康志》。该志是南京现存的最早、最完整的一部地方志。马光祖在所作《建康志》的序中云:"郡有志,即成周职方氏之所掌,岂徒辨其山林川泽都鄙之名物而已。天时验于岁月灾祥之书,地利明于形势险要之设,人文著于衣冠礼乐风俗之臧否。忠孝节义,表人材也;版籍登耗,考民力也;甲兵坚瑕,讨军实也;政教修废,察吏治也;古今是非得失之迹,垂劝鉴也。夫如是,然后有补于世,郡皆然,况陪都乎!"其强调方志有益于政事,有补于风教的作用,这种认识和要求,是宋代方志艺文志发展的重要推动因素,表明志家文人充分认识到作志的目的,促使方志大量增加了人文的内容,记人述地兼备。

该志五十卷,其卷三十三至三十六为"文籍志",综录艺文,著录"书籍、书版、石刻""诸论""奏议""露布、表状""诗赋、乐府";其书籍门载建康府学御书阁藏书,题曰"御书石经之目",分经史子集、理学图志类书字书等目,除列书名卷数外,每书必注所藏书籍之版本情况,如"周礼七本:监本正文、建本正文、婺本正文、监本注、建本注、婺本注、监本正义""资治通鉴:监本、蜀本、建本外纪举要、朱子纲目、纲目发明、释文通功、撮要、袁氏本末",书籍门下又列"书版"专门,这是研究宋代建康官方出版情况和书籍版本必备之资料。亦可与书籍门下所收诸书版本情况互用,如"易索一百四十五版,景定《建康志》一千七百二十八版"。《建康志》的书版,包括经史子集共有 67 种,总计 18 924 方,反映了当时建康文籍的兴盛、书籍传播广泛以及刻书业的繁荣。

"文籍志"不仅反映了宋代地方府学收藏出版情况,其奏例分设亦足以"辨章学术,考镜源流"。其理学专门立目,反映了宋程朱理学及类书编纂、考据学的发达。因此孙星衍《重刊景定建康志》序称其"体例最佳,各表纪年隶事,备一方掌故。山川古迹,加之考证具载出处",四库总目赞曰"搜据赅恰。条理详明。凡所考辨,俱见典核"。

《建康志》文籍志中还收录了许多诗人的文章作品,正如周应合在《文籍志》序中说:"今以建康所存之书,序列于前,其锓梓者次之,刻石者又次之。若历代文章之有关于建康而散见于卷秩者,又选而粹之。"其中作者有东晋、南朝5人,唐23人,北宋13人,南宋28人。他们有的是定居建康,有的是游宦此地,并留下了或是悼古伤今,或是咏物写怀,或是发乎离愁别绪的诗文作品,特别是南宋前期外族涌入的时代背景下,产生了一批以抗敌卫国为己任的有志之士,比较典型的当属李纲,志中收录了其9首诗中,有8首是抒发怀恋故土和抗金激情的。如《李忠定公纲金陵怀古》诗:"我来正值兴戎马,慨念东南更惨伤。"《同李似之游蒋山》诗"回首顾浙河,不知涕泗清。著鞭愿努力,世路方多艰。"再有杨万里,他曾任江南东路转运副使,写下了《刘龙洲过〈等金陵清凉寺台〉》表达恢复一统的信心:"极知借寇未多时,道是征黄有近期。"

此外,志中还收录了李纲《奏请临幸建康在立志以成中兴之功》、汪藻《奏乞分张浚军策应建康》、叶适《议安集淮民以捍江面》等在抗金形势下关于建康的散文,文风大义凛然、气吞山河,令人难忘。

方志艺文志随着方志的发展而发展,无论是体制与内容,都日益进步而丰满,自身所具有的文化特点也日益清晰。总结有以下特点:

其一,从宋代起,方志发展为有地、有文的体裁。方志书籍"撮其要,标其目,于是有沿革,有郡名,有风俗,有形胜,有山川,有亭台馆榭,有人物,有题咏,凡作诗文者不必旁求,可一览其概,固便于考索,然亦类书尔,其视司马之史法不啻倍蓰矣"①。体例上按司马迁《史记》之要发凡起例,独具特色,大大拓宽了学术视野,提升了方志的学术地位。并且,诗文开始占据艺文一定的分量,章学诚在《天门县志·艺文考序》中曾云:"宋人州郡方志,无不采辑诗文",如南宋乾道《四明图经》十二卷,卷八至十一记载古迹名胜,收进了大量咏赞地方风土的诗文;南宋罗愿纂《新安志》有诗话、进士题名等目。朱彝尊称之为"简而有要……此志之最善者"②。高似孙的《剡录》卷五"书、文"收录

① (明)汪汉.安庆府志序[M]//李逊.重修安庆府志·卷首,明嘉靖三十三年(1553年)刻本

② (清)朱彝尊.曝书亭集卷四十七书《新安志》后[M]//商务印书馆影印文渊阁四库全书.北京:商务印书馆,1986

阮裕、王羲之、谢灵运等十四人的著述及阮、王、谢王氏家谱之名目共四十二种,并各列其卷数,征引极为赅博,是一部颇重舆地的博杂志书。再有,《云间志》分三卷,第三卷设赋、诗、墓志、记、序、说、铭、箴、祭文九类,以存艺文。

南宋乾道五年(1169)张津编纂的《四明图经》:"义妇冢,即梁山伯祝英台同葬之地也。在县西十里'接待院'之后,有庙存焉。旧记谓二人少尝同学,比及三年,而梁山伯初不知英台为女也。其朴质如此。按《十道四蕃志》云'义妇祝英台与梁山伯同冢',即其事也。"

朱绪曾云:"乾道《四明图经》十二卷,宋乾道五年直秘阁知明州张津撰。首有缙云县主簿三山黄鼎序……原书屋专刻,明郑真编入《四明文献集》,后人采而出之,始有钞本。其叙人物,郑云以刘□事狱死,旌表门闾;卢叙鄞处士,弟犯公宪,自杀乞代,可考见《会稽典录》之佚文。徐浩乾元二年进《广考经》十卷,授校书郎,特辨云非徐季海也,最为明晰。其诗篇、碑记,尤多宝庆诸志之所遗。《众乐亭诗》今贺监祠中其碑虽存,剥蚀过半。独此书所载《邵必记》及各诗为全。"①

其二,修志理论进一步充实,尽管这些理论是散落在序跋等处。将"得于见闻,当入图经者,不以早晚,不以多寡,各随所得,俱送志局",强调"凡世家行状、墓志、神道碑,所著书文及书札,俱在征引之列""文籍生于伏羲世久益繁,治乱安危成败得失,其理著于经世具于史,议论感慨发于文章,居今知古赖此尔,孔子观夏殷之道,征之杞宋文献而不足,韩宣子适鲁见易象与鲁春秋,曰周礼尽在鲁文籍,盖观国之所重欤,究其所以始,验其所以终,法其所以得,鉴其所以失,必善用文籍者而后能用其国耳"②,综而观之,学者的"必善用文籍者而后能用其国"的识见和努力,将修志理论和编纂成果不断推向深入和丰富。

总之,两宋三百年历史,尽管在政治上、军事上比较屡弱,国力积贫积弱,但是,文化上却获得了高度的发展。方志及其艺文志承上启下,宋元方志不仅完成了从图经到方志的过渡,而且为明代方志编纂提供了可资借鉴的摹本。"从汉到唐的地志、图经内容不过地形、疆域、气候、土产等地理范围,到宋朝才发展到人文历史方面,合一地方的天文、地理、历史、人物、文献于一

---

① 《开有益斋读书志》卷三
② (南宋)周应合.景定建康志(卷三十三)·文籍志·书籍类·序[M]//宋元方志丛刊本.北京:中华书局,1990:1884

书,成为封建社会方志完善的体裁。"①宋代志乘初具规模后,多数方志冠以
"志"名,如《新安志》《吴郡志》《云间志》、嘉定《镇江志》、景定《建康志》《毗
陵志》《玉峰志》《玉峰续志》等,不仅超越图经的编纂形式,而且在体例上进行
了一些创新使其内容更加丰富和科学。其中《吴郡志》《云间志》采用平目体;
景定《建康志》则采用史志结合的纪传体,图、表、志、传并存。上述二体后世
多有采用。在编纂方法上,其宗旨和理论也将宋代方志推向一个新的高度。
我国方志学家张国淦在考察了早期方志的发展过程后总结说,隋唐以前,方
志的门类"不过地图、山川、风土、人物、物产数种而已",而且是"分别举行,各
自为书",他认为"方志之书,至赵宋而体例始备"。"举凡舆图、疆域、山川、名
胜、建制、职官、赋税、物产、乡里、风俗、人物、方技、金石、艺文、灾异无不汇于
一编",仅就艺文而言,《太平寰宇记》《舆地纪胜》《剡录》、景定《建康志》《吴
郡图经记》、潜氏《临安志》等已奠定记诗文、记藏书、载著述三种体例,并于引
文、考证、奏列、版本源流、分类等方面为后著录做出了楷模。而景定《新定续
志》书籍门更是详列了严郡刊刻之图籍七十多种,是我国图书版刻史的宝贵
资料。元代以至明清诸方志,无有出其例者,对研究历史地理、社会、经济、文
化也具有重要的参考价值。

第三节　沿袭阶段

　　元代方志编修在南宋基础上沿袭并有所创新,开创中央政府编撰全国性
一统志之先河。元朝建立起空前统一的大帝国以后,为了更好地进行地方管
理、教化人民、表达大一统的思想,至元二十三年(1286),元世祖忽必烈采纳
了集贤大学士札里马鼎"方今尺地一民,尽入版籍,宜为书以明一统"之建议,
命其及秘书少监虞应龙,据职方所上版图纂辑,于元至元三十一年(1294)成
书七百五十卷。元成宗元贞二年(1296),元廷得《云南图志》,成宗大德二年
(1298)又得《甘肃图志》,翌年得《辽阳图志》,随令秘书增修,索兰盼、岳璘主
修。元成宗大德七年(1303),成书一千三百卷。元顺帝至正六年(1346)刊
发,定名《大元一统志》,并诏命许有壬制序。以元代的中书省及十一行省为
纲,下以宣慰司辖路,路辖府州县,内容包括建置沿革、坊郭乡镇、里至、名山

---

① 傅振伦.傅振伦方志论著选[M].杭州:浙江人民出版社,1992:185

大川、土山、风俗形胜、古迹、寺观、祠庙、宦迹、人物等。这部书以内容宏富、体例周备著称后世,成为一统志之范本。《四库全书总目》评:"舆志之书出自官撰者自唐《元和郡县志》、宋《元丰九域志》外,惟元岳璘等所修《大元一统志》最称繁博。"①清人吴骞跋残本曾赞:"府、州、县建置沿革一门,正文既详,复取古今地理各书,参互考证,细注其下,堪称方志典范。"《大元一统志》于元末战乱中散失,其佚文散见于《永乐大典》《明一统志》《满洲源流考》《热河志》诸书。

元代享国九十余年,但修志的数量还是很多的,见于著录者约一百六十种,今存十种,堪称良志,如于钦《齐乘》、徐硕《嘉禾志》、冯福京、郭荐《昌国州图志》、袁桷《四明志》、王厚孙《四明续志》、俞希鲁《镇江志》、卢镇《重修琴川志》等。在记事内容上更加详尽,如李好文的《长安志图》、骆天骧的《类编长安志》、于钦的《齐乘》、张铉的至正《金陵新志》等,这些方志,以记述翔实、体例周备、内容周密名存于世。有些是宋志的续修,多是沿袭前志体例,但与宋志相比更加成熟。据叶德辉云:"据陈编《廉石居记》载,元张铉《金陵新志》十五卷前抄录御史台等处文移,略云:'宋景定十志,旧板已经烧毁。元时重刊,先有郡士戚光,妄更旧志。当时议因旧志之已成,增本朝之新创。故其书皆用《建康志》准式,凡一十五卷,一十三册,分派溧阳州学刊雕五卷,溧水州学、明道书院各三卷,本路儒学刊造二卷。'"②

可见元代重视继承前代体例,并试图创新,而且元代刻志之资费书院为主要担当。元代学人对志书的重视,还从其收藏上可见一斑。

如叶氏记:"又《焦山书藏记》云:'嘉庆十四年,元在杭州立书藏于灵隐寺,且为之记……十八年春,元转漕于扬子江口,焦山诗僧借庵(巨超)、翠屏洲诗人王君柳村(豫)来瓜洲舟次,论诗之暇,及藏书事……以《瘗鹤铭》'相、此、胎、禽'等七十四字编号……以元昔所捐置焦山之宋、元镇江二《志》为相字第一、二号,以志缘起。千百年后,当与灵隐并存矣。'"③

元代的修志理论贯穿在序文和修志本末之中。元知县铜川冯福京纂修

---

① 明一统志. 卷九十[M]//四库全书总目提要·卷六十八
② (清)叶德辉. 书林清话·卷六宋监本书许人自印并定价出售[M]. 上海:复旦大学出版社,2008:155
③ (清)叶德辉. 书林清话·卷六宋监本书许人自印并定价出售[M]. 上海:复旦大学出版社,2008:274

大德《乐清县志》，虽然此刊本亡佚，但道光《乐清县志》卷首存有冯福京自序，其云："洪惟国朝肇造自西北，包括尽东南，取开辟以来分裂破碎之区宇而混一之……天下之定于一，未有若此之盛。则夫舆地之间，所司之务，土壤之物宜与夫革命以来所损所益之大政令，皆当刊入志书，以备天子史官之采录，乃臣子职分之当然。而或者以为非期会簿书之所急，则不敬莫大乎是。余尝佐州昌国，即以是为第一事，亦既编摩锓梓，以补是邦之缺文矣。竭来斯邑，首访图经，无复存者。顾于僧司得一摹本，乃淳熙己亥所作，距今百二十余年。章既漫漶，卷亦残缺。亟以暇日，整茸所存，搜访其逸。事不关于风教，物不系于钱谷，诗不发于性情，文不根于义理，皆一切不取。定为传信之书，庶非无益之作。境内山川，图诸卷首，抑亦观民风者之所望于下邑者也。"末署大德八年。他论述了其自觉修志的主张，认为，"备天子史官之采录，乃臣子职分之当然"。对方志的源流，戴良在《重修琴川志叙》中转述了卢镇的阐述，认为"古者郡国有图，风土有记，所以备一方之记载。今之志书，即古之图记也"。张铉在《修志本末》中以为"古者有志尚矣。《尚书》存《禹贡》，周纪《职方》，春秋诸侯有国史，汉以来郡国有图志。图志兼记事、记言之体，自山川物产，民俗政教，沿革废置，是非善恶，灾祥祸福，无不当载。载而上之王朝，修为通史，著为经典，则褒贬之义见焉"，将郡志作为修通史、经典必备的资料，认为史与志在某些方面是相同的，反映了图经向方志过渡的轨迹。同时，元代坚持主张的史志说对明清方志理论的发展产生了较大影响。

元代修志和方志理论研究，在继续沿袭宋代的基础上，在某些方面也有新的进展，如讲求实用的主张就极具特色。李好文在编纂《长安志图》时提出"图为志设"，并认为"沟渠之利，疏溉之饶，生民衣食之所系焉"①，是"泽千秋"的大事，纂修志者不得遗漏。且现存的元代志书中，后人赞之者大半。冯福京在《乐清县志序》中曰"事不关于风教，物不系于钱谷，诗不发乎性情，文不切于义理，皆一切不取"，强调要对于方志的资料进行甄别。杨维桢至正《昆山志》序中云："余谓金匮之编，一国之史也；图经，一郡之史也。士不出门，而知天下山川疆里，君臣政治，要荒蛮貊之外，类有国史之信。不入提封，而知其人民、城社、田租、土贡、风俗异同、户口多寡之差，由郡史之信也。"强调了方志的学术和使用价值，可见元代方志事业对于明清方志事业的影响有着承上启下的作用。

---

① 《长安志图·序》

元代方志艺文志亦在沿袭宋的基础上有所进步,以元延祐《四明志》为例①,其于延祐七年(1320)成书,原书二十卷,今传本存十七卷及目录二卷,佚卷九城邑考下,卷十、卷十一河渠考上下。全志设十二考,卷一为沿革考、土风考,卷二、卷三职官考,卷四至卷六人物考,卷七山川考,卷八、卷九城邑考,卷十、卷十一河渠考,卷十二赋役考,卷十三、卷十四学校考,卷十五祠祀考,卷十六至十八释道考,卷十九集古考②。清人周中孚评说:"延祐《四明志》,原书凡二十卷,今自卷九至十一久佚,故止有十七卷⋯⋯其所谓集古考者,即艺文考。"

其二十卷收录诗文:

延祐四明志

  卷二十

    集古考

诗

《归四明诗》胡幽贞

  海色连四明,扁舟去容易,天籁岂辙问,不是卑朝士。

《归四明诗》施肩吾

  爱彼山中石泉水,幽声夜落虚窗里,至今忆得卧云时,犹自涓涓在人耳。

⋯⋯

袁桷在志序中阐明,四明"负山横江,岁厄于水旱河渠""知昔时得人之盛,宫室、户口之无恒,释道遗文之盛衰",就四明的地理沿革、自然特征、人文资源予以阐明。

元代的延祐《四明志》,较南宋宝庆《四明志》和南宋开庆《四明志》在内容和体例上都大有进步:

南宋宝庆《四明志》一书修于宝庆三年(1227),次年修成,绍定二年(1229)刻板。共二十一卷,卷首列序言和目录,正文卷设置门类,卷一至三叙郡,卷四叙山、叙水、叙产,卷五至六叙赋,卷七叙兵,卷八至十叙人,卷十一叙

---

① 主修马泽,字润之,元仁宗延祐六年(1319)十一月以太中大夫为庆元路总管。袁桷(1266 – 1327),子伯长,自号清容居士、见一居士,谥文清,庆元府鄞人,"年二十余,宪府荐茂异于行省"。历任丽泽书院山长、翰林国史院检阅官、应奉翰林文字、同知制诰、国史院编修官、翰林待制、集贤院直学士、翰林直学士、翰林侍讲学士等。

② 卷九至卷十一佚,故存十七卷。

祠、叙遗，卷十二至十三鄞县志，卷十四至十五奉化县志，卷十六至十七慈溪县志，卷十八至十九定海县志，卷二十昌国县志，卷二十一象山县志。

开庆《四明续志》十二卷修于开庆元年（1259）。全书卷一庆元府，包括学校、科举、城郭、坊巷，卷二郡圃、驿亭、桥路、寺庙、惠民药局，卷三水利，卷四兴复省并酒库、经总制司、兴复经总制诸酒务坊场、广惠院、两狱、架阁库楼，卷五新建诸寨、九寨巡检、烽燧、探望，卷六三郡隘船、出戍、水阅、作院、武藏、小教场、帐前拨发壕寨官舍，卷七排役、楼店务地、府仓斗斛、蠲放沙岸、蠲免抽博倭金、赈济、祈祷、瑞麦，卷九至十二吟稿、诗余。

从上述的宋、元三部《四明志》的体例和门类上看：宝庆《四明志》虽然门类较为完备，但体例却不一致，卷一至卷十一载郡之古今诸事，但卷十二至卷二十一则分述各县，这就标准不一，难说完美。

比照而言，开庆《四明志》则更加混乱，将寺庙附于郡圃、驿亭、桥路等，体例乖戾，门类混淆，不合志体。虽将"艺文"以卷次标明，但是，后四卷所收全部用于专录吟稿和诗余。本书设三十七目，其中仅吴潜吟稿及诗余占据了全志的三分之一。所载古今体诗二百零九首，诗余一百三十首。《四库总目提要》评论曰"是因一人而别修一郡之志，名位舆图，实则家传，于著作之体殊乖"。乾隆《鄞县志》卷三十云："此书乃吴履斋幕下士所作，名为《续志》，实皆贡谀之词。履斋在四明固多善政，然矜夸之意多，谦抑之意少。毋乃好名而昧于撰述之体乎？"

元延祐《四明志》全书二十卷，体例较为完备，分门别类，将四明之古今沿革、风土、职官、人物、城邑、建置、仓库、山川、物产、河渠、坊巷、桥梁、户口、风习、赋役、学校、祠祀、陵墓、释道、古迹、艺文一一遍载，前后有序。专设卷十九集古考上为"文"，卷二十为集古考下为"诗"。具体如下：

集古考之首设序，言"郡以山川传，传莫详于前贤，广其传则凡四方之公卿与夫骚人，禅之以记刻益尊以传"，说明设"集古考"之意义，然后收录了《明州棘史河东裴公纪德碑铭并存》《慈溪县清清堂记》等文。收名家及本地作者诗，如收胡幽贞《归四明诗》、施肩吾《忆四明象山泉》等，收李白、王安石、范仲淹等诗，内容皆与四明人地相关，先列诗名，下方列作者，如李白之《送贺监归四明应制》："又辞荣禄遂初衣，曾向长生说息机。真诀自从茅氏得，恩波宁阻洞庭归。瑶台含雾星辰满，仙峤浮空鸟屿微。借问欲楼珠树鹤，何年却向帝城飞？"

如录王安石《戏赠育王虚白老》："白云山顶病禅师，昔日公卿各赠诗。行尽四方年八十,却归荒寺有谁知?"

徐时栋称"文富事明,气格标异,诚可谓奇特,乃大掩前作"①,认为是较宋《乾道四明图经》《宝庆四明志》的一个变革,"宋宝庆间所修郡志与邑异编,承乾道图经之旧也。郡以统邑,曷由而分? 袁文清公始用正史例,合为一而类考之,是谓新志"②。四库馆臣赞其"考核精审,不支不滥,颇有良史之风""条例简明,最有体要""故其于乡邦旧典,尤多贯穿"③,周中孚云"每考各系小序,义理谨严,考证精审,而辞尚体要,绰有良史风裁"④。

从四明一地编纂的三种志书考察表明,元代艺文的编纂较宋更为谨严,因此后元至正王元恭纂《四明续志》亦仿其例,在卷十一、卷十二设"集古"。

总体上,就现有的元代材料来分析,元代的方志编纂,无论是形式、体例还是内容,可以说还是基本上沿袭宋代的成规,而没有特别明显的差异和发展,只是在原有体例的基础上向前推进。

第四节　发展阶段

明代是中国古代社会一个重要的历史时期,它上承宋元,下启清季,无论是物质文化还是精神文化都取得了一定的成就,学术更加发达、社会内容更加多元化,这一时期,在方志发展史上处于修志体系臻于成熟和修志制度正式形成的阶段。

一、方志艺文志不断发展

明代定鼎之初即下诏天下兴修地方志。明太祖洪武三年(1370)即下诏令儒臣类编地志,即《大明志书》,类编天下州郡地理形势,其内容包括十二省、一百二十府、一百零八州八百八十七县、三按抚司、一长官司;洪武十七年(1384),复编《大明清类天文分野之书》二十四卷。明洪武二十七年(1394)又诏编《寰宇通衢书》。官府统一制定志书体例。永乐十年(1412)颁发的《纂修

① 《宋元四明六志校勘记》卷六《杂录下·延祐四明志》之《赡思丁重刻宝庆志序》
② (元)王元恭,王厚孙. 至正四明续志·卷一[M].北京:中华书局,1990:6453
③ 《四库全书总目提要》卷六十八
④ 《郑堂读书补逸》卷十二

志书凡例》十六条是迄今发现最早的由国家颁布的修志规定。永乐十六年
(1418)又就此例进行了修订,颁降《纂修志书凡例》二十一则,细化到规范各
门类须备载内容之提纲。一系列修志制度的建立,规范了各地修志行为,促
进了社会各界积极参与修志,体现了政府对修志的重视,于是"纂修志书系郡
政先务"①,各地知府、知州、知县上呈申文修志,或者按巡、巡抚官移文各地知
府、知州、知县修志,修志成为一项专门制度。明代景泰初期敕撰《寰宇通
志》,由陈循、高为主持。明景泰七年(1456)成书一百一十九卷,时值宫廷政
变而未刊行。明英宗复修,又令李贤等改修,于明英宗天顺八年(1464)成书
九十卷奏进,赐名《大明一统志》。明英宗御制序文置于冠首,锓版刊发。至
明万历年间,又对此志进行增补。《大明一统志》是中国历史上继元朝《大元
一统志》后的第二部官修一统志书。

　　明代各地修志非常频繁,据明张邦正万历《满城县志序》记载,"今天下自
国史外,郡邑莫不有志"。成书数量多,据《中国地方志综录》载,明代地方志
七百七十种,一万零八十七卷。明代方志流传至今的大约有一千零一十四
种,约占明志总数的百分之二十九②。自明迄今,在收藏明代地方志的各种官
私和学术机构中,宁波天一阁当属最要,其收藏明代地方志数量最丰、孤本最
富、现存最早,据天一阁研究专家骆兆平介绍,有一百六十四种在《中国地方
志联合目录》和《台湾公藏方志联合目录》中为孤本,其现藏的明代地方志,纂
修于嘉靖年间的有一百八十五种,约占总数的百分之七十;嘉靖以前者五十
五种,最早的是永乐《乐清县志》和景泰《建阳县志》,最晚的是崇祯《吴县
志》,修于嘉靖以后者三十一种。

　　明代方志的体例较前更臻完备。首先,不少志书已有凡例,凡例的出现
使志书体例和编撰更趋规范,更有章法可循。例如清四库馆臣评价明陆釴等
纂修的《山东通志》曰:"在地志中号为佳本,体例不务新奇,而详核有法。"永
乐时,《交阯总志》三卷设艺文类,就是根据永乐十六年(1418)所颁修志凡例
设立的。它将编纂者的修志主张、修志目的、理论见解及经验总结等散在其
中,借此或反映志书的内容与功用,或总结前人理论和缺失,或交代体例和方
法。其次,明志在重视文字记载的同时,一些志书也注重舆图的载录。如《嘉
靖辽东志》有舆图十七幅,嘉靖《金辽志》有十九幅。其三,明志类目设置多为

---

①　嘉靖《永丰县志》卷首
②　巴兆祥.论明代方志的数量与修志制度[J].中国地方志,2004(4)

两级,层次较为分明。方志辑录事类扩大,涵盖了疆域、物产、古迹、风俗、方言、人物、艺文、杂志、诗文等。

　　明代对方志艺文的功用认识比较深刻,学者多有论述,如明崇祯《宁海县志》艺文志序言"昔班史志艺文,列名氏遗撰著,余以为不可遗也。言为心声,文标言采,登纪载则,事业不朽",李登认为"志有三要焉,一曰经政,二曰观风,三曰考艺"①。方志艺文列为志书的"三要"之一,从明所留下的府、州、县志来看,篇目中大多有艺文。如果没有艺文,则会招致批评,如嘉靖《临武志》立"吏、户、礼、兵、刑、工"六考,声明要从"求实录",故不载"诗文",这种做法,时人认为是"止可谓之仪注,又可谓六房卷宗,非志也"。

表一　明部分方志艺文志目录

书名	艺文志	作者	年代	附注
新修来安县志	卷10 文苑	周之冕　王懋	明天启元年(1621)	4 册 11 卷
凤阳新书	卷7—8 艺文	袁文新　柯仲炯	明天启元年(1621)	5 册 6 卷　缺 3 卷:卷3、5—6;书名据序题
乐亭县志	卷12 艺文志	潘敦复　刘松	明天启二年(1622)	2 册 12 卷
同州志	卷17 艺文	张一英　马朴	明天启五年(1625)	4 册 18 卷
武康县志	卷5 艺文	程嗣功　骆文盛	明嘉靖二十九年	8 卷
赤城新志	卷21 典籍	陈相　谢铎	明嘉靖四十四年(1565)	4 册 20 卷　存 21 卷:卷2—15、卷17—23
重修寿昌县志	卷12 文章	李思悦　洪一鳌　李世芳　易文	明万历十四年(1586)	3 册 12 卷
华州志	卷11 艺文志	李可久　张光孝	明万历八年(1580)	4 册;据明隆庆六年(1572)刻版增刻
安丘县志	卷11 艺文考	熊元　马文炜	明万历十七年(1589)	4 册 4 卷　卷 1 分上、下 2 子卷
韩城县志	卷7—8 艺文	苏进　张士佩	明万历三十五年(1607)	4 册 8 卷
太原府志	卷23 艺文	关廷访　张慎言	明万历四十年(1612)	3 册 5 卷　存 5 卷:卷20、23—26

---

① (明)李登.万历《上元县志·后序》

· 72 ·

续表

书名	艺文志	作者		年代	附注
华阴县志	卷8 艺文	王九畴	张毓翰	明万历四十二年(1614)	4册8卷
真定府志	卷18 艺文志	唐臣	雷礼	明万历崇祯间	10册33卷,据明嘉靖二十八年(1549)刻板增刻
钜野县志	卷9—10 艺文	吕鹏云	吕封齐	明崇祯间	3册8卷　缺2卷:卷1—2;据天启三年(1623)刻本增刻
广昌县志	内有艺文志	刘世治	赵文耀	明崇祯三年(1630)	2册
汤阴县志	卷16—18 艺文志	沙蕴金	苏育	明崇祯十年(1637)	4册15卷　缺4卷:卷13—16
武定州志	卷34 碑文、卷35 诗词	王永积	刘嘉祯	明崇祯十二年(1639)	7册30卷　原卷数不详,存29卷:卷7—35
历城县志	卷12—15 艺文志	宋祖法	叶承宗	明崇祯十三年(1640)	8册16卷　卷11古迹志
永年县志	卷7 艺文	宋祖乙	申佳胤	明崇祯十四年(1641)	6册6卷　缺1卷:卷4
房山县志	卷7—8 文章	马永享		明(1368—1644)	1册2卷　存2卷:卷7—8;书名、著者据民国志题

　　万历《龙游县志》卷九艺文序曰:"夫志之有艺文,尚矣!"可见,明代志书收艺文较普遍,艺文据骆兆平编著的《天一阁藏明代地方志考录》一书所作粗略统计,书中著录明代地方志四百三十五种,有艺文志的约一百七十余种,还有九十种未能反映篇目,实际是按照三百四十五种计算,那么有艺文志者在半数以上。大多称艺文志,亦有称艺文篇、艺文考、艺文部的,还有称著作、著述、书籍、典籍、文籍、文翰、词翰、书目等者。至于那些称文章、诗文、文集等的均未计算在内,因为这些与艺文志性质和要求并不相同。据张常万历《续修天津三卫志跋》记载,"前无所因,萃创简约,惟艺文独详"。

　　明志绝大部分艺文类记释文而不载书目,其体例可溯宋代方志或更远的文章志,但并不是说明无有载书目之艺文志者,如梅鷟于嘉靖七年所撰《南雍志经籍考》二卷,分"制书类、经类、史类、子类、文集类、类书类、医书类、杂书类、石刻类",此考初在《南雍志》卷十七、十八,明时即已抽出单行,黄氏《千顷堂书目》即载名《南雍总目》一卷,所录为南京国子监藏书。董斯张也撰有《吴兴备表》三十二卷,分为二十六征,设"经籍""遗书""金石"诸门,经籍之目不分类,只以年代先后为次,下注出处。"遗书征"虽搜集旧书中有关的记载,但佚书考证足可取资。《四库》评曰:"所摘录类,皆典雅确核,足资考据。明季诸书,此犹为差有实际。黄茅白苇之中,可谓之翘楚矣。"①再有万历《秀水县志》艺文,收典籍和遗文,分别录书目和赋。

二、方志艺文志特点

明代艺文的一个突出特点是志书艺文志中诗文内容的大量充塞,其体如文选,书目和碑刻兼录于诗文之后。处理诗文,一般是采用三种办法:

一为设立艺文专志,按体裁,分类列载。如:

汪舜民弘治《徽州府志》,设有词翰志,分载辞命、表疏、书、题跋、论、杂著、启、上梁文、祭文、铭箴、赞颂、辞赋、诗章、序、记等类;

《重修毗陵志》设"词翰志"六卷,分为"碑、记、序、表、书、杂著、诗、词",全文收录;

弘治《句容县志》分制词类、题咏类、文章类、杂录类;

弘治《徽州府志》设"词翰志",收录辞命、表疏、书、题跋、论、杂著、启、上梁文、祭文、铭箴、赞颂、辞赋、诗章、序、记等;

正德《常州府志续集》设有"词翰志"二卷;

嘉靖《淮扬志》设"诗文志"十一卷;

嘉靖《六合县志》设"艺文志"三卷,内容包括"制命""文类""诗类";

嘉靖《铜陵县志》设"艺文志",内容包括碑记、序传、题咏;

万历《淮安府志》卷九设"艺文志";

天启《衢州府志》卷十四设"艺文志",收诗赞;

万历《续修严州府志》卷九至卷二十四设"艺文志",收制词、奏章、书、赋、咏、序记;

万历《宿迁县志》卷七设"词翰志",分诰敕、传、记、叙、文、论、赋、诗;

崇祯《泰州志》设"艺文志",内容包括碑记、疏揭、申呈、诗赋、墓志等。

---

① 《四库全书总目提要》卷六十八史部·地理类一

二是不立艺文志,而是将有关建制、宫事、名胜、古迹、寺观等内容的诗文,分隶于各条之下。康海编纂的《武功县志》和韩邦靖《朝邑县志》都是代表作。以《武功县志》为例,康海对前人撰志的义例做了继承和扬弃,他沿袭司马迁的《史记》,不设《艺文志》专篇,以事类系有关之诗文,以人物系著述,列入各志传之中。人文历史贯穿于撰志的始终:在该志《地理》《建制》《祠祀》《天赋》《官师》《人物》《选举》七篇中,属人文历史者占四篇,在专记地理、建制、祠祀的三篇中,也是以人文历史的活动贯穿始终的,如记"武功"县名时,先详细记载了关于姜嫄和后稷的传说,然后又历述了历代帝王将相的社会政治活动,而武功山川、地理、疆域之名称亦随社会政治的更迭而变换。记载绿野亭时,由关学的创始人张载寓此讲学入手,详载弘治八年户部尚书李瀚时、吏部尚书杨一清倡导举民修建绿野书院,并纳入礼部尚书吴宽所撰《绿野书院碑》碑文,而将芜杂的诗文删去不载。在人物志、官师志中附录书目,如苏竟传附有《记海篇》姚合传附有《武功县居诗》《游春诗》、杨询传附有《伤寒撮要》《针灸详说》、康佐传附有《医问》《杂治略》《诊法》。这是史地兼详文辞简约志书的代表作。其对后世有一定影响,有学者就继承此做法,如明管大勋云"夫志,记也,记郡事也,不特征文献,凡以助理也"①,弘治《上海志》、正德《姑苏志》、嘉靖《怀远县志》将《钦赐神道碑文》列入"祠祀"类,崇祯《吴县志》收录文章于各个类目。

三是既不设艺文志,也不在各类下散附诗文,而是将"艺文志"诗文另编成集,附于志后,与志相辅而成,以专门著作的形式编纂刊版。如谢铎纂《赤城新志》,载台州之建制、疆域、山川、田赋、古迹、人物等情况,再编《赤城后集》以录文,编《赤城诗集》以载诗。嘉靖《池州府志》设"杂著篇"二卷,艺文、祥异及仙释皆并列。

四是按书目收录。如嘉靖《吴江县志》未设艺文专志,只是置于各类之下,以"典籍表"列书目。如万历《通州志》艺文附载于"杂志"下,但"列其篇目,次其姓氏"②,崇祯《义乌县志》亦如是。

在上述之体外,还有其他情况。如分类不分卷:明嘉靖《香泉志》一册,不分卷,诸作以体为次序,编次以时为先后,分类不分卷,依次分为形胜、记、赋、

① (明)管大勋修,刘松纂.临江府志·管大勋序[M].1962年《天一阁藏明代地方志选刊》本
② 万历《通州志》卷五《杂志·艺文·叙》

五言古诗、五言律诗、七言古诗、七言绝诗、七言律诗。还有一类,如崇祯续刻万历《太平县志》在土地、人民、政事"三宝体"的基础上,增设了文献。

后世的学者,尤其是清乾嘉以来,许多史志学家多持"尊清抑明"的态度,对明代学风和志风讥嫌有加,认为明代的学风"空疏不学",方志艺文志芜杂冗滥,质量比较粗糙,反而不如宋元时期的佳作多,连它最重要的一部总志《大明一统志》也有不少错误、疏漏、自相矛盾之处,甚至有些地方句读不通,受到后人讥讽,且艺文志大多数只收诗文,被清人视作陋习,就此也颇有刺陈,如谢启昆曾曰"明人撰志乘者,不知艺文体裁,猥以诗文充之,卷帙繁芜,殊乖雅正"①。同治间王栋纂《苍梧县志》也认为"郡邑志书自明以来多以表、疏、序、论、诗、赋分类列入艺文,此与文集何异,殊非史家正体"②。

三、方志艺文志理论和实践的积极探索

明代的方志理论在方志艺文志连绵不断的编纂实践中向纵深发展。

在艺文的收录标准和风格上,各作者都有所记录和要求,如万历四十三年(1615),刘文英修成《高平县志》,书虽亡佚,但留下了利瓦伊贞、冯养志的两篇序言,如谓"艺文非雅驯及有裨风教则不录",明确艺文收录标准。万历三十二年(1604),赵耀、董其纂的《莱州府志》凡例规定:"艺文但涉于莱,佳者俱载,其有关世道风土可考兴革、可寻往迹者,即文不雅驯,亦录。"嘉庆二十三年(1818),朱荣、朱浩修、曹云湘纂的《九江府志》凡例云:"志载艺文以备征考,必有关于此郡山川、风俗、利弊、因革者,然后加载。向来志书体例如此。即如匡庐为数郡镇山,题咏最伙。而九江止辖匡北,凡写匡南及泛写庐山者,自有《庐山志》在。较兹旧志略为删汰。其此外一切无关之文,俱不滥登,致乖体例。"所论条理清晰,无可辩驳。

在乡邦文献的收集上,弘治《赤城新志》卷之二十一序云:"郡国之所以显名于天下,后世者文与献也。献,贤人,是志所谓人物之灿然者是已,文典籍又人物之所恃以传者,亦乌得而不志之哉,列圣御制诸书与凡六经四子,颁自朝廷者固已列之学官无容赘矣,若乃先正诸贤之所述作,皆吾乡之旧章所谓文献之足征者,是用次第列之以备缺遗俾来者得以考焉。"这里明确了"吾乡

---

① (清)谢启昆,胡虔.(嘉庆)广西通志·叙例[M].光绪十七年(1892)桂垣书局补刊本

② (清)黄玉柱.(同治)苍梧县志·旧志凡例[M].同治十一年(1873)刊本

之旧章"的意义和作用,并且强调了"第次"收录。

在艺文著作的处理上,至正《金陵新志》中曰:"历代以来,碑铭、记颂、诗赋、论辩、乐府、叙赞诸作,已具周氏、戚氏二志,不复详载。今辑其篇第,志于古迹卷中。其关涉考证者,随事附见。自余文、记,郡、州、司、县采录未完,郡庠续为辑,附于志末。"这是说在已有旧通志的情况下,再修通志时如何处理与前志的关系。可以看出修纂者对于传统通例如何细化,而加以运用以及对特殊问题、难题的处理方法。

在类目分类上,也日益体现出了科学和层次。如黄润玉纂黄溥续纂《宁波府简要志》设十五门八十目,其中卷六艺文志包括洪武礼制、乡饮酒礼、释奠乐器、释奠祭仪、本朝颁降、文辞、诗歌七目,此类目分类清晰,有代表性。再有,万历陈善纂《杭州府志》(1577)专设艺文二卷,按经类、史类、子类、集类、金石刻类,"仿班氏义例,载其篇目"①,收录汉、晋以来的文献,著录书名、卷数、编撰者等要素。又设遗文二卷,对此,还在凡例中加以说明:"古今名贤诗文,各随题分系,俾便观览,亦《一统志》例也。其无所附丽与本题收载未尽者,则入遗文卷中。"遗文分制类、表类、状疏类、启类、书类、祝文类、碑类、记类、叙类、箴训类、传类、说类、赋类、诗类、诗余类等形式,陈善序中对其加以阐述,指出其原因,他说:"予作郡志,于古今地产、贤豪及宦游、羁寓、名俊,凡记叙、题咏诸作,有关郡事者,既以类附见矣。其款目无涉,而复列《纪遗》者何?盖择善则淘汰当严,记言则搜罗欲尽……于是,博综今古,广记备藏,叙遗文、遗诗云。"既说明设遗文的目的和用意,又指出随文与专设遗文的区别和不同,强调随文是为了与志书各卷的主题相适应,遗文则是遵循文体类别编排,不但收录原文,而且保证了数据的完整性和系统性。

另一方面,艺文诗文导致了艺文篇目的膨胀,使得艺文单立,汇一方人士著述专成一书并呈现了向专门化发展的趋势,也是出现在明代。在万历间祁承煠撰《两浙古今著作考》四十六卷,并录题解,直接移载序跋。周天锡著《慎江文征》载永嘉姜准撰有《东嘉书目考》,二书今已不存。现存最古者为明万历年间曹学佺《蜀中著作记》。曹学佺,字能始,号石仓,福建侯官人,明万历进士,任四川巡按使时,采辑四川人的著述编为此目,每种书叙述作者生平和著作内容,确见原书的,并录其序跋,按四部分类排列,其不足为未标明存佚

---

① 万历《杭州府志》卷五三·艺文上

情况。但其体例对后世地方文献专目影响很大,现存残本四卷。明代这种做法的原因和目的,在清嘉庆《山阴县志》卷二十八政事志第三之十艺文上小序中,有过论述:"方志以艺文附入各门,本范文穆吴郡志之例第,用双行细书复加子注,未免冗繁,今仍仿通志别编,为一卷,其有关实务废置记事题名,文或未尽雅驯者,仍分缀各门,以便检寻,至如士对越颂越问风俗赋之属,则府志已登,邑乘亦不宜阑入也。是编也有疑于繁者有疑于简者,要知志书非类书之比,雅有限制,且越中艺文,自有专集,如明邑人王埜越咏十二卷,皆晋唐以来咏山川古迹之作,名篇迥句卓然行世,兹志所载,或因人以存文,或借文以谈故,多寡详略,又多何疑焉?"指出明代越地专集收录艺文,其艺文繁简之论,也颇有见地。

明时人就此也有所论述,崇祯《嘉兴县志》艺文志之遗文一:"宇内缥湘宏富,凡高文典册绮语佳吟,各自具有载籍,孰有从志乘中探讨艺文也者,志载艺文,备掌故耳,故诗文不关地方,虽佳弗录,若曰欲以备宏丽之观,则吾地人文渊薮,讵此一编,所能囊括乎哉?"

另经考查,明志所录诗文精选者亦多,且大都有关地方政治、风教,并非全是滥载无谓诗文。关于此标准,明代学者有所论述,卢希哲即在所纂《黄州府志》凡例中称:"古今碑文,盖取其有关世用,事可备考据者载之。古今题咏,有关风俗、山川、人物,有纪咏事迹,摹写景象者,实为一郡风雅,故备录之。"赵瓒弘治《贵州图经新志》凡例规定:"题咏皆取其有关风土、政事者,其他题咏风月者,虽美不录。"汪舜民亦在《徽州府志》凡例中称:"词翰不能广载,亦不敢以工拙为去取,惟采有关于本郡事迹,及可以备本志之阙略者。"有些方志明确宣称,无中生有之杜撰,无病呻吟之作,荒诞不经之文,概为删削。唐锦曾在《上海县志》凡例中谈到,名公题咏"其涉于怪诞者,虽工不录"。董承叙《沔阳志》于"怡性陶情之作,吟凤弄月之篇,概行删除"。杨渊弘治《抚州府志》凡例也称,诗文要"必有关于世教,有补于志书之遗,而不落异端之觳者方取,否则不录"。此较元代的方志艺文理论又有长足的进步。

总体来讲,明代的艺文志、经籍志编纂,世罕其匹,实不能以"芜杂冗滥"简单概之,其以显著的特点、蓬勃的态势,在方志艺文志发展史上留有浓墨重彩的一笔。

第五节　鼎盛阶段

明末清初,中国经济出现了资本主义萌芽,造纸、印刷等工艺更加发达,图书出版事业更加繁荣,清代在明代方志普遍化的基础上,发展日益炽盛,进入了中国方志之鼎盛时期。当时,清人邱文庄曾就此感慨,"世有千载不刊之书,无百年不葺之志"。这种盛况的出现并非偶然,是由多方面的历史和现实背景决定的。

首先,政府对修志的重视更甚于前代,清人云,"我朝统一寰宇,百度维新,辨方正位,尤重舆图"①,早在顺治十八年(1661),清廷就命令河南巡抚贾汉复督修方志。康熙十一年(1672)七月,康熙皇帝应保和殿大学士周祚的呈请,诏"直省各督抚聘集宿儒名贤,接古续今,纂辑通志",诏令各地设局修志,并以河南巡抚贾汉复顺治十八年主修之《河南通志》"颁诸天下以为式",对地方志纂修提出明确的要求。康熙二十二年(1683),礼部奉旨檄催天下各省设局纂修通志,并限三个月完成。一时间,全国各省、府、州、县纷纷开设志局,加紧了修志工作。康熙二十九年(1690),河南巡抚亦曾通令所属府、州、县编修志书。同时颁发牌照,提出凡例二十条,对时代断限、材料取舍、文字详略、史实考订、叙事先后以及地图绘制等,都做出了详细的规定。雍正六年(1728)十一月,雍正皇帝诏令各省重修通志,并于二三年内成书,上于史馆。不久又令各州、县修志,至雍正七年(1729),政府更是颁令修志上谕,定各州县志书每六十年一修之例。三次兴修《大清一统志》,分区性的省志即通志编修全面铺开。畿辅、盛京与十八个省全部撰志。府、厅、州、县的志书编修普及。据清《吏治悬镜》上载,新馆上任要奉行三十二项"莅任初规",其中第三项就是要"览志书"。以此可见一斑。

其次,地方政府和文人积极修志。因为清廷积极提倡修志,清代地方官吏,广招聘厚学能文之士,领衔修志,并以此标榜儒雅,争相斗文,造成浓厚的官修志书风气。如康熙初年钟煌云:"我国朝定鼎以来,中外晏清,殊方底定,前代所未有之疆土,悉归版籍,可不亟为编辑以黼黻隆平,彰一道同风之盛哉!"修志学者,其视野逐渐开拓,认识日见提高,渐对方志不再轻视。尤其是

---

① 光绪《山西通志》

乾、嘉之际,随着诸般学术蓬兴,将修志视为著述大业,探讨研究之风日进,实践和理论循环交互影响,官修私撰也交互推动,这其中不乏朴学大师主撰方志者,故使清代方志空前发达。

清代方志事业的发达,随着地方志的大量编撰,地方的艺文志也在清代进入到鼎盛时期,方志艺文志的编纂凸显出以下特点:

一是数量激增。清代的大部分省份的通志中都设有艺文志,方志艺文志在数量上是空前绝后的,根据《中国地方志联合书目》统计,清代流传下来的方志有五千七百余种,是宋、元、明三朝流传下来方志总数的五倍,占中国历史上方志总数的三分之二强,其数量浩瀚,范围博广,成果累硕,堪称中国历史之最。此时的方志编修大多有艺文这个门类,据李濂铠《方志艺文志汇目》统计,清代仅河北、山东、河南、山西、江苏、安徽、江西七省就有六百八十六种方志中有艺文志。故姚名达在 1937 年出版的《中国目录学史》一书中说:"三百年来,自通志、府志,以至县志,皆多有艺文一栏,亦有抄诗文入艺文,列目录为经籍者。"此说印证了清代艺文的数量呈激增之势。

二是质量精良。这一时期所修方志不仅数量浩繁,而且还涌现了一批内容充实、体例精当、史料价值极高的名志佳作,可谓名家辈出,新论勃兴。府志者,如孔尚任撰康熙《平阳府志》三十六卷,邵晋涵撰乾隆《杭州府志》一百一十卷,齐召南、汪沆撰乾隆《温州府志》三十卷,洪亮吉撰乾隆《怀庆府志》三十二卷,姚文田、江藩撰嘉庆《扬州府志》七十二卷,郑珍、莫友芝撰道光《遵义府志》四十八卷,冯桂芬撰同治《苏州府志》一百五十卷,缪荃孙撰光绪《顺天府志》一百三十卷。州志者,如孙星衍撰乾隆《郑州志》二十五卷,章学诚撰乾隆《和州志》残本三篇,王昶撰嘉庆《(直隶)太仓州志》六十五卷,王念孙撰嘉庆《高邮州志》十二卷。县志者,如马骕撰顺治《邹平县志》八卷,陆陇其撰康熙《灵寿县志》十卷,章学诚撰乾隆《永清县志》二十五篇,李兆洛撰嘉庆《凤台县志》十二卷,钱大昕、钱大昭撰嘉庆《长兴县志》二十卷,汪士铎撰同治《上江两县志》二十八卷,段玉裁、李芝撰光绪《富顺县志》五卷,王闿运撰光绪《湘潭县志》十二卷等。这些著名的方志,各有特色:或详建置,或详沿革,或详河渠,或详物产,或详财赋,或详教育,或详文献,对地方行政裨益有助,为后人修志撰志之借鉴楷模。

这一时期的艺文志纂修也受到重视,将艺文列入志书且重视者弥多,对其功用的认识,较前人在总体上更加成熟,更加系统深入。如李懋仁认为:"志有五善焉:为政者知其务,观风者采其俗,作史者核其实,立言者缀其文,尚友者论其世。"将立言功用的艺文列为志书之"五善"之列,研究成果富赡,既承上代遗绪,又别具特色。对于明以来形成的滥录诗文的弊病,在尚崇年等纂康熙《萍乡县志》凡例中也给予了特别的关注:"县志非一家之谱,非一人之集。诗、文连篇和韵,无关风土、政治、文行者概弗录入。志有义例,知罪听之。"

三是品类齐备,宏编巨制迭见纷出。不仅有通志和府州县志,还有乡镇志、游览志、山水志等。范围之广、门类之多、影响之大,实为空前。从规模较大的省志,到规模较小的乡土志,对于艺文的收录,都给予了特别的重视。在大部分省通志中艺文志的收录篇幅较大。如清嘉庆六年(1801)刊行的谢启昆修、胡虔撰《广西通志》,清道光二年(1822)刊行的阮元修、陈昌齐和刘彬华撰《广东通志》,清光绪四年(1878)刊行的何绍基、杨沂孙撰《安徽通志》,清光绪七年(1881)刊行的刘坤一等修、刘绎撰《江西通志》,清光绪十年(1884)刊行的李鸿章和张树声修、黄彭年撰《畿辅通志》,清光绪十八年(1892)刊行的王轩撰《山西通志》等,皆卷帙浩繁,为学术界推评的佳作精品。

表二　清主要通志艺文志目录

志书	编纂者	编纂时间	卷册数	艺文
畿辅通志	唐执玉 李卫　陈仪	清雍正十三年(1735)	60册120卷	卷91—120艺文志
畿辅通志	李鸿章　黄彭年	清光绪十至十二年(1884—1886)	240册300卷	卷133—137艺文志, 卷138—153金石略; 古莲华池藏版
浙江通志	李卫　沈翼机 傅王露	清乾隆元年(1736)	100册283卷	卷241—254经籍, 卷255—258碑碣, 卷259—278艺文
浙江通志	李卫　沈翼机 傅王露	清光绪二十五年(1899)	120册283卷	卷241—254经籍, 卷255—258碑碣, 259—278艺文
浙江通志	王国安　黄宗羲	清康熙二十三年(1684)	15册51卷 存20卷 卷首1卷:卷首、1、8—22、29—30、42—45	卷44—49艺文

续表

志书	编纂者	编纂时间	卷册数	艺文
重修 安徽通志	吴坤修　何绍基 卢士杰　冯焌	清光绪七年 （1881）	20 册 351 卷	卷 335—346 艺文志； 据清光绪四年 （1878）刻板增修
山西通志	觉罗石麟 储大文	清雍正十二年 （1734）	100 册 230 卷	卷 175 经籍志， 卷 182—227 艺文志
山西通志	曾国荃 王轩　杨笃	清光绪十八年 （1892）	96 册 185 卷	卷 87—88 经籍记， 卷 89—98 金石记； 部六存 72 册 141 卷： 卷首、卷 1—11、 39—71、88—184
江西通志	谢旻　陶成 恽鹤生	清雍正十年 （1732）	60 册 163 卷　内 有缺损	卷 114—158 艺文
江西通志	刘坤一　赵之谦	清光绪七年 （1881）	120 册 181 卷	卷 99—112 艺文略
江苏通志	缪荃孙　冯煦	清宣统年间 （1909—1911）	8 册 8 卷　书名据卷 端下方题	存艺文部分，版心镌 新修江苏通志稿
广东通志	郝玉麟　鲁曾煜	清雍正九年 （1731）	45 册 63 卷　缺 1 卷： 卷 61	卷 59—63 艺文志
广东通志	阮元　陈昌齐	清道光二年 （1822）	20 册 335 卷	189—198 艺文略， 卷 199—215 金石略
山东通志	赵祥星　钱江	清康熙四十一年 （1702）	16 册 64 卷　残 2 卷	卷 40、64；卷 51—62 艺文志；据清康熙 十七年（1678） 刻板增刻
山东通志	岳浚　法敏 杜诏	清乾隆元年 （1736）	42 册 37 卷	卷 34 经籍志， 卷 35 艺文志

续表

志书	编纂者	编纂时间	卷册数	艺文
陕西通志	贾汉复 李楷等	清康熙六至七年（1667—1668）	25 册 32 卷	卷 8—10 艺文；缺 3 卷：卷 1—3，残 2 卷：卷 18、20；卷 27 分上、下 2 子卷，卷 32 艺文
陕西通志	刘于义 沈青崖	清雍正十三年（1735）	100 册 101 卷	卷 74—75 经籍，卷 85—97 艺文
甘肃通志	许容 李迪	清乾隆元年（1736）	36 册 51 卷	卷 44—49 艺文志
河南通志	顾沨 李辉祖 张沐	清康熙三十四年（1695）	16 册 50 卷	卷 35—49 艺文
河南通志	田文镜 孙灏	清光绪二十八年（1902）	40 册 80 卷	卷 72—79 艺文；据清乾隆间刻板重修
续河南通志	阿思哈	清乾隆三十二年（1767）	24 册 81 卷	卷 69—80 艺文志；部二 32 册
甘肃新通志	升允 长庚 安维峻	清宣统元年（1909）	80 册 101 卷	卷 86—94 艺文志
福建通志	郝玉麟 谢道承 刘敬与	清乾隆二年（1737）	64 册 83 卷	卷 68—78 艺文志
吉林通志	长顺 讷钦 李桂林 顾云	清光绪十七年（1891）	49 册 123 卷	卷 120 金石志
云南通志	岑毓英 陈灿	清光绪二十年（1894）	219 册 288 卷 附忠义录三十二卷，忠义备考一卷，列女录八卷	卷 208—233 艺文志
云南通志稿	阮元 王崧 李诚	清道光十五年（1835）	110 册 220 卷	卷 191—208 艺文志

续表

志书	编纂者	编纂时间	卷册数	艺文
云南通志	鄂尔泰　靖道谟	清乾隆元年（1736）	24 册 31 卷	卷 29 艺文
续云南通志稿	王文韶　唐炯	清光绪二十七年（1901）	100 册 195 卷	卷 167—186 艺文志；部五为西谛藏书，存四卷：卷 159—162
湖南通志	巴哈布　王煦	清道光年间（1821—1850）	80 册 229 卷	附岳麓书院新置官书目录、条款及道光二年城南书院新置官书目录、条款等，卷 193—199 艺文，卷 200—219 金石志；据清嘉庆二十五年（1820）刻板增刻
湖南通志	李瀚章　曾国荃	清光绪十一年（1885）	168 册 316 卷	卷 245—288 艺文志；尊经阁藏版
江南通志	尹继善　黄之隽	清乾隆元年（1736）	80 册 69 卷	卷 190—194 艺文志；尊经阁藏版
江南通志	王新命　薛柱斗　张九征　陈焯	清康熙二十三年（1684）	34 册 72 卷　缺 4 卷：卷 1、4—6	卷 60—76 艺文志
四川通志	黄廷桂　宪德　张晋生	清乾隆元年（1736）	50 册 48 卷	卷 39—47 艺文志
盛京通志	吕耀曾　魏枢　雷以諴	清咸丰二年（1852）	20 册 49 卷	卷 42—47 艺文志；据清乾隆元年（1736）刻板重修
广西通志辑要	苏宗经　羊复礼　夏敬颐	清光绪十六年（1890）	17 册 46 卷	卷 2 艺文

续表

志书	编纂者	编纂时间	卷册数	艺文
广西通志	谢启昆　胡虔	清同治四年（1865）	80 册 280 卷	卷 205—214 艺文略，卷 215—229 金石略；据清嘉庆七年（1802）刻板重修
贵州通志	鄂尔泰　张广泗 靖道谟　杜诠	清乾隆六年（1741）	32 册 22 卷	卷 33—46 艺文志
湖广通志	徐国相　宫梦仁 姚淳焘	清康熙二十三年（1684）	81 卷 24 册　缺 1 卷：卷 80	卷 44—77 艺文志
重纂福建 通志	孙尔准　陈寿祺 程祖洛　魏敬中	清同治七至十年（1868—1871）	180 册 284 卷	卷 67—82 经籍，附补采福建全省列女附志；正谊书院藏版

　　清王朝运用政府的力量组织人力，搜检资料，编纂成不少的巨型通志。总览清代通志，一般其领衔监修通志者，为总督巡抚，领衔监修府、州、县志者，则为知府、知州、知县，《四库全书总目提要》曾云："通志皆以总督、巡抚董其事，然非所纂录，与总裁官之领修者有别。故今不题某撰而题某监修，从其实也。监修每阅数官，惟题经进一人，唐、宋以来之旧例也。"①

　　府州县志与省部通志在体量上不可同日而语，章学诚言明于此："既已详人之所不详，势必略人之所不略。"省志的记述通常较为翔实，视域较宽。以《山东通志》和《莱州府志》艺文所收孔尚任在莱州创作的诗文为例，《山东通志》收录艺文志保存了孔尚任的五言古风《望大泽山》，此诗在《莱州府志》和孔尚任与刘廷玑合编的诗集《长留集》中皆被遗录。此五言诗是以诗纪胜，将大泽山的状貌尽收眼底："蓬山海上来，峰峰气磅礴。群峭卫一尊，巍然见大泽。雄姿既蔚深，秀骨复峻削。左控渤邊涛，右握岱宗络。日月相蔽亏，风雨自囊龠。灵奇闷混茫，余妍发丘壑。落落挺长松，粲粲罗仙药。丹泉白石间，真构随所托。结契含青华，游目极寥廓。何当蹑层巅，一驭浮丘壑。"

　　可见省志是为"监修每阅数官"，从另一个侧面反映了省志从编纂质量上和内容收录上皆有所保证。

---

① 《四库全书总目提要》卷六十八史部·地理类一

表三　清主要府志艺文志目录

志书	编纂者	编纂时间	卷册数	艺文
同州府志	张奎祥　李之兰	清乾隆六年（1741）	20册21卷	卷14经籍，卷15—18艺文
同州府志	闵鉴　吴泰来	清乾隆四十六年（1781）	22册61卷	42—51艺文，卷54经籍志，卷55—56金石志
同州府志	李恩继　文廉　蒋湘南	清咸丰二年（1852）	24册36卷	卷25经籍志，卷26金石志，分上、下2子卷
同州府续志	饶应祺　马先登	清光绪七年（1881）	6册17卷	卷9内有经籍志、金石志，卷14—15文征续录
苏州府志	雅尔哈善　习寯	清乾隆十三年（1748）	40册81卷	卷75—76艺文
苏州府志	宋如林　石韫玉	清道光四年（1824）	64册151卷	卷122—128艺文，卷129—130金石
河南府志	施诚　童钰	清同治六年（1867）	32册120卷	卷77—105艺文志，卷106—111金石志，卷112—115经籍志；据清乾隆四十四年（1779）刻板增修
开封府志	管竭忠　张沐	清同治二年（1863）	12册40卷	卷31—38艺文；据清康熙三十四年（1695）刻板重修
泰安府志	颜希深　成城	清乾隆二十五年（1760）	20册21卷	卷20—27艺文志，卷28金石志
泰安县志	黄钤　萧儒林	清乾隆四十七年（1782）	10册14卷	卷11金石志，卷12艺文志
泰安县志	徐宗干　蒋大庆	清道光八年（1828）	14册14卷	卷11金石录，卷12艺文录
夔州府志	崔邑俊　杨崇　焦懋熙	清乾隆十二年（1747）	10册11卷	卷8—10艺文
朔平府志	刘士铭　王霭	清雍正十一年（1733）	10册12卷	卷12艺文志

志书	编纂者	编纂时间	卷册数	艺文
甯武府志	周景柱　李维梓	清咸丰七年（1857）	6 册 13 卷	卷 12 艺文；据清乾隆十六年（1751）刻板重印
汾州府志	孙和相　戴震	清乾隆三十六年（1771）	14 册 34 卷	卷 27—34 艺文
平阳府志	章廷珪　范安治	清乾隆元年（1736）	19 册 36 卷	卷 36 艺文；附宪纲 1 卷
卫辉府志	毕沅　刘钟之　德昌	清乾隆五十三年（1788）	24 册 55 卷	卷 38—52 艺文志
彰德府志	刘谦　夏兆丰	清乾隆五年（1740）	12 册 23 卷	卷 18—20 艺文
太平府志	朱肇基　陆纶	清乾隆二十三年（1758）	16 册 44 卷	卷 34—43 艺文志
赣州府志	朱宸　林有席	清乾隆四十七年（1782）	45 卷 24 册	卷 39—43 艺文志
凤阳府志	冯煦　魏家骅　张德霈	清光绪三十四年（1908）	24 册 21 卷	卷 16 艺文考
宣化府志	王者辅　吴廷华　张志奇　黄可润	清乾隆二十二年（1757）	16 册 43 卷	卷 35—40 艺文志，据清乾隆八年（1743）刻板增刻
徽州府志	丁廷楗　赵吉士	清康熙三十八年（1699）	10 册 18 卷	卷 17 书籍
徽州府志	马步蟾	清道光七年（1827）	30 册 17 卷	卷 15 艺文志
太平府志	黄桂　宋骧	清光绪二十九年（1903）	20 册 40 卷	卷 35—39 艺文
兴安府志	李国麟	清道光二十八年（1848）	6 册 30 卷	卷 25—28 艺文志；濯汉山房藏版
兴安府志	李国麟	清咸丰三年（1853）	8 册 30 卷	卷 25—28 艺文志；来鹿堂藏版

续表

志书	编纂者	编纂时间	卷册数	艺文
续兴安府志	叶世倬	清咸丰三年（1853）	2册8卷	卷7艺文志;来鹿堂藏版
承德府志	海忠	清道光十一年（1831）	24册86卷	卷48—59艺文
南安府志	黄鸣珂　石景芬	清光绪十二年（1886）	33卷16册	卷18—28艺文志;据清同治七年（1868）刻板重修
武定府志	李熙龄	清咸丰九年（1859）	24册39卷	卷29—37艺文志
安庆府志	姚琅　陈焯	清康熙二十二年（1683）	12册18卷	卷15—17艺文志
安庆府志	张楷		16册32卷	卷24—32艺文志
颍州府志	王敛福	清乾隆十七年（1752）	12册10卷	卷9艺文
永平府志	宋琬　张朝琮	清康熙五十年（1711）	12册25卷	卷22—23艺文
永平府志	李奉翰　王金英	清乾隆三十九年（1774）	12册26卷	卷21—24艺文志
永平府志	游智开　史梦兰	清光绪五年（1879）	32册74卷	卷48艺文志;敬胜书院藏版
曹州府志	周尚质　李登明　谢冠	清乾隆二十一年（1756）	12册22卷	19—21艺文志
东昌府志	胡德琳　周永年	清乾隆四十二年（1777）	24册51卷	卷21经籍,卷22—23金石,卷48—49遗文遗诗
东昌府志	嵩山　谢香开	清嘉庆十三年（1808）	24册51卷	卷40经籍,卷41—42金石,卷47—48艺文
南康府志	廖文英　伦品单　熊维典　钱正振	清康熙六十年（1721）	6册12卷	卷10艺文志,分上、中、下3子卷;据清康熙十二年（1673）刻版增刻

续表

志书	编纂者	编纂时间	卷册数	艺文
南康府志	盛元	清同治十一年（1872）	12 册 24 卷	卷 20—22 艺文志
杭州府志	马如龙　杨鼐	清康熙二十五年（1686）	20 册 40 卷	卷 38—39 艺文
杭州府志	郑沄　邵晋涵	清乾隆四十九年（1784）	48 册 111 卷	卷 57—59 艺文，卷 60—61 金石；据清乾隆四十四年（1779）刻版增修
杭州府志	陈璚　王棻 屈映光　陆懋勋 齐耀珊　吴庆坻	清光绪五年起至民国十一年（1922）	80 册 179 卷	卷 86—95 艺文，卷 96—98 金石
严州府志	吴士进　胡书源	清乾隆二十一年（1756）	16 册 36 卷	卷 23—35 艺文
严州府志	吴世荣　邹伯森	清光绪九年（1883）	28 册 39 卷	卷 23—35 艺文，此志较乾隆志增补职官、选举、武备、忠义 4 门
严州府志	吴世荣　邹伯森	清光绪十六年（1890）	28 册 39 卷	卷 23—35 艺文；据清光绪九年（1883）刻版增刻
湖州府志	胡承谋	清乾隆四年（1739）	24 册 52 卷	卷 42—43 碑版，卷 44—47 著述
湖州府志	李堂	清乾隆二十三年（1758）	24 册 49 卷	卷 42—43 碑版，卷 44—47 著述
湖州府志	宗源瀚　陆心源	清同治十三年（1874）	40 册 96 卷	卷 46—55 金石略，卷 56—61 艺文略
绍兴府志	李亨特　平恕 徐嵩	清乾隆五十七年（1792）	48 册 81 卷	卷 75—76 金石志，卷 77—78 经籍志，卷 79 艺文志
蒲州府志	周景柱	清乾隆二十年（1755）	10 册 24 卷	卷 16—22 艺文

续表

志书	编纂者	编纂时间	卷册数	艺文
蒲州府志	周景柱	清光绪二十九年（1903）	10 册 24 卷	卷 16—22 艺文，缺 2 叶：第 15、第 16 叶；据乾隆二十年（1755）刻本重修
松江府志	宋如林　孙星衍	清嘉庆二十三年（1818）	40 册 84 卷	卷 72—73 艺文志；府学明伦堂藏版
南阳府志	朱璘	清康熙三十三年（1694）	10 册 6 卷	卷 6 艺文志
南阳府志	孔传金	清嘉庆十二年（1807）	12 册 6 卷	卷 6 艺文志，卷 4—6 分上、中、下 3 子卷
太原府志	沈树声	清乾隆四十八年（1783）	39 册 60 卷	卷 52—59 艺文志
沂州府志	李希贤　潘遇莘　丁恺曾	清乾隆二十五年（1760）	12 册 36 卷	卷 30—35 艺文
衢州府志	杨廷望	清光绪八年（1882）	12 册 40 卷	卷 29 艺文考
正定府志	郑大进	清乾隆二十七年（1762）	32 册 51 卷	卷 44—49 艺文志；有抄配
处州府志	曹抡彬　朱肇济	清雍正十一年（1733）	16 册 20 卷	卷 17—20 艺文志
处州府志	潘绍诒　周荣椿	清光绪三年（1877）	28 册 32 卷	卷 26—30 艺文志
潞安府志	张淑渠　姚学瑛　姚学甲	清乾隆三十五年（1770）	24 册 40 卷	卷 27—38 艺文
泽州府志	朱樟　田嘉谷	清雍正十三年（1735）	16 册 52 卷	卷 41—52 艺文志
南昌府志	陈兰森　王文涌　谢启昆	清乾隆五十四年（1789）	32 册 78 卷	卷 75 艺文志

志书	编纂者	编纂时间	卷册数	艺文
南昌府志	许应鑅　王之藩 曾作舟　杜防	清同治十二年 （1873）	40册68卷	卷62艺文志；南昌县学文 昌祠藏版
九江府志	江殷道　张秉铉	清康熙十二年 （1673）	14册18卷	卷11—18艺文志
九江府志	达春布　黄凤楼 欧阳焘	清同治十三年 （1874）	24册56卷	卷44—50艺文志；九江府 学文昌宫藏版
徐州府志	石杰　王峻	清乾隆七年 （1742）	14册31卷	卷24—28艺文；府学藏版
徐州府志	吴世熊　朱忻 刘庠　方骏谟	清同治十三年 （1874）	16册25卷	卷19经籍考，卷20碑碣考
新修 江宁府志	吕燕昭　姚鼐	清嘉庆十六年 （1811）	24册56卷	卷52—53金石志，卷54— 56艺文志
宁波府志	曹秉仁　万经	清乾隆六年 （1741）	20册37卷	卷35艺文；据清雍正十一 年（1733）刻版增刻
宁波府志	曹秉仁　万经	清道光二十六年 （1846）	16册37卷	卷35艺文
宁波府志	曹秉仁　万经	清同治六年 （1867）	16册37卷	卷35艺文；据清道光二十 六年（1846）慈溪沈琮其介 祉堂刻版增刻
连平州志	卢廷俊　颜希圣 何深	清雍正八年 （1730）	4册10卷	卷9—10艺文
肇庆府志	史树骏　区简臣	清康熙十二年 （1673）	20册32卷	卷25—32艺文
肇庆府志	屠英　江藩	清光绪二年 （1876）	22册23卷	卷21内有艺文、金石；陈垣 赠书
天津府志	李梅宾　吴廷华 汪沆	清乾隆四年 （1739）	16册40卷	卷33—39艺文志

续表

志书	编纂者	编纂时间	卷册数	艺文
重修 天津府志	沈家本　荣铨 蔡启盛　徐宗亮	清光绪二十五年 （1899）	28 册 55 卷	卷 37—38 艺文
淮安府志	卫哲治　叶长扬 顾栋高	清咸丰二年 （1852）	16 册 32 卷	卷 29—30 艺文；公局藏版
淮安府志	孙云锦　吴昆田 高延第	清光绪十年 （1884）	16 册 41 卷	卷 38 艺文
扬州府志	尹会一　程梦星	清雍正十一年 （1733）	12 册 40 卷	卷 35 撰述，卷 36—39 艺文
重修 扬州府志	阿克当阿 姚文田	清嘉庆十五年 （1810）	16 册 73 卷	卷 62—63 艺文，卷 64 金石
续纂 扬州府志	方濬颐　晏端书	清同治十三年 （1874）	8 册 24 卷	卷 22—23 艺文；部七残存 11 卷：卷 14—24,4 册
嘉兴府志	伊汤安　冯应榴	清嘉庆五年 （1800）	40 册 83 卷	卷 72—73 经籍，卷 74—77 艺文，卷 78 金石
嘉兴府志	许瑶光　吴仰贤	清光绪五年 （1879）	48 册 90 卷	卷 80—81 经籍，卷 82—85 艺 文，卷 86 金石；据清光绪四年 （1878）鸳湖书院刻版后印
广州府志	金烈　张嗣衍 沈廷芳	清乾隆二十四年 （1759）	22 册 61 卷	卷 49—58 艺文；道署藏版
广州府志	戴肇辰　史澄	清光绪五年 （1879）	64 册 163 卷	卷 90—96 艺文略，卷 97— 103 金石略
大同府志	吴辅宏　文光	清乾隆四十七年 （1782）	16 册 33 卷	卷 26—31 艺文
巩昌府志	杨恩　纪元	清康熙二十七年 （1688）	12 册 28 卷	卷 26—27 艺文
归德府志	宋国荣　羊琦	清顺治十七年 （1660）	10 册 10 卷	卷 9 艺文志

志书	编纂者	编纂时间	卷册数	艺文
归德府志	陈锡辂　查岐昌	清乾隆十九年（1754）	8册36卷	缺8卷:卷29—36;卷30艺文略
归德府志	陈锡辂　查岐昌	清光绪十九年（1893）	10册37卷	卷30艺文略
陈州府志	崔应阶　姚之琅	清乾隆十二年（1747）	20册31卷	卷24—29艺文
青州府志	崔俊　李焕章	清康熙十二年（1673）	12册49卷	卷18—19遗文
青州府志	陶锦　王昌学	清康熙六十年（1721）	8册22卷	卷22艺文志,分上、下2子卷
青州府志	毛永柏　李图　刘耀椿	清咸丰九年（1859）	16册64卷	卷11分上、中、下3子卷,卷16—18、22、24、62分上、下2子卷,卷33艺文考
广平府志	吴鼐	清乾隆十年（1745）	10册24卷	卷23著述
广平府志	吴中彦　胡景桂	清光绪二十年（1894）	24册64卷	卷34艺文略,卷35—36金石略
顺德府志	徐景曾	清乾隆十五年（1750）	10册16卷	卷15—16艺文
新修庆阳府志	赵本植	清乾隆二十七年（1762）	15册42卷	卷39—42艺文
登州府志	施闰章　杨奇烈　任浚	清康熙三十三年（1694）	8册22卷	卷19—21艺文
续登州府志	永泰	清乾隆七年（1742）	4册12卷	卷11—12艺文志
增修登州府志	方汝翼　贾瑚　周悦让　慕荣干	清光绪七年（1881）	24册69卷	卷61—64艺文志,卷65—66金石志

续表

志书	编纂者	编纂时间	卷册数	艺文
莱州府志	严有禧　张桐	清乾隆五年（1740）	8册16卷	卷13—15艺文
顺天府志	李鸿章　万青黎　张之洞　缪荃孙	清光绪十至十二年（1884—1886）	64册130卷	书名据版心题,卷122—126艺文志 127—130金石志
甘州府志	钟赓起	清乾隆四十四年（1779）	10册17卷	卷13—15艺文
兖州府志	张鹏翮	清康熙二十五年（1686）	13册38卷	缺3卷:卷38—40;卷29—38艺文志
琼州府志	明谊　张岳崧	清光绪十六年（1890）	26册45卷	卷38—41艺文志,卷43内有书目、金石;据清道光二十一年(1841)刻板重修
黎平府志	俞渭　陈瑜	清光绪十八年（1892）	14册15卷	卷2—7均分2子卷,卷8艺文志
普安直隶厅志	曹昌祺　覃梦榕	清光绪十五年（1889）	8册23卷	卷20—22艺文志
兴义府志	张锳　邹汉勋　余厚墉	清宣统元年（1909）	34册75卷	卷39艺文志
安顺府志	常恩　邹汉勋	清咸丰元年（1851）	16册54卷	卷44—54艺文志
大定府志	黄宅中　邹汉勋	清道光二十九年（1849）	20册61卷	卷51—59文征
遵义府志	平翰　郑珍	清光绪十八年（1892）	12册49卷	卷11金石,卷42—46艺文;据清道光二十一年(1841)刻板重修
贵阳府志	周作楫　萧琯　邹汉勋	清咸丰二年（1852）	40册111卷	卷50—53艺文略,余编卷1—18文征

续表

志书	编纂者	编纂时间	卷册数	艺文
广西府志	周采　李绶	清乾隆四年（1739）	4 册 27 卷	卷 24—26 艺文
开化府志	何怀道　万重笮	清道光九年（1829）	8 册 11 卷	卷 10 艺文志
永昌府志	刘毓珂	清光绪十一年（1885）	14 册 70 卷	卷 63—66 艺文志
普洱府志	郑绍谦　李熙龄	清咸丰元年（1851）	8 册 21 卷	卷 19 艺文，分上、下 2 子卷；学署藏版
澄江府志	李熙龄	清道光二十七年（1847）	9 册 14 卷	缺 3 卷：卷 1—3；卷 15 艺文
东川府志	方桂　胡蔚	清光绪三十四年（1908）	6 册 22 卷	卷 20 艺文，分上、下 2 子卷；据清乾隆二十六年（1761）刻板重印
云南府志	张毓碧　谢俨	清光绪间	20 册 26 卷	缺 1 卷：卷 26；卷 18—24 艺文志；据清康熙三十五年（1696）刻板重印
镇安府志	羊复礼	清光绪十八年（1892）	12 册 26 卷	卷 25 艺文志
镇安府志	傅圣	清乾隆二十一年（1756）	4 册 9 卷	卷 8 艺文志
廉州府志	张堉春　陈治昌	清道光十三年（1833）	20 册 27 卷	卷 22 金石，卷 23—26 艺文
浔州府志	孙世昌　光昭	清道光六年（1826）	8 册 78 卷	卷 70—73 艺文
平乐府志	清柱　王人作	清光绪五年（1879）	18 册 41 卷	卷 34—39 艺文部

续表

志书	编纂者	编纂时间	卷册数	艺文
庆远府志	英秀　唐仁	清道光九年（1829）	10 册 21 卷	卷 18 艺文志
梧州府志	吴九龄　史鸣皋	清同治十二年（1873）	16 册 25 卷	卷 20—23 艺文志；凤台书院藏版
南宁府志	苏士俊　何鲲	清宣统元年（1909）	总册数：16 册 57 卷	卷 43—56 艺文志
续修台湾府志	余文仪　黄佾	清乾隆三十九年（1774）	12 册 27 卷	卷 17 内有金石，卷 20—26 艺文志
汀州府志	曾日瑛　李绂　熊为霖	清同治六年（1867）	18 册 46 卷	缺 2 卷：卷 42、45；卷 39—44 艺文志
福宁府志	李拔	清光绪六年（1880）	20 册 45 卷	卷 38—42 艺文志
建宁府志	张琦　邹山　蔡登龙	清康熙三十二年（1693）	20 册 49 卷	卷 41—43 艺文；本衙藏版
重纂邵武府志	王琛　徐兆丰　张元奇	清光绪二十四年（1898）	20 册 31 卷	卷 29 艺文；樵川书院藏版
邵武府续志	汪丽日　王侯聘	清康熙九年（1670）	4 册 11 卷	卷 9 艺文志
延平府志	傅尔泰　陶元藻	清同治十二年（1873）	24 册 47 卷	卷 36—43 艺文志；本衙藏版，据清乾隆三十年（1765）刻板增修
漳州府志	沈定均　吴联薰	清光绪三年（1877）	32 册 51 卷	卷 41—46 艺文；芝山书院藏版
漳州府志	李维钰　官献瑶	清嘉庆十一年（1806）	22 册 47 卷	卷 25—30 艺文志；据清乾隆四十一年（1776）刻板增修
漳州府志	魏荔彤　蔡世远	清康熙五十四年（1715）	21 册 35 卷	卷 29—32 艺文志；本衙藏版

志书	编纂者	编纂时间	卷册数	艺文
南安府志	蒋有道　朱文佩　史珥	清乾隆三十三年（1768）	22卷16册	卷14—21艺文
泉州府志	怀荫布　黄任　郭赓武	清同治九年（1870）	44册77卷	卷74艺文,卷75分上、下2子卷;泉州学署藏版,据清乾隆二十八年（1763）刻板重修
重刊兴化府志	陈效　周瑛　黄仲昭	清同治十年（1871）	24册55卷	卷26—33艺文志;本衙藏版
福州府志	徐景熹　鲁曾煜	清乾隆二十一年（1756）	40册77卷	卷10分上、中、下3子卷,卷72艺文;据清乾隆十九年（1754）刻板增刻
雅州府志	曹抡彬　曹抡翰	清光绪十三年（1887）	12册16卷	卷14—16艺文志;据清乾隆四年（1739）刻板增刻
顺庆府志	李成林　罗承顺　袁定远　黄铣	清嘉庆十二年（1807）	10册11卷	卷3、7、9—10、续增系抄配;卷7—10艺文志;府学署藏版,据清康熙二十五年（1686）刻板增刻
叙州府志	王麟祥　邱晋成	清光绪二十一年（1895）	28册45卷	卷16金石志,卷41艺文志
龙安府志	邓存咏	清道光二十二年（1842）	8册10卷	卷2内有金石,卷9艺文志,分上、下2子卷
新修潼川府志	阿麟　王龙勋	清光绪二十三年（1897）	16册31卷	卷9金石,卷16经籍志,卷30艺文
重庆府志	王梦庚　寇宗	清道光二十三年（1843）	12册10卷	卷9艺文志
永顺府志	张天如	清乾隆二十八年（1763）	4册13卷	卷11艺文

续表

志书	编纂者	编纂时间	卷册数	艺文
常德府志	应先烈　陈楷礼	清嘉庆十八年（1813）	22 册 61 卷	卷 19—20 艺文考
辰州府志	席绍葆　谢鸣谦　谢鸣盛	清乾隆三十年（1765）	16 册 51 卷	卷 40—49 艺文纂
宝庆府志	黄宅中　邓显鹤	清道光二十五至二十九年（1845—1849）	60 册 149 卷	卷 100—104 艺文略
永州府志	吕恩湛　宗绩辰	清同治六年（1867）	22 册 19 卷	卷 9 艺文志，分上、下 2 子卷，卷 18 金石略，分上、中、下 3 子卷
衡州府志	饶佺　旷敏本	清光绪元年（1875）	20 册 34 卷	卷 7 内有金石，卷 30—33 艺文志；三学公局藏版，据清乾隆二十八年（1763）刻板增刻
长沙府志	吕肃高　张熊图　王文清	清乾隆十二年（1747）	32 册 51 卷	卷 38—49 艺文志
施南府志续编	王庭桢　李谦　雷春沼　尹寿衡	清光绪十一年（1885）	4 册 11 卷	卷 10 续艺文志，分上、下 2 子卷
施南府志	王协梦　罗德昆	清道光十七年（1837）	10 册 31 卷	目录缺页；卷 27—29 艺文志
安陆府志	张尊德　王吉人　谭篆	清康熙八年（1669）	16 册 37 卷	卷 31—35 艺文志
荆州府志	倪文蔚　蒋铭勋　顾嘉蘅　李廷鈜	清光绪六年（1880）	32 册 81 卷	卷 74 艺文志
荆州府志	郭茂泰　胡在恪	清康熙二十四年（1685）	16 册 41 卷	卷 33—38 艺文
浔州府志	魏笃　王俊臣	清同治十三年（1874）	20 册 39 卷	卷 28—38 艺文志；府学藏版

志书	编纂者	编纂时间	卷册数	艺文
保宁府志	黎学锦 徐双桂 史观	清道光二十三年（1843）	16 册 63 卷	卷 16 内有金石,卷 56—62 艺文志,附图考一卷,补遗一卷/(清)张嗣鸿纂;据清道光元年(1821)刻板重修
夔州府志	恩成 刘德铨	清光绪十七年（1891）	24 册 37 卷	卷 34 金石志,卷 36 艺文志;据清道光七年(1827)刻板重修
嘉定府志	文良 陈尧采	清同治三年（1864）	13 册 48 卷	缺 11 卷:卷 3—5、12—18、43,卷 38—46 艺文志;府署藏版
沅州府志	张官五 吴嗣仲	清同治十至十二年（1871—1873）	20 册 41 卷	卷 37—39 艺文;府署藏版,据清乾隆五十五年(1790)刻板增刻
宜昌府志	聂光銮 王柏心 雷春沼	清同治四年（1865）	16 册 17 卷	卷 14 艺文志;文昌宫藏版
黄州府志拾遗	沈致坚	清宣统二年（1910）	2 册 2 卷	卷 4—5 艺文志
吉安府志	定祥 刘绎	清光绪二年（1876）	40 册 54 卷	卷 45—52 艺文志
吉安府志	卢崧 朱承煦 林有席	清乾隆四十一年（1776）	40 册 75 卷	卷 61—72 艺文志;吉安府库藏版
吉安府志	李兴元 欧阳主生	（后印年不详）	12 册 36 卷	卷 32—36 艺文;据清顺治十七年(1660)刻板重印
黄州府志	英启 邓琛	清光绪十年（1884）	40 册 41 卷	卷 32—39 艺文志;黄州府官廨藏版
黄州府志	王勃 靖道谟	清乾隆十四年（1749）	14 册 20 卷	卷 16—19 艺文志

续表

志书	编纂者	编纂时间	卷册数	艺文
建昌府志	邵子彝　鲁琪光	清光绪五年（1879）	28 册 11 卷	卷 9 艺文志；据清同治十一年（1872）刻板重印
建昌府志	孟焴　黄祐	清乾隆二十四年（1759）	8 册 65 卷	卷 56—64 艺文志
建昌府志	高天爵　李丕先　吴挺之	清康熙十二年（1673）	16 册 26 卷	卷 23 有缺损；卷 23—26 艺文志
抚州府志	许应鑅　朱澄澜　谢煌	清光绪二年（1876）	36 册 87 卷	卷 76—82 艺文志
抚州府志	罗复晋　李茹旻	清雍正七年（1729）	24 册 45 卷	卷 31—45 艺文志
临江府志	德馨　鲍孝光　朱孙诒　陈锡麟	清同治十年（1871）	6 册 33 卷	卷 14 艺文志，卷 15 内有金石
广平府志	沈奕琛　申涵盼	清康熙十五年（1676）	6 册 20 卷	卷 18 艺文
瑞州府志	黄廷金　萧浚兰	清同治十二年（1873）	14 册 25 卷	卷 18—23 艺文志
河间府志	徐可先	清康熙间（1662—1722）	10 册 22 卷	卷 21—22 艺文志；记事至康熙二十四年
彰德府志	卢崧　江大键　程焕	清乾隆五十二年（1787）	20 册 33 卷	卷 22—30 艺文
潞安府志	杨峻　李中白　周再勋	清顺治十六年（1659）	10 册 20 卷	卷 16—20 艺文
南安府志	陈奕禧	清乾隆间	8 册	卷 18—21 艺文志；据清康熙四十九年（1710）刻板增刻
袁州府志	骆敏修　萧玉铨	清同治十三年（1874）	20 册 11 卷	卷 9 艺文志，分 8 子卷
袁州府志	陈廷枚　杨应珪　熊日华　鲁鸿	清嘉庆八年（1803）	32 册 39 卷	卷 30—37 艺文；据清乾隆二十五年（1760）刻板重修

续表

志书	编纂者	编纂时间	卷册数	艺文
袁州府志	施闰章　袁继梓	清康熙九年（1670）	16 册 21 卷	卷 14—19 艺文
德安府志	赓音布　刘国光	清光绪十四至十五年（1888—1889）	20 册 22 卷	卷 3 内有金石,卷 19 艺文志
卫辉府志	程启朱　苏文枢	清顺治十六年（1659）	6 册 19 卷	卷 16—18 艺文志
饶州府志	锡德　石景芬	清同治十一年（1872）	16 册 33 卷	卷 26—30 艺文志;府学藏版
饶州府志	王泽洪　吴俊　黄家遴　王用佐	清康熙二十二年（1683）	12 册 40 卷	卷 34—35 艺文志;据清康熙十一年(1672)刻板增刻
福宁府志	李拔	清乾隆二十七年（1762）	24 册 45 卷	卷 38—42 艺文志
广南府志	何愚	清道光五年（1825）	4 册 4 卷	卷 4 艺文;培风书院藏版
广信府志	蒋继洙	清同治十二年（1873）	30 册 13 卷	卷 11 艺文,分 3 子卷
广信府志	连柱	清乾隆四十八年（1783）	18 册 27 卷	卷 25 艺文志
抚州府志	刘玉瓒　饶昌胤	清康熙四年（1665）	10 册 32 卷	缺 4 卷:卷 19—22;卷 29—35 艺文记
衡州府志	张奇勋　谭弘宪　周士仪	清康熙二十一年（1682）	4 册 19 卷	存 19 卷:卷 1—4、6—8、10—20、23;卷 19—20 艺文志;据清康熙十年(1671)刻板增刻
惠州府志	吕应奎　黄挺华	清康熙二十七年（1688）	12 册 21 卷	卷 18 词翰

续表

志书	编纂者	编纂时间	卷册数	艺文
襄阳府志	恩联　王万芳	清光绪十一年（1885）	16 册 26 卷	卷 17 艺文志，卷 18 金石志
襄阳府志	陈锷	清乾隆二十五年（1760）	16 册 41 卷	卷 31—36 艺文
赣州府志	魏瀛　鲁琪光	清同治十二年（1873）	79 卷 26 册	卷 63—77 艺文志
汉阳府志	陶士契　刘湘煃	清乾隆十二年（1747）	20 册 51 卷	卷 47—50 艺文志
湖广武昌府志	裴天锡　罗人龙	清康熙二十六年（1687）	12 册 12 卷	卷 10—12 艺文志
南安府志补正	杨鏄	清光绪十二年（1886）	13 卷 6 册	卷 7—9 艺文志；据清光绪元年（1875）刻版重修

　　清代志书编纂的另一显著的特点，就是清末乡土志的编纂。1905 年，京师编写局编订了《乡土志例目》，作为全国编纂乡土教材的指导方案，并由各省学务处下发到省府州县，要求地方严格遵照执行。许多地方组织编修，如雒南县乡土志（陈绶，清末）、乐陵县乡土志（徐寿彭、李毓珂，清宣统元年（1909））、徐州府铜山县乡土志（袁国钧、杨世桢，清光绪三十年（1904））、章邱县乡土志（杨学渊、李洪钰，清光绪三十三年（1907））等。有部分乡土志编撰了艺文志，如罗平州乡土志（陶大浚、罗凤章，清光绪三十三年（1907））有 4 册 13 卷，卷 13 为艺文。对于乡土志，朱士嘉曾有过评论："州有乡土志，县亦有乡土志，起于光绪末年，乡先辈为使学童辨析本乡之风土、人情、物产起见，将府州县志中之材料择要录出，再加以实地调查，以所得缩编成书，名曰乡土志。"①因此，乡土志是地方志书的一种特殊类型，"乡土"乃"家乡"之义，多数是政府实施对地方上儿童进行课读启蒙的教材。严格讲，其不同于乡镇志和风土志，故此处不多赘述。

---

　　① 朱士嘉.方志之名称与种类[J].禹贡半月谈,1934,1(2)

四是编修频繁，多次重修。清朝对于方志的续修、重修掀起高潮，按王棻的看法，一般情况下，重修志书主要是为了记录"人物、艺文"，"盖古者地志之作，必以建置、沿革、山川、土田、户口、贡赋、古迹、风土为本，而人物、艺文则从略焉。后世志乘，百年一修，舆地、版籍，成书具在，莫可损益，惟人物、艺文与时俱积，不可以不记，志之所以重修者，盖为此也"。如道光《会宁县志》十二卷，体例较完善，内容较丰富，计十四万字，时隔八年后，道光十九年（1839）年，会宁知县又续纂《会宁县志》，就前志进行续纂、补遗、纠谬，艺文凡例云："志例向不收本地见在人著作，兹编所采艺文无多，不忍割爱，各从其类，存之以俟后之载笔者定弃取焉。"

表四　清部分重修方志（艺文）目录

志书	编纂者	编纂时间	卷册数	艺文
开封府志	管竭忠　张沐	清同治二年（1863）	12 册 40 卷	卷 31—38 艺文；据清康熙三十四年（1695）刻板重修
重纂礼县新志	雷文渊　王思温	清光绪十六年（1890）	4 册 5 卷	卷 4 内有艺文；县署藏版
重修仪征县志	王检心　刘文淇　张安保	清光绪十六年（1890）	16 册 51 卷	卷 44—45 艺文志
重修兴化县志	梁园棣　郑之侨　赵彦俞	清咸丰二年（1852）	10 册 10 卷	卷 9 艺文志；尊经阁藏版
重修宝应县志	孟毓兰　乔载繇	清道光二十年（1840）	10 册 28 卷	卷 22 内有金石、书目，卷 23—27 艺文
重修平遥县志	王绶　康乃心	清康熙四十六年（1707）	4 册 8 卷	卷 7 艺文志，分上、下 2 子卷
重修和顺县志	黄玉衡　贾讱	清乾隆三十三年（1768）	4 册 8 卷	卷 8 艺文志
重修毗陵志	史能之	清嘉庆二十五年（1820）	8 册 8 卷	卷 20 原缺，卷 20—23 词翰，卷 29 碑碣
重修岚县志	沈继贤　常大升	清雍正八年（1730）	2 册 16 卷	卷 14 艺文；有抄配

续表

志书	编纂者	编纂时间	卷册数	艺文
重修五河县志	赖同宴 孙玉铭 俞宗诚	清光绪二十年（1894）	8册20卷	卷17—18艺文志
重修恩县志	汪鸿孙 刘儒臣 王金阶	清宣统元年（1909）	4册10卷	卷9艺文志
南安府志	黄鸣珂 石景芬	清光绪十二年（1886）	33卷16册	卷18—28艺文志；据清同治七年（1868）刻板重修
重修嘉善县志	杨廉	清康熙十六年（1677）	6册12卷	卷10—12艺文志
重修嘉善县志	江峰青 顾福仁	清光绪二十年（1894）	16册37卷	卷30—33艺文志
重修博兴县志	周壬福 李同	清道光二十年（1840）	4册13卷	卷13内有艺文
重修略阳县志	谭瑀 黎成德	清道光二十六年（1846）	4册4卷	卷4艺文部
重修略阳县志	谭瑀 黎成德	清光绪三十年（1904）	4册4卷	卷4艺文部
续修束鹿县志	宋陈寿	清同治七年（1868）	4册8卷	卷8艺文
续修临晋县志	艾绍濂 吴曾荣 姚东济	清光绪六年（1880）	2册2卷	卷2内有艺文
续修稷山县志	马家鼎	清光绪十一年（1885）	2册2卷	卷8—10艺文；卷1内有艺文
重修奉贤县志	韩佩金 张文虎	清光绪四年（1878）	6册22卷	卷17艺文志
重修固始县志	谢聘 洪亮吉	清乾隆五十一年（1786）	16册19卷	卷26艺文志
罗山县志	葛荃 李之杜	清末	6册8卷	卷8内有艺文；据清乾隆十一年（1746）刻板重修

志书	编纂者	编纂时间	卷册数	艺文
重修伊阳县志	张道超　马九功	清道光十八年（1838）	6册8卷	卷5—6艺文志
重修灵宝县志	周庆增　敖启潜 许宰	清乾隆十二年（1747）	6册6卷	卷5—6艺文志
重修灵宝县志	周淦　方胙勋 高锦荣　李镜江	清光绪二年	8册8卷	卷6—8艺文志
重修华亭县志	杨开第　姚光发	清光绪五年（1879）	10册25卷	卷20艺文
重修卢氏县志	郭光澍　李旭春	清光绪十八年（1892）	10册19卷	卷14—17艺文；莘原书院藏版
重修直隶陕州志	龚崧林　张学林	清乾隆二十一年（1756）	12册21卷	卷15—18艺文；据清乾隆十二年（1747）刻板增刻
重纂秦州直隶州新志	余泽春　王权 任其昌	清光绪十五年（1889）	20册25卷	卷19—22艺文，卷23金石；陇南书院藏版
重修太原县志	龚新　沈继贤 高若岐	清雍正九年（1731）	4册16卷	卷13—14艺文
续修赞皇县志	史赓云　赵万泰	清光绪二年（1876）	2册29卷	卷25—26艺文
重修新乐县志	雷鹤鸣　赵文濂	清光绪十一年（1885）	6册6卷	卷5—6艺文，卷6内有金石
重修景宁县志	张九华　吴嗣范	清乾隆四十三年（1778）	4册13卷	卷11—12艺文志
重修襄垣县志	李廷芳　徐珏 陈于廷	清光绪六年（1880）	8册8卷	卷7—8艺文志；据清乾隆四十七年（1782）刻板后印
丰顺县志	葛曙	清同治四年（1865）	4册9卷	卷8艺文志；据清乾隆十一年（1746）刻板重修

续表

志书	编纂者	编纂时间	卷册数	艺文
重修 电白县志	章鸿　邵咏	清道光五至六年 （1825—1826）	4 册 20 卷	卷 14 艺文,卷 15 金石
重修 电白县志	孙铸　邵祥龄	清光绪十六年 （1892）	8 册 30 卷	卷 27 金石,卷 28 艺文;莲峰 书院藏版
重修 桃源县志	眭文焕	清乾隆三年 （1738）	6 册 11 卷	卷 9—10 艺文志
重修 天津府志	沈家本　荣铨 蔡启盛　徐宗亮	清光绪二十五年 （1899）	28 册 55 卷	卷 37—38 艺文
重修 扬州府志	阿克当阿 姚文田	清嘉庆十五年 （1810）	16 册 73 卷	卷 62—63 艺文,卷 64 金石
重修 胶州志	张同声　李图	清道光二十五年 （1845）	8 册 40 卷	卷 20 艺文志,卷 39 金石考
重修通渭 县新志	高蔚霞　苟廷诚	清光绪十九年 （1893）	4 册 13 卷	卷 12 艺文
重修 平度州志	保忠　吴慈 李图　王大钥	清道光二十九年 （1849）	8 册 27 卷	卷 14 艺文志,卷 24 金石考
续修 长垣县志	葛之墙　蒋庸	清同治十二年 （1873）	2 册 2 卷	卷下内有艺文志
重修 蓬莱县志	王文焘　张本	清道光十九年 （1839）	8 册 9 卷	卷 12—14 艺文志
续修 新城县志	张丙矗　王锷	清光绪二十一年 （1895）	4 册 10 卷	卷 8 艺文
重修 曲阳县志	周斯亿　董涛	清光绪三十年 （1904）	8 册 20 卷	卷 11—13 金石录,卷 14 艺文 录;曲阳小学堂藏版
重修 保定志	章律　徐珪	1966	6 册 25 卷	卷 23—25 诗文;据明弘治七 年(1494)刻本影印

志书	编纂者	编纂时间	卷册数	艺文
鄠县重续志	鲁一佐	清雍正十年（1732）	2 册 5 卷	卷 5 艺文
重修汧阳县志	罗曰璧	清道光二十一年（1841）	4 册 13 卷	卷 10 艺文志
续修汶上县志	闻元炅	清康熙五十六年（1717）	2 册 6 卷	卷 6 艺文志
武强县志重修	翟慎行　翟慎典	清道光十一年（1831）	6 册 12 卷	卷 11—12 艺文志
重修青县志	江贡琛　茹岱林	清光绪三十一年（1905）	4 册 10 卷	卷 8—10 艺文志；据清光绪八年（1882）刻板重印
永寿县重修新志	郑德枢　赵奇龄	清光绪十四年（1888）	6 册 11 卷	卷 9 艺文
重修陕西干州志	拜斯呼朗	清雍正四年（1726）	3 册 6 卷	版心题干州新志，卷 5—6 艺文
莨州志	李寿昌　任佺	清光绪二十年（1894）	1 册	书名代拟，版心题重修州志，内有艺文
延安府志	洪蕙	清光绪十年（1884）	16 册 80 卷	卷 67 金石，卷 68 书目，卷 69—80 著述；据清嘉庆七年（1802）刻板重修
琼州府志	明谊　张岳崧	清光绪十六年（1890）	26 册 45 卷	卷 38—41 艺文志，卷 43 内有书目、金石；据清道光二十一年（1841）刻板重修
续修正安州志	杨德明	清光绪三年（1877）	10 册 10 卷	卷 9—10 艺文志
遵义府志	郑珍	清光绪十八年（1892）	12 册 49 卷	卷 11 金石，卷 42—46 艺文；据清道光二十一年（1841）刻板重修

续表

志书	编纂者	编纂时间	卷册数	艺文
昭平县志	陆焞	清光绪十七年（1891）	8 册 9 卷	卷 8 艺文；据清乾隆二十五年（1760）刻板重修
上林县志	徐衡绅　周世德	清光绪二十五年（1899）	4 册 12 卷	卷 9—10 艺文志；据清光绪二年（1876）刻板重修
续修台湾府志	余文仪　黄佾	清乾隆三十九年（1774）	12 册 27 卷	卷 17 内有金石，卷 20—26 艺文志
龙岩州志彭衍堂	袁曦业　陈文衡	清光绪十六年（1890）	12 册 21 卷	卷 15—19 艺文志；据清道光十五年（1835）刻板重修
福安县志	巫三祝　黄启仕	清康熙二十年（1681）	4 册 10 卷	卷 8 艺文志；据明崇祯十一年（1638）刻板重修
续纂光泽县志	马玙　龚骏声	清乾隆十五年（1750）	1 册 10 卷	卷 8 艺文志；据清康熙四十七年（1708）刻板重修
光泽县志	金凤鸣　陈南贤	清乾隆十五年（1750）	4 册 9 卷	卷 8 艺文志；据清康熙二十二年（1683）刻板重修
重修浦城县志	李藩　林鸿	清乾隆八年（1743）	8 册 14 卷	卷 11—13 艺文志
南平县志	杨桂森　应丹诏	清同治十一年（1872）	24 册 43 卷	人部卷 20 著作书目，卷 21—27 艺文；据清嘉庆十五年（1810）刻板重修
茂州志	杨迦怿　刘辅廷	清末	4 册 6 卷	卷 1 内有金石；据清道光十一年（1831）刻板重修
泉州府志	怀荫布　黄任　郭赓武	清同治九年（1870）	44 册 77 卷	卷 74 艺文，卷 75 分上，下 2 子卷；泉州学署藏版，据清乾隆二十八年（1763）刻板重修
兴化府莆田县志	汪大经　廖必琦　林黉	清光绪五年（1879）	20 册 37 卷	据康熙四十四年（1705）刻板重修；卷 33 艺文志；本衙藏版

志书	编纂者	编纂时间	卷册数	艺文
沙县志	孙大焜　王庚　徐逢盛	清同治十年（1871）	14册21卷	卷16内有金石，卷17—18艺文志；据清道光十四年（1834）刻板重修
续纂建宁县志	甘国埸　陈铣　吴秉芳	清康熙四十五年（1706）	2册	内有艺文志；本县藏版
垫江县志	夏梦鲤　董承熙	清咸丰八年（1858）	10册11卷	卷7—10艺文志；据清道光八年（1828）刻板重修
重修涪州志	吕绍衣　王应元　傅炳燿	清同治九年（1870）	10册17卷	卷2内有碑目，卷14—15艺文志
夹江县志	王佐　涂崧	清光绪十四年（1888）	4册13卷	卷10—11艺文志；据清嘉庆十八年（1813）刻板重修
重修慈利县志	李约　皇甫如森	清嘉庆二十二年（1817）	8册9卷	卷7—8艺文
重修龙阳县志	黄教镕　陈保真	清光绪元年（1875）	16册33卷	卷4内有金石，卷25—32艺文
重修嘉鱼县志	张其维　李懋泗　王士璇	清乾隆二年（1737）	4册9卷	卷5—8艺文志
续辑咸宁县志	陈树楠　诸可权　钱光奎　余益杞	清光绪十年（1884）	8册9卷	卷7艺文，卷8内有金石；据清光绪八年（1882）刻板重修
保宁府志	黎学锦　徐双桂　史观	清道光二十三年（1843）	16册63卷	卷16内有金石，卷56—62艺文志，附图考一卷，补遗一卷/（清）张嗣鸿纂；据清道光元年（1821）刻板重修
夔州府志	恩成　刘德铨	清光绪十七年（1891）	24册37卷	卷34金石志，卷36艺文志；据清道光七年（1827）刻板重修

续表

志书	编纂者	编纂时间	卷册数	艺文
吉安府龙泉县重修县志	张扬彩　李士璜	清康熙二十二年（1683）	2 册 10 卷	卷 10 艺
泰和县志	杨讱	清光绪六年（1826）	20 册 49 卷	卷 30—48 艺文志；据清光绪四年（1824）刻板重修
重修上高县志	冯兰森　陈卿云	清同治九年（1870）	14 册 15 卷	卷 10—14 艺文志
重修泰兴县志	凌坮　张先甲　张福谦	清嘉庆十八年（1813）	8 册	卷 7—8 艺文志
袁州府志	陈廷枚　杨应珪　熊日华　鲁鸿	清嘉庆八年（1803）	32 册 39 卷	卷 30—37 艺文；据清乾隆二十五年（1760）刻板重修
武宁县志	冯其世　汪克淑	清雍正三年（1725）	4 册 11 卷	卷 7—10 艺文；据清康熙五年（1666）刻板重修
重修沭阳县志	张奇抱　胡简敬	清康熙十三年（1674）	4 册 4 卷	有缺页；卷 3—4 艺文
重修枣阳县志	陈子饬	清咸丰四年（1854）	8 册 16 卷	卷 10—13 艺文
麻城县志	陆佑勤　朱荣椿　余士珩	清光绪三十年（1904）	42 卷 22 册	卷 32—36 艺文志；据清光绪八年（1882）刻板重修
南安府志补正	杨鐏	清光绪十二年（1886）	13 卷 6 册	卷 7—9 艺文志；据清光绪元年（1875）刻板重修

　　五是艺文比重加大。清代方志对艺文的收录所占志书的比重较大，如徐清选等纂道光《丰城县志》共二十四卷，其中第十九至二十三卷为艺文，计五卷，占百分之二十点八；分装十二册，其中艺文三册，占百分之二十五，总一千一百七十页，其中艺文二百九十五页，占百分之二十五点二，可知艺文志在旧志中的篇幅占全志的四分之一左右。王家杰等纂同治《丰城县志》的艺文部分所占的比例更大，卷二十四至二十七卷为艺文，约占百分之三十。仅二十七卷之诗类有八十一页之多，比重逐渐增多。

艺文收录论疏和诗词文赋等为其必然,而很少有将志书本身收录在内,但随着艺文的发展,将历代所修方志情况也收录艺文之中,将其视为重要的内容,又是历史发展的一大进步。或是载录段落,或是记载书目,如刘运熙等纂《灵山县志》艺文,就将《灵山县康熙旧志四卷》《雍正旧志十二卷》《乾隆旧志十二卷》《嘉庆旧志十二卷》等四部志书进行了著录,并且分看每条,在其原序的引述中,可觅其成书要略,如《康熙旧志四卷》条下,首引林长存原序云:灵山"其士则美秀而文,其民则乔野而愿,虽在荒徼绝域,犹蒸蒸见文物之盛焉!"后经战乱,遂致"村墟市镇之地,半是绿林啸聚之场"。庚戌(1670)春,林氏受命来灵时,欲"考古镜今,典文凋落,搜罗记载,泯灭无闻";直到壬子(1672)冬,"驱车廉郡,适郡太守徐公鸠集居儒,纂修郡志,余乃得于郡志中,掇其一二残编而节录之";又"探石室之秘藏,剔残碑之蝌蚪",采访旧闻,搜罗逸坠,"勒成一书,编为四卷"。

从此序中读者能探出该志书的历久纂修的端委。

六是名家辈出。清代可谓方志与志家平行发展的时期,不仅佳志屡见不鲜,而且名家纷纷修志。以方志纂修为风尚的气氛下,清代乾、嘉学派中著名文人学者,将历代方志理论研究成果的宝贵遗产和现实修志实际经验相结合,将宋以来的方志诸体综合起来,删芜撷秀,或偏重地理沿革、文献之考证,或偏重于文献著录,名志纷至沓出,形成方志派争鸣鼎盛于史学的时代。如黄宗羲、顾炎武、章学诚、洪亮吉、戴震、段玉裁、孙星衍、李兆洛、姚鼐、钱大昕等都进行了方志的编纂和方志理论的研究,难能可贵的是,他们还积极致力于探索升华总结艺文这一内容,艺文志都是各个志家文人志书的重要组成部分,凡是有影响的志书,无不有这一栏目。

以章学诚的艺文成就为例:对于艺文的重要,章氏青年时代撰写的《天门县志艺文考序》《〈文史通义新编〉外篇六》有过流露,他写道:"往往竭数十年莹灯雪案,苦雨凄风,所与刻肝肾,耗心血,而郑重以出者,曾不数世,而一斛拓落,存没人间,冷露飘风,同归于尽,可胜慨哉!"

他慨叹,如果各类艺文志能及时著录,即使散佚,后人尚能据此于民间搜寻,即便搜罗不全,亦知历史上某人著过此书。

另一篇是《和州志艺文书序例》①,他在中年以后写的,论述了艺文志著录

① (清)章学诚.和州志艺文书序例[M]//文史通义校注(上下册).北京:中华书局,1985:655

书籍的重要性："文字点画,小学之功,犹有四方传习之异。况记载传闻,私书别录,学校不传其讲习,志乘不治其部次,则文章散著,疑似两淆,后世何所依据而为之考定耶? 郑樵论求书之法,以谓因地而求,因人而求,是则方州部录艺文,固将为因地因人之要删也。前代搜访图书,不悬重赏,则奇书秘策,不能荟萃;苟悬重赏,则伪造古逸,妄希诡合;三坟之《易》,古文之《书》,其明征也。向令方州有部次之书,下正家藏之目,上借中秘之征,则天下文字,皆著籍录;虽欲私锢而不得,虽欲伪造而不能,有固然也。夫人口孳生,犹稽版籍,水土所产,犹列职方。况乎典籍文章,为学术源流之所自出,治功事绪之所流传,不于州县志书,为之部次条别,治其要删,其何以使一方文献无所缺失耶?"

其意是说,经典、小学之书,流传四方尚且会产生不同版本,私家著作,若不及时著录,传抄流传久了,原来究竟几卷也搞不清楚了,况且各地方志均能及时著录,还能为求书者提供线索,更可杜绝伪书的出现。尤其重要的是,它能反映一个地区学术文化发展的状况及其趋势。因为艺文志的编纂,可以起到"辨章学术,考镜源流"的作用,这一观点,是章学诚在《校雠通义》一书中所一再强调的。

章学诚认为以类纂的方式来编辑人物,将传主的文集或者状志传铭收录于艺文之下,在增加子注说明详见某卷的做法,使得观览者在阅读之时有如"窥点鬼之簿",而艺文之中所收入的文章,往往是经过作者的删节,不仅查找不易而且缺乏证据。

章学诚不仅艺文理论鞭辟入里,而且还具有丰富的修志实践经验。章学诚撰州县志,其艺文力主师承班固而著书目,并在《和州志》《永清县志》《湖北通志》等志书的编纂中具体实施。史学家金毓黻所言极是:"章氏之于方志,不仅坐而言之已也,如所撰《和州》、《亳州》、《永清》、《天门》诸志及《湖北通志》,皆能以其义例,实现于著述之中,可谓能实践其言矣。"①

乾隆三十八年(1773),章学诚应和州知州刘长城之聘,开始编纂《和州志》,这是他主持纂修的第一部地方志。《和州志》的纂修是对他方志学理论的一次实践,并且通过这次纂修他的方志学思想又有了进一步的发展。

《和州志》原四十二篇,作于乾隆三十八年(1773),成书后又辑《和州文征》八卷,计奏议二卷,征述二卷,论著一卷,诗赋二卷,今存《和州志序例》二

---

① (清)金毓黻. 中国史学史[M].石家庄:河北教育出版社,2003:267—268

十篇。《和州志》的内容是：皇言纪；官师表；选举表；氏族表；舆地图；田赋书；
艺文书；政略；列传；阙访列传；前志列传。章学诚在《和州志》的编撰上呈现
了许多新的特点。首先，《和州志》序例多溯源《周官》。检点章学诚所修《和
州志》各篇序例，我们可以发现，多数序例开篇都是从《周官》的职掌讲起的。
比如《皇言纪序例》中"《周官》，外史'掌四方之志'。又'以书使于四方，则书
其令。'"《官师表序例》："《周官》，御史'掌赞书，数从政'。"《选举表序例》：
"《周官》，乡大夫'三年大比，兴一乡之贤能，献书于王。王再拜受之，登于天
府'，甚盛典也。"《氏族表序例》："《周官》，小史'奠系世，辨昭穆'。"这样的写
法当是有意的行为，是其早期"著录源流，当追《官礼》"的思想在方志编纂上
的实践与推广。而且章学诚以《周官》"同文之治"论述史志艺文书的功用。
三代之后官师不能合一，《周官》的"同文之治"就只能体现在儒生的讲习之
中，因此著录儒者讲习之作就具有非同一般的意义。而在这个方面，州县志
乘的艺文书可以"下正家藏之目，上备中秘之征"，具有不可替代的重要性。
最后，他批评司马迁《史记》未承袭图为专门的传统，致使后代史书"图经漫
失"。由此进一步推演，章学诚得出了"书之存亡，系于史臣之笔削者尤重，而
系于著录之部次者犹轻"的认识。这一认识在一定程度上修正了"艺文不合
史例"是方志弊病之根源的观念，在章学诚方志编纂思想的发展过程中具有
重要意义。

　　《湖北通志》是章学诚方志理论成熟阶段所编纂的一部大型地方志书，也
是他一生中最后所修的一部方志。此书为其学说实践之精化，于此可见其对
艺文之重视。章氏受湖广总督毕沅邀聘编修《湖北通志》，稿本已就，去职，继
任者听别人驳议而大兴改易，原稿随后损残。原稿未及刊刻而散佚，竟连此
稿之前的序也未能流传下来，深堪惋惜。书中共设六个考，第五考是《艺文》，
第六是《金石考》。

　　具体如下：

《湖北通志》七十四篇

　　　二纪；三图；五表；六考；四政略；五十三传；

《湖北掌故》六十六篇

　　　吏科；户科；礼科；兵科；刑科；工科；

《湖北文征》八集

　　　甲：正史列传论

　　　乙：经济策画论

丙：词章诗赋论

丁：近人诗人论

《丛谈》四卷：考据、轶事、琐语、异闻

光绪《霍山县志》凡例曰："历来鲜有完全无疵之志书，亦鲜有不招人评议之志书，惟有本章氏实斋之论列，远宗郑莫《遵义府志》，近宗王氏《湘潭县志》以作模范，庶少讥弹。"

唐肯《霸县志》序中曰："自会稽章氏和州、亳州、永清县诸志成，凡例森然，后起者乃稍有依据，然于志立三书，州县立志科诸说，卒未有从之者。盖著述之事不易言，即一方志已如此也。"还曰："志分三大别，而文献征存别自为卷，大概本永清志成法。"

其指出，自章学诚出，后世方志才有所皈依。

章学诚可谓是一生都在致力于解决艺文收录的矛盾，他在《答甄秀才论修志第二书》时写道："文有关于土风人事者，其类颇夥，史固不得而尽收之。以故昭明以来，括代为选，唐有《文苑》，宋有《文鉴》，元有《文类》，明有《文选》，广为铨次，巨细毕收，其可证史事之不逮，不一而足。故左氏论次《国语》，未尝不引谚证谣，而十五《国风》，亦未尝不别为一编，均隶太史。此文选志乘，交相裨益之明验也。近楚抚于《湖广通志》之外，又选《三楚文献录》；江苏宋抚军聘绍昆陵修《明文录》外，更撰《三吴文献录》等集，亦佐《江南通志》之不及。何如略仿《国风》遗意，取其有关民风流俗，参伍质证，可资考校，分列诗文记序诸体，勒为一邑之书，与志相辅，当亦不可无补。"

这是他在没有具体艺文实践之前的理论思考，尽管是以研讨的口气，但清晰的思路、严密的分析推理已跃然纸上，为后来的实践奠定了理论基础。在编写《和州志》时，他设立了《文征》五卷，自为一书，将诗文资料分立于志书之外，分奏议、征实、论说、诗赋、金石，在编写《亳州志》时，他设立《掌故》一编，将制度文献分立于志书之外，详于六书；经过此次实际操作，他认为这种方法非常适用，并进一步说："为史学计其长策，纪、表、志、传，率由旧章；再推周典遗意，就其官司簿籍，删取名物器数，略有条贯，已存一时掌故，与史相辅而不相侵，虽为百世不易之规，可也。"

其后参修的《麻城县志》《荆州府志》附以丛谈，《麻城志》又辅以文征掌故，也置于志外，其《常德府志》也有文征、丛谈二目。最后所修《湖北通志》，则有《湖北掌故》六科六十六篇；《湖北》文征八集，辑录正史列传、经济策画，古今词章诗赋；《湖北丛谈》分为考据、轶事、琐语、异闻各一卷，皆别立一书，

于《通志》相辅而行。此时,他对于"立三书"的做法和功效,已有相当的自信:
"夫世人之撰通志,率盈百帙。余撰通志,不过线装二十册,即与旧志相较,新
志势必加增于旧,余反减旧志,仅存三分之一。"并且,就其理念一再阐述"余
于志例,极具剪裁苦心,而于见行章程,案牍文册,入志不合体裁者,别撰《湖
北掌故》六十六篇。略仿会典则例,以备一方实用,真经世有用之书也。"晚年
的他,在丰富的艺文实践基础之上,又将自己的创获加以总结,成《方志立三
书议》。故梁启超对其卓识颇有高评:"实斋三书之法,其通志一部分纯为'词
尚体要、成一家言'之著述,掌故、文征两部分则专以保存著述所需之资料。
既有别两书以保存资料,故纯著述之通志可以肃括闳深,文极简而不虞遗
漏缺。"①

他极重修志者的修养与品格,曰撰志者必须具备识、明、公之三长,"识足
以断凡例,明足以决去取,公足以绝请托",这样才可达到"简、严、核、雅"之四
要②。反对以辑纂为学,主张"意存著述",考据"其于史学,似乎小有所补;而
循流忘源,不知大体,用功愈勤,而识解所至,亦去古愈远而愈无所当。"③

梁启超指出:"夫以章氏于斯学,为大辂椎轮,势固未能立造极诣,且以霸
栖幕府之身,所叙述者,非所夙习,凭官力以采资料,既常不获如意,而咻而哎
之者,复日集其旁,则所就者,不能如所期,亦宜然耳。"④

梁启超为章学诚之史识、史才卓越而不能尽情发挥深感遗憾,屡言"昔章
实斋以旷代史才不获""实斋以清代唯一之史学大师而不能得所藉手以独撰
一史"⑤,并为其才华折服,"实斋之于史,盖有天才,而学识又足以副之。其一
生工作,全费于手撰各志,随处表现其创造精神"⑥,"千年以来研治史家义法
能心知其意者,唐刘子玄、宋郑渔仲与清之章实斋三人而已"⑦。

章学诚虽然没有著述有关方志艺文志的专书,但以不固守成法的革新意

　　①　梁启超.方志学//饮冰室合集卷七十五"专集"
　　②　(清)章学诚.修志十议"议征文"[M]//文史通义校注(上下册).北京:中华书
局,1985:843
　　③　(清)章学诚.申郑[M]//文史通义新编·内篇四.上海:古籍出版社,1993:43
　　④　梁启超.龙游县志·序[M]//赵庚奇.修志文献选辑.北京:燕山出版社,1990
　　⑤　梁启超.清代学者整理旧学之总成绩(三)——方志学[M]//中国近三百年学术
史.北京:东方出版社,1996
　　⑥　梁启超.中国近三百年学术史[M].北京:东方出版社,1996:373
　　⑦　梁启超.中国近三百年学术史[M].北京:东方出版社,1996:362

识成就了一家之言,并且体大虑周,思深意远。在具体观点上,也可谓是融通古今,精彩纷呈。迫于生活,章学诚一生没有机会参与到国史的编纂工作,旷代史才不获。但其理论化身万千,遗泽万代,也为我国清朝鼎盛的志书时代画上一个完满的句号。

第六节　嬗变阶段

辛亥革命推翻了封建清王朝,建立了中华民国,这一时期的方志编修,承接清代发展盛况的余绪,不断以"因"和"革"的方式,继续向前开拓自己存在的空间。

一、方志艺文志的时代背景和学术背景

政府十分重视地方志的编修,并数次以中央政府相关部门出面颁发了若干政令。民国六年(1917),还在北洋政府统治时期,即由内政部、教育部通饬续修省县志书,教育部训令各县征集最近修刻志书送部。南京国民政府成立后,先后三次颁布修志政令。民国十八年十二月(1929),内政部颁布了《修志事例概要》二十二条,统一规定各地的修志行为,改善了各地旧志体例杂乱的现象。同时,出现了志书申详呈报的制度,即地方向上级行政机关发出详文要求修志,由各省通志馆参照本概要定之。抗战期间,国民政府内迁重庆。民国三十三年五月,内政部颁布《地方志书纂修办法》,规定修志分省志、市志、县志三种,省志三十年纂修一次,市县志十五年纂修一次;各地应设立修志馆从事编辑。民国三十五年十月一日,内政部又重新公布了《地方志书纂修办法》,其内容与前次所不同者,关于修志机构的设置问题,要求各省、市、县未成立通志馆者,设立文献委员会,负责收集地方文献,以备将来编修方志。这两个文件的颁布,使曾经一度因抗战而中断的各地方志事业得到恢复发展,对方志编修传统的承继起了积极的促进作用。

在数量上,据统计,民国共编修志书一千二百种,一万五千多卷,辑录古方志一百余种①,大致可分为两个阶段,一是在民国初期,由于北洋军阀混战、社会动荡,民国政府虽然曾向全国下达纂修志书命令,但受修撰者阶级立场

---

① 葛向勇.试评民国时期的地方志[J].江苏地方志,1994(1)

和认识观念的局限,有相当一部分的志书还是沿革传统,故这一时期,一是志书编修数量寡少,二是编修出来的志书在体例和内容方面,很大程度上因循旧轨,与清代志书相仿,仍保持旧有的格局。进入二十世纪二十年代后期特别是三十年代,随着社会形势的急剧变革,上层建筑领域和社会基层都发生了很大变化,这一时期的志书在编修理念上、方法上汲取了西方近现代思想理论和科学方法,在修志的宗旨、编纂的体例、章法、内容上都有了新的突破,方志艺文志发生了嬗变。

方志理论不断升华。民国方志理论有建树者颇多,而佼佼者当推梁启超。梁启超于1923年在《中国近三百年学术史》一书中,设《清代学者整理旧学之成绩:方志学》一节,较为系统地记述了中国地方志的起源、性质、体例、编纂方法,第一次提出了"方志学"的概念。他的方志理论是相当全面的,包括方志的渊源、嬗变和发展,方志的性质、意义和价值,方志的体例、篇目和章法,方志的主流和支流,方志作品的优劣和得失,方志史料的搜集、整理和鉴别,修志的方法和技巧,修志者应具备的德、学、识、才等,对有关方志理论和实践中的许多重大问题都做了明确的回答和初步探索,并认为方志应作为一门独立的学科立足于世。梁启超"方志学"概念的提出,对"方志学"形成独立学科和科学体系产生了巨大影响。可以说,在内忧外患、国乱民穷的民国时期,之所以能够编纂数量可观的地方志书,与梁启超在方志理论研究上的贡献有着密切的关系。

在梁启超之后,还涌现出一批对方志体例、形式和理论有所创新的方志学家和方志学理论专著,黎锦熙于《方志今议》中提出"居今日而修方志,决非旧志之旨趣与部门所能范围",提倡"明四用""破四障",主张"续、补、创",尤其是"创"字,较前人之论更为新颖而有见地。此外,当时李泰棻、吴宗慈、瞿宣颖、王葆心、王重民、方国瑜、傅振伦等学者,也在方志理论的创新和编纂的实践方面做出了贡献。

方志实践进行积极的改革和创新。民国政府成立初期,曾向全国下达纂修志书命令。民国十八年(1929),政府内务部颁行修志事例概要二十二条,做全国修志之准绳。后军政部、实业部、教育部、考试院、北平研究院等部门和研究机构屡次征集志书。修志体例概要的颁行,对督促推动各地纂修志书起到了一定作用,全国各省都普修或续修了省志和县志。如热河省曾令各县上报乡土史地材料,规定在六个月内修竣县志,否则"将该县长撤差严惩"。学者和社会名流也积极参与修志,并进行理论和实践的探索和创新。方志体例门类有了突破和创新,删除了如祀典等尊君崇圣等旧内容,以"切用"为目的,增添了实业、财政等新内容,体现了时代精神和近代资本主义的兴起。胡适在民国《绩溪县志》编纂前曾致函强调:"县志应注重邑人移徙经商的分布与历史。县志不可但见小绩溪,而不看见那更重要的大绩溪,若无那大绩溪,小绩溪早已饿死,早已不成个局面。新志应列大绩溪一门,由各都画出线路,可看各都移殖的方向及其经营之种类。"①李泰棻指出,当代方志应像史一样记载和研究,"史乃记载及研究人类进化现象者""应增社会经济之资料""应增贪官劣绅之事实"。特别是李泰棻要求方志应增设与人民群众生活相关的经济情况。若修志仍尊旧旨,立皇言、恩泽、宸翰,则方志不如不修。对于因革的关系,蔡元培于1890年在上虞县志总纂任上撰写的《重修〈上虞县志〉》例言中认为:"师古者得其意,不必袭其貌,例因事而立,不强事以就例,皆章先生家法也。其于旧志,有因有革,衡之以理,并非有意更张。"②1907年修成的罗宝书《开原县志》序言中陈述:"于地理之沿革、历史之变迁、物产之进化,沿旧志而纪之至今。且旧志目例,于现实观念不合者,宜增者增,宜删者删,务期于人心社会进化概念能相合,而藉以鼓吹其精神。"③民国时期,赵梓湘还特别强调:"夫一邑土地、人民、典章、文物,凡足以验兴废、考得失、备位掌故、可资考镜者,惟志书是赖。惟去古愈远,变迁愈杂,续编亦愈难。况民国肇造以来,其政教之转移、人文之升降、因革损益,率多变更,苟非博雅淹贯、硕学通儒,精心纂辑,而欲萃然一帙,遽告成功,不戛戛乎难哉!"相关学科知识的极大丰富,使志书涵盖的内容越来越丰富,编纂志书的难度加大了。

民国时期,诸家有关方志功用的认识、方志内容的记述,具有鲜明的时代特色,蕴涵新的要素。特别是近代著名学者参与撰修的志书,更强化了这方面的特色。如黎锦熙、吴致勋撰《洛川县志》二十六卷,1944年刊发。黎氏在志序中言明编撰工作"虽未彻底科学化,然革旧制,立新统,前志资料悉能纳入新轨,已足备参法矣""以理想化之地方志为鹄,则斯志相去殆万里,即从方志之议之设计绳之,相去千里也"。强调方志之须具"科学资源""地方年鉴""教学资料""旅行指导"功用。全书除目录、大事年表外,列二十四分志:疆域

---

① 胡适之致胡编纂函,见《绩溪县志馆第一次报告书》。

② 中国蔡元培研究会. 蔡元培全集(第一卷)[M]. 杭州:浙江教育出版社,1996:81

③ (清)罗宝书.(光绪)开原县志序三[M]//柳成栋,宋抵主编. 东北方志充跋辑录.哈尔滨:哈尔滨工业大学出版社,1993:290

沿革、气候地质、山水、人口、特产、地政、农业、工商、交通、吏治、自治保甲、社会、财政、军警、司法、党团、卫生、教育、宗教祠祀、古迹古物、氏族、风俗、方言谣谚、人物,后列丛录。缪荃孙撰《江阴县续志》二十八卷,1921 年发行,细述了当地蚕行、纱厂、布厂等实业的发展。再有,民国时期王重民纂《重修无极县志》,除新增教育、邮电、宗教、歌谣、谚语等内容外,还特别收录了古建筑照片十七幅,将"县立简师""县立一高""革新阁""民众教育馆""县立女高""象山亭""救济院""南城楼""前线党部""义仓大门""公安局大门""教育局大门""县政府大堂""建设局大门""县政府之话耘亭""县农场之公园""财务局大门"录入,用科技的手段丰富了志书的内容。

难能可贵的是,方志中流露民本和致用思想。刘禹轮民国《丰顺县志》序中论及"夫修志等于修史,顺时事变异,如泥古之体例,宜同夏鼎商彝,亦何裨于实用""其主旨要在认识时代,对民生及社会作总括整个叙述,回顾过去,纪录现在,策进将来,以求地方之进步也"①。传统的以纲常名教为指导思想的修志观受到猛烈抨击,民本思想、民主思想、进化观念逐渐兴起。寿鹏飞指出,"方志立言,当从平民立场,乃得痛陈疾苦,盖方志为地方人民而坐""又裨地方风俗民生"②。李泰棻在其《方志学》③提出:"时代迈进,人事麇杂。政治如此,社会如此,乃至宇宙间一切现象,靡不如此。"方志体例应当变化革新,主张要用纲目体,摒弃记、传、书、考等体裁。内容亦从尊皇权、轻经济、书善不书恶,转为重民生,延至社会、经济方面,"往者省县各志,内容所收者,人事方面,大约不外官吏政绩,绅士行为,寡妇贞操,以及地方学者之著述,或吟咏。读之仅知极少一部史实,社会经济若何,毫不顾及。若在现代修志,仍如以往故调,则以不修为愈",并明确提出:"社会经济,在今日应为全志骨干。"提出了方志应以发展的观点研究一方之史,此较之以不变应万变的旧志记载方法是一大进步。甘鹏云建议增加民事内容,"国体改矣,修书宗旨与往日微有不同。往日修志,于民事殊略;近日修志,应于民事加详"。

特别强调的是,民国的艺文内容还出现了"公共图书馆"这一开化民智、树立新风的新生事物,如民国的《呼兰县志》卷八"艺文志下"收录了廖飞鹏《呼兰图书馆记》和孙正濂《募建呼兰图书馆疏》,前者作者曰:"少之时,亦颇

---

① 刘禹轮修,李唐纂.民国《丰顺县志·序》.民国三十二年(1943)铅印本
② 寿鹏飞.方志本义管窥[J].国学丛刊,(14)
③ 李泰棻.方志学[M].上海:商务印书馆,1935

欲读书而苦不可得,每出游,过书肆,辄低徊不忍去,其世家故族富有藏书者又不能公之于人,往往韫椟藏之用饱蠹鱼而已。"后者则指出:"古人如曹仓杜库、邺架陆厨,率皆秘以私己,未闻公以饷人,致使好学如陆羽,徒坐牛背以叹贫,颖敏如王充,阑入书肆而窃读。"故"呼地广人稠,允推望郡,所谓公共图书馆尚未筹办,揆之世界潮流、社会需要、公众道德、团体精神,得毋有重贻文明之羞,违反泛爱之旨也呼"。此乃记载近代图书馆思想文化的基本元素,是中国图书馆发端的重要史料。

民国的志家,随时代俱进,在方志理论上从不同的角度进行了研究,将方志的编纂工作向前推进了一步,为艺文的发展嬗变创造了条件。

二、方志艺文志的嬗变

民国时期通志局(馆)、修志局等机构的设立,统一的志书纂修办法和概要等政策和规定的颁布实施,对编修通志以及指导市县志纂修产生了积极的推动作用。国民政府《修志事例概要》规定设"艺文"一门,说"各省市县志书艺文一门,须以文学与艺术并重,如书画、雕刻,及其他有关艺术各事项,均宜兼采。武术技击,可另列一门"。又说"收编诗文词曲,无分新旧,应以有关文献及民情者为限,歌谣戏剧,亦可甄采",还规定"本届志书,应仿《四库全书提要》例,编列提要,以资参考"。

地方上对此也有呼应,1909 年的《山东省图书馆章程》第五章规定:"山东为古文明地,自两汉迄今,名儒硕彦,代有传书。凡山东人著作,搜罗必备,别为一部,以征是邦之文献。"

在《山东省图书馆辛亥年藏书目录》中著录有山东府、州、县、乡土志一百零五种。1917 年 1 月,江苏南通人袁绍昂主编的《山东图书馆重编目录》将藏书分"经、史、子、集、丛书、科学、别录、山东艺文"八类,引起学界重视。尤其是"山东艺文类"的设立,为图书馆界编目开了先例,教育部要求各省县图书馆参照办理。1916 年,山东图书馆编制的书目中设有"山东艺文"的类目,同年 11 月,教育部咨各省区请通饬各省县图书馆注意搜寻乡土艺文,此乃我国早期图书馆收集地方著述之例。

随着时代的推进,方志艺文也在因袭和变革中嬗变。就方志艺文的编纂,各家仁智各见,颇多创新。

民国二十五年,邬荣治在民国《南康县志》序方志言中提出:"夫近世学术,日新岁异。吾国方志迨清章氏探讨渐密,然律以科学原理,新史旨趣,尚多遗议。后之君子,其不以条流粗疏而因革删订之,庶吾邑之文代嬗递,群众演进得藉斯而发扬光大也夫!"流露了与时俱进的思想。

主张赋予方志艺文以新的内涵的学者还有李泰棻,他在1934年所著《方志学》一书中,继承了章学诚的学术主张,同时结合自己的修志实践和现代科学知识,对于章氏的理论进行了发展。他在《方志学》中设"艺文不志生人著作之不当""生人不得立传之商榷""门目不得过多之不当""志分多体之不必"等八个专目进行了辩驳批判,表达了方志艺文要挣脱封建社会方志学的桎梏,跟随时代潮流探索创新的愿望。对于章学诚主张艺文志不收诗文及其他钞撮稿本,畸零篇页,及无从序跋论定之品的主张,李泰棻表示非常赞同:"无论经、史、子、集、方技、杂流、释门、道藏、图画、谱牒、帖括、训诂,但系卓然成家、可垂不朽之作,均可列入,而别有征文,以救艺文之遗落,其例甚严,其理至当,千古不移之定论也。"但是,对于艺文作品的收录,他主张"须视作品而定,至作者之身份如何,生死如何,固可不问,以其毫无关系也,且同为一人作品,此可选,彼或落刊,以内容价值不同也,修志者,但悬定格以求之,合则留,不合则去,至去留者之真正价值如何,又待他日之公评,所当顾者,不滥自定体例而已"。针对章氏的主张"艺文入志,例取盖棺论定,现存之人,虽有著作,例不入志,此系御纂续考馆成法不同,近日志乘,掇拾诗文,可取一时题咏,广登尺幅者也"①李泰棻提出了异议:"近日志乘,掇拾诗文,广登尺幅,自其谬处,然收现存人物作品,则固非误也,倘系人登列传,须俟盖棺论定,虽非至当,尚有道理可言,若其著作之应否列入艺文与作者生死,渺不相关,何亦取盖棺论定,岂生人作品,不克臻善,必须盖棺,始成名著耶,使章氏生于近日而更修志,则艺文一门,将无现代作品,盖以坊间所售,作品累万,要皆人存自印,人亡则息,欲求旧本,亦皆变作故纸,修志者更于何处觅之,此虽戏语,乃属实情,章氏通人,不拘往轨,于此又尊成例耶。御纂续考馆不收生人作品,亦非正当,然以幅员广包,搜罗致富,尚有理由可言,若乃省县方志,何必效此,凡为学人,但求其当不当,不问其例不例,倘修方志,皆当一本故例,则实斋本人,将无地以自容矣,即其独创之掌故、文征,又何处以求例耶。"②提出了方志应当收生人作品,载诗文、著作不应当以人是否生存为标准,而应当视作品是否具有价值而定,鲜明地提出"'章氏艺文入志,例取盖棺论定之说'可以

---

① 见前章所引之修志十议。
② 李泰棻.方志学[M].上海:商务印书馆,1935:57

休矣"。

这一时期一部分方志受西学影响而设目,体例大变。一部分方志则未设艺文志,如1912年《海伦县志》、1914年《海伦县志》等均未设艺文志。但是,这时期大部分方志承旧书之风,更有许多方志深受章氏思想的影响,如民国《龙游县志》有艺文考,又有文征作为附志。民国《犍为县志》各卷附录有关其事类之诗文,用小字,双行夹注,以清眉目,用便寻检。文事卷有诗文汇编,录邑人撰作及外籍宦游赠答文字,凡五六十家,得诗约二百首,赋一首,文十数首。如傅振伦主纂的《新河县志》艺文考分著述提要、公私家藏书目、金石目、文存诸目,强调"今以光绪志诗文入文艺,至于康熙志艺文则存其目焉""本志既以邑人著述分类记之,更仿七略遗意以本县图书馆存书撮其要录目";王重民纂《无极县志》艺文志其序论述了"方志艺文每以诗征、文征当之""不但求名实相符而邑人造述披卷璨然",故首取著述书籍,分部撮要,论其得失,次仍辑录诗文,分标"文征""诗征",并补旧方志艺文志未载数篇;黄炎培主纂的《川沙县志·艺文志》包括著述(经学、小学、算术、诗文、医术、杂著)、金石、书画;金正东总纂的《宜川县志·艺文志》设总部、哲学(伦理)、社会科学(礼俗)、艺术、文学、史地六类。此外,傅振伦所撰的《河北通志例目》将报章也列为艺文志之一目。

民国时期,以往有些志书中列于卷首的"天章""恩纶""宸翰""巡幸"之类的内容开始消失,转而出现在艺文志中的各个门目之下,帝王之金口玉言和普通人文之作置于一列。

1927年,傅振伦主持编辑河北新河县县志。设艺文考,艺文考为书目提要、公家藏书、金石目、文存(文征、论说、旧志艺文),此书略古详今,既可征文献,又颇切合实用。

1941年,绍兴寿鹏飞著《方志通义》,讨论方志源流、派别和体例,他认为方志当详略得体,提出"志艺文宜著录典籍,勿羼文字篇章"。

1944年的《北碚志》在文教略中设学校、社会教育、学术事业、新闻事业、艺文、方言方音、民间艺术、古迹古物,并指出"艺文、金石、习俗、典礼、轶闻故事、村镇概述诸目,旧志之所略,而本志之所详者也"①。

民国的《齐东县志》序中写道:"县志诸叙述一县为范围之政治、经济、文化及自然现象之文献也……唯诸前人修志,重节烈尚艺文,而功名、门第犹多

① 傅振伦.傅振伦方志论著选[M].杭州:浙江人民出版社,1992:67

纂载。本志之修力矫前弊,纲目力求系统化,内容力求实质化,其无病呻吟之词章、不近人情之节烈、不合时代之矜式、不符事实之夸耀,概予剔除,此权与各修志同仁所共志主张也。"①

1935 年的《寿光县志》各卷列目依次为"舆地志、实业志、人物志(四卷)、金石志、艺文志(两卷)、大事记、杂记、附录",既有衙署、庙坛、秩庙等一些旧志的内容,又增加了警政、议员、选举、女子教育等内容。艺文志之序言言明缘由:"旧者还其为旧,新者著其为新,时代不相淆而大易,革故鼎新之义见焉。"

民国《牟平县志》纂修原则是总括为地理、政治、文献三大纲;新增民族、职官、方言三目与沿革分图,及新乡镇分图;删除空记,一律补充事实。此志《序》中说:"志目总括为三大纲:曰地理、曰政治、曰文献,因为县志备地方公用,应以全民生活现象为重,本编于地理志特详社会,政治志特详实业,文献志特详方言,皆力求通俗,以期收普编之效。"②

总结这一时期的方志艺文志发展,既是嬗变期,也是总结期,我国的方志艺文志经历了从不自立到自立,自立后初步展开和方志艺文志的总体意识的产生,发展、高潮、凋谢的过程。这一过程,是方志艺文志发展到一定成熟程度的表现,是对千年艺文理论和实践的总结,也势必会催生更加具有人文精神、历史精神和时代精神,更开放融合、更具独特的史学眼光的新方志艺文志。

三、现代意义的方志艺文志开始萌生

西学东渐,开拓了学者的视野,特别是一些有识之士提出了借鉴西方科学对方志进行改造的主张。

1929 年,浙江大学校长蒋梦麟提出了解散方志旧体,分编年鉴、专门调查、省史三书的建议,虽然此建议没有付诸实行,但是在方志界引发了一场震动和学术争论,并且在部分的志书中,对志和鉴结合的问题进行了实践,如民国郑湘畴《平南县鉴》提出"另定体裁,半仿志例,部居类别,分做两编,汇为一书,名曰县鉴",从而将中西合璧,新旧杂糅。

1937 年,朱士嘉在《禹贡》半月刊第七卷一至三期上发表了《怎样纂新式

---

①　梁中权修,于清泮纂.齐东县志,1934

②　宋宪章等修,于清泮纂.牟平县志,1936

的县志》一文,提出新县志的标准是:第一,能真实地反映一县的事物;第二,能表现地方性与时代性;第三,所拟体例合乎一县环境的需要,不守旧,不嗜奇。这些观点针对当时一些修志的弊病,如承袭封建时代方志的旧规,迫于功令仓促敷衍塞责之风气方面,无疑是吹来了一股清新之风。

在方志艺文的编纂上,也展现了若干清新的风貌。1937 年,陈训正等撰《鄞县通志》,分舆地、政教、博物、文献、食货、工程六志,共计六册五百余万字。在体例上多有创新:文献志中,收录了故实,取消了大事记;在政教、舆地诸志中,增置行政沿革、史略等目以记载大事。人物志不单独列出,也并入文献志中,扬弃了旧志中与舆地、选举、食货并列的做法,突出"重群众而轻个人"的主旨,这是近代民本理念的渗透。

就艺文内容上,人们尝试赋予其以新的内涵,如傅振伦等人的想法,代表了新旧交替之际一些文人学者的真实想法,有一定的代表性。

傅振伦与孙楷第、王重民在民国二十一年四月三日致瞿宣颖函中,就方志艺文志的史料范围指出:"史料范围原甚广泛,试一翻阅法国史家 G. Morod 之《史学方法论》,及英国 J. M. Jincent《史料搜集》诸书,可以概见。岂特实斋所谓六经皆史,与夫天地间凡涉著作之林皆是史学而已哉。仅就资料而论,史乘图谱、公移私牍、报章杂志、金石艺文、家言别录故所在应取,而下至古迹遗物、模型图影、轶闻传说、琐语谣谚宜分类以求。既不限于公私古今,亦不能范于载籍之内,凡所见、所闻、所传闻皆应尽量采访。"

因此,他就《河北新河县志序例》①分成了三门:一是金石,二是古迹,三是传说。又有艺文考分为三门:一是书录,即专著提要,分经史子集及方志,附县图书馆藏书目;二是金石目,以故实考互见;三是文存,分文征、论说、文艺。在其《北碚志稿》中,设文教略,包罗艺文、方言、民间文艺、古迹古物,别录又有文征、丛谈、丛录。

特别在傅振伦《拟北平新志例目》文征一目中,所列更为详尽:

文征门

有关掌故。章学诚所撰,《永清县志》分文征为五类;《和州志》则分奏议、征述、论著、诗赋四类。今宜仿之。至北平人氏事迹之见于正史列传者,亦宜附注文征之中,或全录其文,是亦章氏修志之法也。清代方志首冠皇言,谢阮二书改为训典,章氏《湖北通志稿》立

① 傅振伦.河北新河县志序例[J].北大学生月刊,1931(3)

皇言一纪,而以前代诏令,退入文征。迫于时势,不得不取媚当朝。惟光绪初叶曾国藩所撰《山西通志》仅立图、谱、考、略、纪、录六门,始删皇言而不载。今修北平志亦宜以诏令之属,列之文征。

著述考。考周礼训方氏掌诵四方之传递,则学以域分,自古已然。其后方志多收录著作或诗文。今访经籍艺文之例,改为今名。目录之学,本以辨章学术、考镜源流为能事。而正史艺文志,只列书目,未有叙录。刘向、歆父子之学不传,学术亦无由考索矣。后世方志,因少著述可称,而多代以诗文。全无实征,不关惩创。

另立著述之考,但列北平士女所撰专书。凡本地学者,注撰书编,均仿七略之例,分其部汇,标其目录,序其颠末,撮其大旨,论其得失,编为提要,注明存、佚、未见、未刻等字。不以类别,均以时代为先后。至于纪述北平事迹之书,无论是否北平人所撰,亦应著录,仿同治《畿辅通志》、光绪《顺天府志》例也。至若北平出版之日报,多有北平及社会新闻等栏,多记北平教育、经济、社会、诗文、掌故等项,亦宜存其名目,略述其内容。至若北平出版之书,流行甚盛者,影响社会至大且巨,以及公私所藏珍本书亦宜作为提要,编本考之末焉。故本考之目如下:

书目及提要(北平士女撰著)

记述北平专书及提要

北平诸种日报纪要

附:北平市盛行之书籍;公私收藏珍本古籍。

上述的意见和提法,反映了在新的形势下一种适应时代变革的思考。

但是在具体操作上,原有的艺文和文征等,远远不能涵盖日新月异的形势下文化和科学发展的众多内容。因此,学者们就方志的文化记述又进行了更新。以不同时期所修《泰州志》为例:

年代	名称	名称	作者	内容
崇祯五年(1632)定稿,次年刻印,至十七年(1644)竣	《泰州志》	十卷图一卷卷8—10为艺文志	刘万春撰修	碑记、疏揭、申呈(附灶粮考)、诗、赋、墓志

续表

年代	名称	名称	作者	内容
道光七年（1827）刊刻	《泰州志》	三十六卷 首一卷 卷 30—33 为艺文志	王有庆等修 梁桂等纂	碑记、疏、状、揭、论、议、说、传、序、跋、赋、诗
宣统	《续纂泰州志》	三十五卷 卷 32—33 为艺文志	胡维藩修 卢福保纂	艺文、艺文志补遗
民国（1931 年油印）	《泰县志稿》	三十卷	王景涛等修 单毓元纂	卷 28 艺术（含书目）卷 29 金石（钟鼎、石刻表、石刻文字、杂识）卷 30 艺术（书画、音乐附戏剧、雕刻、填埻、弈棋、技击、杂技）

从上述几部不同时期方志艺文志的对比中,可以发现,从崇祯到宣统时,艺文的内容和门类虽然有所增加,但是社会性质未变,因而其艺文的性质大体相近。民国初期出现了和社会政治文化水平相合的新目类,艺文的体例发生了大变革,内容逐渐丰富,其所汇集的资料远胜于前。在民国的《泰县志稿》中,传统方志中列艺文,其他有关于文化的内容则散见于其他诸如人物和风俗中去,而此稿则从文化事业的本身来记述丰富的内容,这是志家在新旧绝续之交,就艺文编纂的系统的思考,适应了时代的演进,社会的发展,新事物的增现的需要,代表了当时方志学者的共同心声。

由此可见,民国时期学者就方志艺文志的编纂,在观点上,主张以西方进化论历史观为指导;在内容上,扩大了研究范畴,力图突破封建帝王将相为中心和政治史为主干的狭隘格局,把记载和研究范围扩大到史乘图谱、公移私牍、报章杂志、金石艺文、家言别录、古迹遗物、模型图影、轶闻传说、琐语谣谚;在方法上,要求突破传统史学的束缚,充分吸收现代学科的新成果和新方法;在表现形式上,要求创新体例,采用能较科学地反映历史发展纹路而又叙事清晰的章节体,文字表达尽量要通俗化和大众化。其无疑既是适应时代发展需要,又考虑到艺文的赓续沿革的科学做法,可谓是以新资料、新体例、新方法编纂的尝试之举,民国志书在总体上逐渐摆脱旧体志书窠臼,初步具备现代志书体例和规模,为新方志应运而生做了理论上和实践上的有益探索。换言之,新的方志艺文志从此时开始萌生,从这个角度上讲,虽然新方志艺文志是新中国建立以后逐步发展起来的,但具有新时代特色的方志艺文志,追根溯源,其开拓之功却属于民国志家学者。

第七节　新艺文开篇

方志艺文志从发端于春秋秦汉,延袤至今,人文蔚起,前辉后映。对这一绵绵两千年的非物质文化工程,近现代的有识之士非常重视和强调,纷纷就方志艺文志的编纂加以提倡,特别是新中国成立后,不少学者继承历史传统,并吸收新的理论和方法,总结新的成果,在方志和方志艺文的研究方面有了长足的进步,也曾从各个角度对艺文志的编纂意义进行强调,呼吁新方志中要重视艺文志的编纂。

1959 年,董必武在湖北省谈地方志,他强调各县要修县志:"修地方志应增加以下内容:一是写政治、经济、军事的统一行动,着重写人民群众是历史的主人这一点;一是要写方言志、风俗志和食品志;一是要写新人物志、艺文志、科技志等。总之,地方志要成为这个地区的百科全书,成为中国历史的有机组成部分,成为中华民族文化的一个'切片',一因子或元素,这样的地方志,历时愈久,则愈有价值。"

王重民在《重修无极县志序》中曾有这样的忧思:"观乎汉萧何之入关也,先收典籍,其重甚于玉帛,如果听其漫灭,致后来之生于兹长于兹者,不能道本地风光之详,伊谁之咎欤?"已故地理学家谭其骧先生曾说:"方志中的《艺文》一类,记录了许多前人的诗文,这些文字一般没有经过修志者的改动,反映了各个时代各个方面的情况,是最可贵的第一手材料。"傅振伦之《方志论著选》一书收有《方志立文献志刍议》,提出"今日修志,当师承纪传体'正史艺文志'之义,扩大门类,创立'地方文献志',以保存地方故实",并提出具体的建议。

学者仓修良认为,方志艺文志在学术史上有重要价值,对了解地方文献起着极其重要的作用,是任何著作无法替代的。以全国而言,通过艺文志的著录,可以反映出一个时代学术发展之大势,学派之盛衰,可以起到"辨章学术,考镜源流"的作用;对一个地区而言,更是衡量本地文化是否发达的重要的、直接的标志。他认为"方志艺文志的编纂对于保存地方文献、发展祖国学术文化、提高一个地方的知名度都有着其他内容所无法代替的作用",充分肯定了方志艺文志的价值①。

学者史五一在《浅谈新志艺文志的设置与记述》一文中写道:"我国历代正史、方志的艺文志,保存了难以计数的珍贵文献典籍资料,使我国的文学遗产丰富多彩;它们记录和传承着博大精深的中华文明,成为民族文化的瑰宝。新方志无疑要收录、保存乡人著述文籍,并在编纂方面胜过旧志,续写中华文明的新篇章。"在其重要性和必要性的认识上给予了特别的强调。

复旦大学历史系教授巴兆祥也认为艺文志"集中地反映了某个地区的文化发展状况,是研究某一区域的文化发展的依据"②。

王欣夫认为"各地的艺文倘是都编得真实可信,那么,汇合起来就是一部完整的国史艺文志"③。

学者来新夏说,在地方志中设《艺文志》之类,以反映一地文化,如"《浙江艺文志》久称名录,于征文考献、发扬地方文化颇具参考价值"④。

由以上总揽现代学者的研究情况可知,当今学者对于我国方志艺文志的研究,既有对历史的关怀,也有对现实的关注。

新中国成立,特别是二十世纪八十年代以来,党中央、国务院十分重视保护和弘扬民族传统文化,高度重视地方志工作,作为一项全国统一安排指导的庞大的文化工程纳入了国家经济社会发展的规划之中,并确立了一系列的指导方针和政策,出版了数量相当可观的地方志,取得了令人瞩目的成绩。截至 2007 年年底,已有六千多种新方志问世。并且经过两轮修志,方志编纂已经大体形成了一套比较成熟的规范。但是,笔者通过调查发现,新方志的编纂和收录艺文的情况不容乐观,在传统方志中占有重要地位的艺文志,在新方志中,或被忽略,或被删减,重视和编纂并不尽如人意。

---

① 仓修良.仓修良探方志[M].上海:华东师范大学出版社,2005
② 巴兆祥.方志目录学刍议[J].中国地方志,2003(3)
③ 王欣夫.古文献要略(讲稿上册)[Z].南京大学中文系印:57
④ 来新夏.为《天津艺文志》呼吁[N].今晚报,2007-01-12

一、新方志艺文志的编修情况

考察新方志艺文志的总体编修情况,发现地方志编纂者在志书是否收录艺文和应该如何弘扬传统艺文精神或体现艺文时代特色这一点上却远未形成共识。具体表现在第一轮修志中编撰者对艺文的收录处于"集体失忆"的状态,在第二轮修志中艺文的收录也不容乐观。艺文入志的质量也不高,如所列书目,大部分只录作者姓名、作品名称和出版社名称,没有出版具体年代(古代则有朝代名称),也极少有作者简介,更谈不上有作品提要了,因而其实用价值不强。不少县志录当代的艺文只录该县新中国成立后文艺活动得奖的作者和作品,很少收本地人士在外地所写的著作。少数新编县志艺文的内容虽有存在,但与艺文志的要求差别较大。详述如下:

一是所选的艺文篇目数量太少。以随机抽取的云南方志为例:

《马龙县志》(云南人民出版社,1997.10)

《澄江县志》(云南人民出版社,2002.6)

《牟定县志》(云南人民出版社,1993.8)

《凤庆县志》(云南人民出版社,1993.11)

《元阳县志》(云南民族出版社,2009.7)

《邱北县志》(中华书局,1999.9)

《保山县志稿》(云南民族出版社,2003.3)

《绿春县志》(云南人民出版社,1992.8)

《云龙县志》(农业出版社,1992.12)

《晋宁县志》(云南出版社,2003.12)

《澄江县志》(云南人民出版社,2002.6)

《禄丰县志》(云南人民出版社,1997.12)

《宾川县志》(云南人民出版社,1997.8)

这些艺文的内容主要见于文化编的文化艺术章节和附录部分,并没有沿用"艺文志"的传统旧目,而且栏目名称为"主要书目""志书辑要""学术著作""文艺著作""诗文选录",书目所列大多是清以前的诗词和该县当代获奖的文艺(或科技)作品,仅有几部列有学术论著,在名目和形式上发生了一定的改变,还是'艺文'内容的隐形存在。

如《禄丰县志》艺文收录了关于化石研究的文集。艺文见于附录者,多为历代旧志序文,少数有古诗词、碑记、论文等,如《凤庆县志》在"附录"中列有诗词、对联、歌谣、小调、谚语、碑记、游记、回忆录、志序、杂录,《牟定县志》《邱北县志》《禄丰县志》《宾川县志》皆是在附录中录艺文。

据不完全统计,十三部县志中,艺文含量最多的是《澄江县志》,内容主要列历代方志提要:

康熙五十六年(1717)柳正芳修、李应绶等纂《澄江府志》十五卷,卷十五为艺文;康熙五十六年李丕垣修、李应绶等纂《河阳县志》,卷十九为艺文(国家图书馆藏抄本,缺卷十九艺文之四"诗词"及卷二十杂异);道光李熙龄等纂修《澄江府志》,卷十五为艺文。

在十三部县志中,只有一部《保山县志稿》专设艺文志,其余皆在文化之文艺创作篇下设类目或附录篇(卷)中,还有五部根本找不到艺文。这和传统方志非常重视人物志和艺文志相比,反差较大。仓修良调查统计也得出了新方志存在艺文内容较少这一结论,他查阅了二百二十九部新编县志,记载艺文的仅有七十四部,占百分之三十二①。

传统方志艺文其所占志书总篇幅的比例较大。如清康熙十四年(1675)《归善县志》中之词翰志约占总篇幅三分之一,清雍正八年(1730)《从化县志》艺文志接近百分之四十,清嘉庆二十四年(1819)《三水县志》艺文志占五分之一强,清光绪七年(1682)《惠州府志》共四十六卷,其卷二十三至二十七卷为艺文志内容,大约也占全文的百分之十五。方志称得上是"地方性百科全书",包含的资料非常丰富,在众多门类中,艺文能占较大比例,从另一个侧面反映了其具有较高的参考研究价值。传统方志不厌其烦地搜辑人物志与艺文志,且必覆按得实而后止,这是由方志"人物志"和"艺文志"的价值所决定的,在一定意义上分析,它体现了封建时代君子"三立"、经世致用的思想。"人物志"是不会说话的人,由他人记其生平履历,记载业绩或政绩,由此"立德""立功";而"艺文志"是记其人之诗文著作,由此"立言"。

二是品类上不全。如传统艺文收录较多的八景诗文和各地的风物诗都没有收录。而且,在所有传统志书艺文志里都收录着一批数量不等的碑文。但新修地方志没有给碑文留有席位。碑文是传统地方志中不可分割的重要组成部分,碑文作为历史资料,是原始的档案史料,也可以说,碑文是地方上最宝贵、最翔实可靠的文字资料。其记载范围遍及政治、经济、文化、民俗、地

---

① 张廷银.方志辑存诗文的文学价值例说[J].福建论坛(人文社会科学版),2005(9)

理等各个领域,因而能够具有详志之略、补志之缺的独特功用,这一点在传统方志中体现十分明显,古人对其在志书中的地位从不忽视。但是,二十世纪八十年代以来新修的不少志书,竟将碑文这一本不可缺少的组成部分付之阙如,连一些为方志界推崇的新一代名志也有此不足。

三是艺文收录的标准不同。收入艺文志的作品有严格标准。历史上艺文志的编写大多注意了收入作品的标准,不是有文必录。收入者一般是名家之作,或者虽非名家之作,但作品水平要高。然而,在新编方志中有关艺文方面的内容有不少是多而杂,标准低。如《邱北县志》附录下设"地方文告·文史资料·艺文"节,其艺文收明清和民国的诗二十首,民国歌二首,现代收发表在人民日报上散文一篇;《宾川县志》附录三设"一文告二碑三艺文四旧序五考释六历代志书简介七其他",其艺文收散文、小说、诗词、对联,分类多而杂乱;这些县志中,仅有《易门县志》将艺文设为"一级类目",即"艺文档案志"。

四是编纂上缺乏章法。尽管有些志书收录了艺文,设立了专章,但是,因为不得法,使得艺文在体例上、内容上存在诸多的问题。如著作和诗文混杂,断限不清,使得志书的质量大打折扣。如扶风县地方志编纂委员会编《扶风县志》(陕西人民出版社,1993),第二十二编设"文化艺术",在其下设第七章设"艺文类选",采用章节题,第一节为"诗赋",第二节为"小说、散文、故事",第三节为"戏剧、音乐",第四节为"美术、书法、摄影",第五节为"剪纸、雕塑"。回溯扶风县明清两代曾九次修志,现存清代五部,这部志书距最近的清代光绪三十二年(1906)《扶风县志》的编纂已有八十多年的历史,可是收录的艺文数量不多,屈指可数:

在其第一节诗赋中,收录《诗》之《生民》和《思文》、汉马援《武溪深行》、汉班固《明堂诗·出东都赋》、班婕妤《怨歌行》、晋刘琨《扶风歌》、唐岑参《暮春虢州东亭送李司马归扶风》、唐李商隐《十一月中旬至扶风界见梅花》、唐李白《扶风豪士歌》、宋苏轼《远爱亭》、明王伦《降帐村》、明王栋《飞凤拱秀》、明王龙《杏林彩霞》《柳店烟飞》《法门晓钟》、明唐錡《扶风》、明康海《扶风道中》、明黄衮、王世康、王合分别写的《伏波将军祠》、明王衡《美阳郊行》、明曹琏《扶风怀古》、明许之渐《扶风经伏波祠孟坚故里》、清李因笃《织锦台》、清项始震《孟坚墓怀古》;节录侯唯动《斗争就是胜利——献给东北抗日联军的弟兄们》(原载于1938年武汉出版的《七月》第10期)、贺敬之《无题》(1982年视察扶风文物工作时题诗)、郭铁《骑兵进行曲》、郭建民《寻觅》、李子重《国庆抒怀》;在第二节收小说、散文、故事,列有扶风县有影响的作品及作者简况,设《扶风县作者在省级以上报刊发表文学作品一览表》《扶籍外地作者在省级以上报刊发表文学作品一览表》,其他戏剧、音乐及美术、书法、摄影,亦是在简要介绍后,列省级以上报刊发表和展出情况。

艺文志是历代方志中不可缺少的重要组成部分,但遗憾的是,在社会主义新方志的编纂过程中,艺文志却被忽略了。当前新方志艺文志编纂现状引起了不少学者的忧思。"自宋代始,尤其清和民国时期,几乎所有志书无不设置艺文志""惟独在我们这一代,却砍掉了艺文志,岂不成为一件怪事、憾事和蠢事"①。现代学者巴兆祥说,"从已版的志书看,多数新志的文化志对本地近几十年的文献和论著的反映十分贫乏,着力很不够"②。仓修良特别撰写了《新修方志中艺文志不可少》一文,呼吁新修方志应该载一地的艺文,"艺文志在地方志中是一个十分重要的不可缺少的门类""遗憾的是我们今天新修的县志,许多都将这一篇目丢了""作为一部新修县志,将本地人士的各类著作都能加以著录,这无论从哪一方面来讲,都将是功德无量的事情""而新编地方志却把艺文志过于随意地处理,而不加应有的重视,这不能不说是一个极大的缺陷。第二轮修志要重视艺文(志)的编修,不宜再错过良机了"③。遗憾的是,这一针对首轮修志的呼吁,并未得到大多数修志者的重视。有些启动较晚的方志也将艺文遗漏了。

传统方志艺文志想要走出困境,这需要当代研究者在理论观念上的积极应对,以及思维方式上和材料上的相应转型。可喜的是,个别修志者发觉第一轮修志将艺文漏掉的缺憾,在后续的第二轮修志中有意识地进行了增补。

2006年12月出版的《龙岩市志》是继1992年10月出版的《龙岩地区志》之后进行的第二轮编修,它汲取了第一轮修志的正反两方面经验,上承前志精华,下聚各方灼见,篇目设计较为科学合理,资料取材力求创新,"续、补、纠、创"把握适当、得体。《龙岩市志·凡例》第十条是进行艺文的表述说明的:"《龙岩地区志》未设艺文(著述)志。本志增设'著述',编,补、续一体,辑录龙岩市籍人士及在龙岩工作、生活过的人士有关龙岩历史人文的书目,并选录各种历史文献、诗文辞赋、民间文学部分作品,借以反映闽西历代文化的概貌,为探寻龙岩学术文化流变提供系统资料。"

---

① 刘希汉,赵云翠,刘金凤. 新艺文志编纂刍议[J]. 中国地方志,1995(5)
② 巴兆祥. 方志目录学刍议[J]. 中国地方志,2003(3)
③ 仓修良. 史家·史籍·史学[M]. 济南:山东教育出版社,2000:842

二、问题解析

在新方志的编修中,艺文志受到了前所未有的冷遇,仔细分析其原因,主要有以下两点:

一是政策制定者和志书编纂者对艺文重视不够。主要是二十世纪八十年代全国开始第一轮大规模修志之时,由于时间仓促,匆忙编纂,考虑不周。1980年10月在天津举行了中国地方史研究会筹备会,这是新中国成立后召开的第一次商讨研究地方史和编纂地方志问题的会议。其发出的《关于编纂新县志的初步方案(讨论稿)》中,新县志基本篇目的设置没有提及艺文志。1982年8月,中国地方史志协会在太原起草了《关于新编地方志工作条例(征求意见稿)》,在《总则》第二条中,虽然在意义层面上提出了"新编地方志有利于积累和保存地方文献,为研究我国历史和现状提供翔实的资料",但是在附件一《新编省志篇目》类目设置上不尽如人意,表现在虽有文化艺术志,其包含着文学、艺术、图书、博物、出版、新闻、广播、电视等类项,但是没有艺文志,附件二《新编市志基本篇目》在十一个类别中有科教文类含教育、科技、文化(文学艺术)、新闻出版(含广播电视)、体育、卫生(含计划生育)、文物胜迹、其他,但是依旧没有艺文,附件三《新编县志基本篇目》共有十编,第七编文化志包括"文化·艺术、教育、科技、医药卫生、计划生育、新闻·广播、体育、文物·胜迹",也没有艺文,仅是在第十编附录中的第二、三条提及了重要文献辑存和地方文献要目。这说明第一轮修志工作中艺文的编修没有受到应有的重视。缺少艺文,对志书的审查和发行没有任何的影响。

据学者的不完全统计,从1981至1991年的十一年中,全国方志期刊发表的文章约十九万八千余篇,其中没有一篇论述艺文志的文章,在此期间也从未有专门研究如何编写艺文志的大型会议。1992年仓修良在《中国地方志》发表了题为《新修方志中艺文志不可少》一文,追述了艺文志的起源及其发展,强调艺文志之重要性及其作用,设计了修艺文志之趋向,呼吁各地重视编修艺文志。但这只是部分有识之士的建议,未引起广泛的重视,不重视修艺文志的现象依然如故。而方志的作者对方志设置的意义也认识不足或处置不周,在第一轮修方志的过程中,把艺文内容仅仅局限在"书目罗列"的框框里,对于其价值不认可,可有可无。

二是修艺文志的难度较大。对于方志艺文修纂之难,古人今人都有同感。郑樵在《通志·总序》中曾曰:"江淹有言:'修史之难,无出于志'。诚以志者,宪章之所系,非老于典故者不能为也。不比纪传,纪则以年包事,传则以事系人,儒学之士,皆能为之。惟有志难。"方志撰写要克"五难":"清晰天度难,考衷古界难,调剂众议难,广征藏书难,预杜是非难。"①梁启超在《中国近百年学术史》中指出,"读史以表志为最要,作史亦以表志为最难,旧史无所之表志,而后人摭拾丛残以补作则尤难"。他们都明确了修志之难的观点,这里自然包括了艺文志的编纂,修志难,博采搜访艺文更难,傅振伦与孙楷第、王重民在民国二十一年二月二十五日致瞿宣颖函中道出修艺文的不易:"艺文、金石,沈埋故家,散在山崖,非有有时有力之机关与专员搜访,不能臻于比较的完备也。"艺文之难不仅求全求备求精难,还体现在,一是要将断限内的本籍人士著作收集齐备是十分现实和困难的问题;二是在外地工作的本地人士,长期与原籍缺乏联系,其著作又在外地刊行,更加大了收集的难度。方志艺文志"从形态上说,它既有著也有录,既有述也有议,是一门编纂难度较大的专业志"②。

正是由于此,许多修志人员对艺文有畏难情绪,因而产生退避的想法。

如何来解决上述的各个问题呢?

现代学者王承略在《正史艺文志及补史浅论》一文中指出了路径:"修艺文志至少应具备三个重要的条件:第一,要有本朝系统的官修藏书目录或高质量的综合性的私家目录作依据;第二,必须有精通各门学术的专家,分工合作,发挥专长,就像刘向校书那样;第三,必须过细地工作,需专家广泛搜集各种资料,力求网罗齐全,不重收、不误收、不漏收。如果不具备第一个条件,则根本谈不上修艺文志。但是具备了第一个条件,而缺乏第二、第三个条件,修成的艺文志的质量一定不会很高,要么流入抄录,要么杂糅遗漏。"③

其所指虽系正史艺文志修纂之法,但方志艺文志亦是同理。

总体来看,方志界已开始重视地方志艺文志的考察,随着第二轮修志的进行,又引起了学术界的关注,重新进入历史研究的视野。但是同以往一样,修志的实践总是滞后于理论的表达,因此,方志艺文志的发展和进步仍有待时日,这种状况无疑是令人遗憾的。

---

① (清)章学诚.外篇《修志十议》[M]//文史通义校注(上下册).北京:中华书局,1985:843

② 刘希汉.构建方志文体学的新尝试[J].中国地方志,2007(9)

③ 王承略.正史艺文志及补史浅论[J].烟台师范学院学报(哲社版),1992(3)

第三章　方志艺文志解析

第一节　艺文内容

方志艺文志卷帙浩繁，内容蔚为大观。在收录上，方志艺文志和母体的发展一样，由不完备到比较完备逐渐走向定型化，或是志经籍，或是述解题，或是录序跋，或是叙一代著述，同样经历了一个不断发展和创新的过程。

地方志为一方之全史，其收录自以一方文献为任，或收一地典藏，或记一地著录，以备馆阁校雠取裁。宋孝王《关东风俗传》今已不存，其"坟籍志"所收录"唯取当代撰者"，这一做法得到了刘知幾的肯定。他主张艺文志应当仿照《关东风俗传》及袁山松《后汉书艺文志》，"唯取当代""多合事宜"，反对班固《汉书艺文志》式的"前志已录，而后志仍书，篇目如旧，频烦互出，何异以水济水"的志艺文之风①。两宋时期理学昌明，周氏、二程、朱、陆著作风靡于世，类书之纂亦较前代发达，宋代小学渐兴，字书、韵书、训诂均有大成，故其脱经学而独立，在此学术背景下，方志炽盛，志体趋于成型。其艺文志最善者以景定《建康志》为佳。马光祖、周应合在景定《建康志》"修志始末"中强调"定凡例"为修志四要事之首，用以确定方志的体例、编纂方法和门类设置，其卷三十三文籍志分记御书阁"书籍""书版"和"石刻"，书籍题曰"御书石经之目"，曰经学、史学、子学、理学、文集、图志、类书、字书、法书、医书，类例分设与郑氏《通志艺文略》很相似，亦遵从四部而又加以变通，有沿纪传编年之例，但以时代先后为次，字书为小学门，类书当入史学，理学、子学、法学、医书均入子学。图志亦应入史，单独立类，是为创例。《建康志》之立例，既继承了《隋志》前后的分类传统，又不完全拘于四部定法，从搜访资料、组织人力物力，直至编纂体例、著录方法，以反映宋代学术大势为先。此法可资后人修志所取效，孙星衍"重刊景定建康志序"曰其"体例最佳，各表纪年隶事，备一方掌故"。《四库》称其"援据赅恰，条理详明"。

---

① （唐）刘知幾. 史通（书志篇）［M］. 沈阳：辽宁教育出版社，1997：16

明代以后志一方著述之目才又见兴起，且自其初始，便从志乘中抽出单行，而祁承爜《两浙古今著作考》，则是目前所知最早之记地方著述专书。现存的著述则是明万历年间曹学佺的《蜀中著作记》，现存残本四卷。它的体例沿袭了《史略》《授经图》，或直移序跋，或注明源流，记录了蜀地著作的书名、卷数、著者姓氏、名号、履历遭际、考证书的沿革和内容正误，收录比较重要的艺文记述，如记述有傅玄德《蜀都赋》《成都文类》《成都古今诗集》等。在著作记中还收录了《石经左传》《石经谷梁传》《石经公羊传》等经书著作。

进入清代，方志之学蓬勃发展，这一时期的方志艺文志发展迅速，艺文的收录内容基本成型。如乾隆时期重刻《归德府志》，卷三十为"艺文略"，分立"学官经籍"记府学之典藏，"名家著述"述归德先贤之著作，"金石文字"专事金石碑刻，"郡县志乘"备载府志源流，载录精详，泾渭分明，藏书与著述暾然明于后世，得到后世的肯定。

通过简述上述艺文内容的发展脉络，可总结一个重要的结论：在艺文编纂事业的发展历程中，关于艺文志收录内容和容量的问题，始终成为艺文编纂中的核心问题，也是学者们争论的焦点。

其一，关于是否收录艺文。艺文的收录，各志家有着不同的见解。清代学者陆心源在至正《金陵新志跋》中，批评元代的张铉在纂修《金陵新志》①时，将周应合编纂的景定《建康志》的"文籍"和"留都"两门删掉了，其后果使一代的地方艺文无从查考了。就艺文的价值，道光《贵阳府志·艺文志》序阐述为："史之有《艺文志》，以志经籍也。自《汉书》始而隋唐三书及《宋史》踵之，然皆纪秘阁之藏，兼赅古今而不独叙一代之述作。其独叙一代之述作则又自明史始法愈精确矣。乃若方志者，所以纪一方之文献者也，既有人物之篇以纪献，自宜有纪文者，则仿五史，述艺文洵不可缺矣。稽古近之述艺文者，或述解题，或录序跋，今兼傚之则以遐方之载籍少有流传，略存其梗概焉。"此处明确提出了艺文的内容是"述解题、录序跋"，用以"志书籍"的功用，这也是志家进行艺文编纂的一般观点。

---

① 至正《金陵新志》为张铉在景定《建康志》的基础上纂修而成。该志约 80 万字，共分 15 卷。史料记载的地域范围为元集庆路（南京）城所领江宁、上元、句容三县和溧水、溧阳二州。条目分门别类，内容丰赡。正文分地理图考、通纪、世年表、疆域志、山川志、官守志、田赋志、民俗志、学校志、兵防志、祠祀志、古迹志、人物志、摭遗、论辨。书首有序、修志文移、修志本末、引用书目。

其二,关于是否收录诗文。在明代,方志艺文志一个显著的特点就是诗文大量增加,这一现象的弊端主要有两点:一是卷帙繁芜庞杂失体,如万历《嘉定县志》文苑考共载文五十篇,诗一百二十七首,所占篇幅为全志的十分之三,其中收录了唐代大诗人白居易、杜牧有关吴淞江的题咏,但也不乏庸沓之私作。冼国干等纂康熙《南海县志》,舆地、建置、官师诸志仅一卷,而艺文录书目、汉诏、奏议、记、赋、诗、奏疏、碑记等有四卷之多。杨廷耀《湖广郧阳府志》艺文有十四卷之多。康熙《西江志》二百零六卷,图一卷,其中一百一十七至二百零三卷为艺文,总量上达到八十七卷,占全书总数的百分之四十二点二。二是部分艺文书目虽系本籍人士和流寓人士之著述,但是它的内容却大多与本地无涉。据粗略统计,万历、乾隆、光绪三部《嘉定县志》艺文一门所辑的书目分别为一百六十六种、四百五十五种、三千零三十六种,而与嘉定之人之事之地有关的只有十三种、二十五种、一百四十七种。

关于"诗文入志"这一文化现象,历代学者多有争议。

针对诗文入志问题的认识和处理,清代章学诚提出过许多理论见解。在《天门县志艺文考序》中①,章学诚认为当时方志艺文志的一个主要弊病即是滥选诗文而不载书目。他在《麻城县志》之文征中有过相关阐述:"诗文杂著,闻见旁出,志家往往列于艺文,既不免于猥滥;而矫枉过正,削而去之,则又黯然失色。用是折中文质,别为文征一书,与志相辅而成。"他批评明季清初志乘"今世志艺文者,多取长吏及邑绅所为诗赋、记序、杂文,依类相附,甚而风云月露之无关惩创,生祠碑颂之全无实证,亦胥入焉"②。还补充曰"行状碑板诸文,不隶本传,而隶艺文志,则人无全传,不得不强合焉,以足其款目之数"③。在《修志十议》中对方志之体例之主张更加系统,提出了要"必立三家之学",具体做法是:"经济一方文献,必立三家之学,而始可以通古人之遗意也,纪传正史之体而作志,仿律令典例之法而作掌故,仿《文选》《文苑》之体而作文征。三书相辅而行,缺一不可,合而为一,尤不可也。"此处纪传正史之

---

① (清)章学诚.天门县志艺文考序[M]//文史通义校注(上下册).北京:中华书局,1985:853

② (清)章学诚.答与甄秀才论修志第一书[M]//文史通义校注(上下册).北京:中华书局,1985:819

③ (清)章学诚.外篇《修志十议》呈天门胡明府[M]//文史通义校注(上下册).北京:中华书局,1985:848

体,即章氏所谓修志之小体,曰皇恩庆典宜作纪,官师科甲宜作谱,典籍法制宜作考,名宦人物宜作传。而于"人物之次,艺文为要"①。

此说,突出了文征是支撑方志鼎立的重要部分。就是说,诗文固然重要,不能选入艺文以取代书目,主张一邑著述目录应另外汇集成册,而将政府律令条例,仿会要之体,立为掌故。这里,章氏的卓见表现在他认为志家收录艺文,目的是"欲见一方文物之盛"。诗文是具有保存文献史料的价值的。虽然一再批评"近人修志,艺文不载书目,滥入诗文杂体",但这一问题的产生实际上是志家没有认识到方志乃是史体,从而编纂体例上偏离了史法,因而他极力提倡艺文编纂当依史法,这一主张在就康海之《武功县志》内容的评议中有明确的阐述。章学诚认为:"夫康氏以二万许言,成书三卷,作一县志,自以谓高简矣。今观其书,芜秽特甚。盖缘不知史家法度,文章体裁,而惟以约省卷篇,谓之高简,则谁不能为高简邪? 志乃史裁,苟于事理无关,例不滥收诗赋,康氏于名胜古迹,猥登无用诗文,其与俗下修志,以文选之例为艺文者,相去有几?"②另一方面,他又将诗文记赋之属,仿《文选》《文苑》之例,别撰为文征,而于诗文之有关史裁者,列入纪传之中。章氏所修《湖北三书》"湖北通志""湖北文征""湖北掌故"贯彻了这一思想。除收集诗文为一集外,亦可将其列入纪传之中。在《永清县志文征序例》艺文中说:"近人修志,艺文不载书目滥入诗文杂体,其失固不待言。"他还在《为张吉甫司马撰大名县志序》中提出"艺文当详载书目,而不可类选诗文也",因"知方志为史部要删,则胥吏案牍,文士绮言,皆无所用,而体裁当规史法也"。而对于文征的意义和目的,也有过详细论述:"征述者,记传序述志状碑铭诸体也。其文与列传图书互为详略。盖史学散而书不专家,文人别集之中,应酬存录之作,亦往往有记传诸体,可裨史事者。萧统选文之时,尚未有此也。后代文集中兼史体,修史传者往往从而取之,则征述之文,要为不易者矣。"③他敏锐地揭示"著录之艺文"与"猥滥之艺文"的不同,并提出了折中处理的方案。

---

① (清)章学诚.外篇修志十议议征文[M]//文史通义校注(上下册).北京:中华书局,1985:844

② (清)章学诚.外篇修志十议书武功志后[M]//文史通义校注(上下册).北京:中华书局,1985:905

③ (清)章学诚.外篇一和州文征序例征述第二[M]//文史通义校注(上下册).北京:中华书局,1985:697

　　清代志家洪亮吉也主张艺文志当备载地方著述,而谓自明以来志乘登录诗赋碑记曰"猥收""滥登"。洪亮吉曰:"一方之志,苟简不可,滥收亦不可。苟简则舆图疆域,容有不详,如明康海《武功志》、韩邦靖《朝邑志》是也,滥收则或采传闻,不搜载籍,借人材于异地,侈景物于一方,以致以讹传讹,误中复误,如明以后迄今所修府州县志是也。"他认为修志应以唐宋志乘为依据,"类皆登采严而叙致核",滥入诗词,"始于宋祝穆《方舆胜览》,后之《舆地纪胜》并录骈俪之语,后世州县志靡然从之,主张载书目同时,亦应为金石、诗赋立类"①。梁启超也十分关注艺文的内容,他在《中国近三百年学术史》中也表达了观点:"方志之通患在芜杂。明中叶以后有起而矫之者,则如康海之《武功县志》仅三卷,二万余言,韩邦靖之《朝邑县志》仅二卷,五千七百余言,自诧为简古,而不学之文士如王渔洋、宋牧仲辈震而异之,比诸马班,耳食之徒,相率奉为修志模楷,即《四库提要》亦亟称之。"②

　　从我国文化、文学发展的全局来看,对志书艺文的过量收录宜多加辨析,以求公正地评价其得失。客观地说,志书即使多载一些诗文,也未可斥之太甚。修志注意广收博采,为我们保存了大量史料,而且,全面来看,艺文志毕竟是地方志阔步前进、发展到一定阶段的产物。特别是明代各地方志,多属始修,且各地著述也不如清代繁富。故明志之艺文志多载有关本地诗文,而少载书目,应是颇为自然。若仅录书目,艺文志未免淡薄,所载寥寥,甚至无书可载。而且诗文也是客观存在,方志载前人诗文,可反映各个时代各方面情形,如未经修志者改动,如实保存下来,亦是可贵资料,对当时和后人均有裨益。

　　如:南宋高元之的著作甚多,有《易论》《师说》《春秋羲宗》《论语传》《后汉历志解》《扬子发挥》《变离骚》《杜诗训解》《荼甘甲乙稿》等,然而,这些著作今皆无一存留,但可喜的是,袁桷延祐《四明志》艺文收录了高元之《大小晦山》《飞雪亭》《长汀即事》三首诗作,黄宗羲《四明山志》艺文则收《小晦岭》《雪窦寺》诗二首③。据此可窥见高氏之文风。

　　再如,宋大章等修《涿县志》艺文类记载了郝经的《楼桑庙》一诗:"兴亡百

---

　　①　(清)洪亮吉.泾县志·序

　　②　梁启超.清代学者整理旧学之总成绩(三)——方志学[M]//中国近三百年学术史.北京:东方出版社,1996

　　③　转引自陈炜舜.浅论传统方志与文学研究[J].文学新论,(6)

折似高皇,垂老才能据一方。邺下只知移汉鼎,江东不肯帝刘郎。十年生长林犹在,三代君臣道未亡。涿水都为永安渡,子规啼血怨楼桑。"

据查,《郝文忠公集》没有收录此诗,此艺文无疑为现在重编《郝经文集》提供了宝贵资料①。

至于那些点缀名胜古迹的诗文,就更不可轻易否定。因为,一地名迹名胜,是当地引以为豪所在,本身就令人流连欣赏,若有诗咏佳句加以修饰形容,则更引人入胜。时人亦称"嘉言善行,非文莫传;胜水佳山,非文莫状;幽光潜德,非文莫扬""天下名胜不能自传,必因人而后传,必托诸文,以永其传"。谭其骧也在《浅谈地方史和地方志》一文中说"方志中的《艺文》一类,辑录了许多前人的诗文,这些文字一般没有经过修志者的改动,反映了各个时代各个方面的情况,是最可贵的第一手材料。但清代中叶以后,方志往往删去诗文,《艺文》仅载书目,这并不是好办法。今后修方志,如果这些内容摆不下,应该采取章学诚的办法,另编文征,使这些资料也能够保存下来"②。乾隆四十四年修的《甘州府志》的艺文志就没有删去诗文,保留了大量文学史料。章学诚《立三书议》中也指出:"名篇佳章,人所同好,即不尽合于证史,未尝不可兼收也。"明确了书目和诗文同录,旨在要诗文互证,"载文"之目的则在于证史。

综上所述,我们发现,对于艺文诗文收录问题,只有从不同的视角去观察,对其判断、理解和认识才能不断得到充实和提升。

其三,金石之录。方志中非常重视金石碑刻的记载,方志收录金石碑刻来自于正史,在光绪十九年(1893)《莒州图志》的序例中论证了艺文收金石的历史:"志艺文而入金石,非古也。自秦灭后,百籍燔灭,刘氏父子,网罗散佚,总括概叙,以为《七略》,而班氏因之,成《汉书·艺文志》。说者谓《汉书》诸志,类袭《史记》,唯'艺文'特撰,备存三代以来圣哲之遗绪,六艺百子,赖以不废,实足外八书之疏失,而为千古掌故之祖,厥功盖不泯焉。然原目所入,无金石也。至《隋书》,易曰《经籍志》,新旧《唐书》因之,可分大概无殊,仅益以佛典,道录,亦未及金石也。适宋郑樵氏为《通志》诸略,乃有'艺文略'、'金石略',然亦析而二之,非合而一之。今方志之志艺文,每列艺文卷上,金石卷下,似金石即艺文也存,殊乖其益矣。尝考方志之最古者,如《吴郡嘉禾志》存

---

① 转引自《保定旧方志史料研究》
② 谭其骧.浅谈地方史和地方志[J].江海学刊,1982(1)

碑碣,《澉水志》存碑记,《嘉兴县志》存金石尤广。金石非不是存也,与艺文分若而并存之,不尤善之善者乎。"

在淳祐《玉峰志》中就收录了碑文,并且坚持凡碑记现存者,"书其名",不存者,"载其文"①。但是,方志的书目包括金石目录,虽然有的与艺文并引,有的却是作为艺文一部分,与正史艺文志有很大不同点。道光版《济宁直隶州志》中的"艺文志"由学者许瀚主编,对"书目"一项,将历代方志所列典籍"各书记载不同,及序跋,此例可征者,并加疏证",是一项书目工作,在书目中对闻目而未见书者,列入"待录"之中,还有"碑目"一项。他对碑目金石列入方志特加说明:"志之有金石也,为援据以外史传之厥也……各郡录志金石专立一门,或别为题名,以征博雅。吉金乐石,皆文章也,今依《明志》,碑记入《艺文》,列书目之次。"

方志艺文仿效正史重视收金石资料,《黄州府志》凡例中称:"古今碑文,盖取其有关世用,事可备考据者载之。古今题咏,有关风俗、山川、人物,有纪咏事迹,摹写景象者,实为一郡风雅,故备录之。"并产生了大量因收录金石碑记齐备而著名的志书,如宋朱长文《吴郡图经续记》、高似孙《剡录》、周应合《建康志》、元代徐硕至元《嘉禾志》、明万历陈大科《广东通志》、万历李可久和张光孝《华州志》、嘉靖朱绰《瑞安县志》、崇祯朱朝藩《开化县志》、崇祯梁兆阳《海澄县志》、天启张一英和马朴《同州志》、清康熙朱衣点《重修景明县志》、戚延裔《建德县志》、金以《平阳县志》、于纶邵《兴宁县志》、雍正唐暄《怀远县志》等艺文皆载大量碑记。而艺文载入碑铭者,志乘多不载书目。

在有些志书的方志艺文中,金石碑刻所占比例较大,如嘉庆《安阳县志》中金石志多达十二卷,元徐硕至元《嘉禾志》艺文录碑碣有十一卷之多,三国六朝以至南宋碑文石刻,悉全载无遗,且每条之下参以考证,叙次详明。

另外,在有关诗文碑记等问题上,章氏采取了"附入传考"②之法,于修志有约简繁杂、详明传考之效,他不主张将金石文字列入文征,而将其目附入艺文,"金石不录其文而仅其目,自当隶入艺文之篇,为著录之附庸可目。何以

---

①　淳祐《玉峰志·凡例》

②　(清)章学诚.答甄秀才论修志[M]//文史通义校注(上下册).北京:中华书局,1985:819

编次文征之内耶"？而《永清县志》却将其列入文征，章学诚就此曾解释为"盖以永清无艺文，而推太史叙诗之意"，章氏主张仍将碑刻金石排斥于艺文与文征之外，统统化整为零，各归其类，"以见得失之由，沿革之故……学士论著，有可见其生平抱负，则全录于本传……至墓志传赞之属，核实无虚，已有定论，则即取为传文，此一定之例，无可疑虑，而相沿不改，则甚矣史识之难也"①。章氏之说有可取之处，不失为处理金石墓志之一法，然若苛求巨细，入艺文者俱为非，则未免太过。碑记墓志诗文与书目并无矛盾可言，章氏就指出，"碑刻之文，有时不入金石者，录其全文，其重在征事得实"②。景定《建康志》、康熙《仪征志》、乾隆《归德府志》、乾隆《浙江通志》将其与书目分立各成其类，也是保存文献的良法。明清方志，多将书目与诗文碑记分列，但对于后人来讲，只知碑记之名，一旦实物不存，其内容则无从观览。如：《大金西京武洲山重修大石窟寺碑》是一块内容很重要的碑刻，其碑和拓本均不存在，但是《析津志》却为我们留下了这块碑刻的记载。又如晋杨绍墓莂，是我国古代著名墓志之一，其实物早已不存，而《山阴县志》却记载了这件墓莂的形制与质地："形如破竹，以陶为之。"又如当阳的大通禅师的碑是一块很有价值的石碑，其碑在"文革"期间当作"四旧"砸毁，但是在《当阳县志》中记载了详细内容③。

因此，就艺文中碑刻的价值，《四库总目提要》曾云："至元《嘉禾志》载《吴征北将军祎碑》、《梁秦驻山碑》、《唐黄州司马陆元感陈府君环墓铭》、《宗城令顾谦墓志》，皆欧、赵所未著录。《吴越静海镇遏使朱行先碑》，吴任臣《十国春秋》实据以立行先传。其他零篇断什，为耳目所未睹者尚多，殊足为考献征文之助。"

朱彝尊亦云至元《嘉禾志》是"所采碑碣、题咏，居全书之半。旧章藉以考证，足快于心矣"④。艺文录碑刻，能起到"考献征文之助""藉以考证，足快于心"的重要作用。

---

① （清）章学诚.答与甄秀才论修志第一书［M］//文史通义校注（上下册）.北京：中华书局，1985：820

② 乾隆《永清县志》文征序录

③ 引自李德平.浅谈艺文志的编写［J］.广西地方志，1996（4）

④ （清）朱彝尊.曝书亭集卷四十四［M］//上海人民出版社影印文渊阁四库全书，上海：上海人民出版社，1999

第二节　艺文体例

编志首以体例为重,体例为一志之经,内容为一志之纬。杜预云"其发凡以言例,皆经国之常制,周公之垂法,史家之旧章"①,"体例明则书之大略是焉矣"②。在某种意义上,体例的重要要略胜内容一筹,因为,体例一乖,志书"文字虽艳如班马,富比韩欧,亦奚取焉"③。仓修良也认为:"评论一部方志,首先要看它的体例是否完善,其次要看它的内容是否丰富,至于训词尔雅、行文生动等虽然也要讲究,但那则是更其次了。如果前两者不符合要求,或者很不理想,那训词尔雅,行文生动也自然都落空了。"④确定好体例,才能勾勒出志书的基本框架,做到雅瞻有法则。而方志体例的发展完善,并非是一蹴而就的,它是吸取各种著述特点逐渐完善起来的。

宋元以来,方志的体例大体分为两大类:一是分纲列目体,一是多目无纲体。

分纲列目体。此类志体是将全志分为较大的门类,门下次分细目,纲统领目,目从属纲,较典型的示例为明嘉靖十九年(1540)樊深、郜相纂《河间府志》,全书分成十六门类,共二十八卷:

卷一,天文志、地理志;

卷二—卷三,建置志;

卷四—卷五,宫室志;

卷六,河道志;

卷七,风土志;

卷八,财赋志;

卷九,典礼志;

卷十,恤政志;

卷十一,武备志;

---

① 《春秋左传·序》

② 李镇华.通化县志·序

③ 张嗣良.大同《铁岭县志·序》

④ 仓修良.方志学通论[M].北京:方志出版社,2003:325

卷十二,世系志;

卷十三,寓贤志;

卷十四—十七,宦迹志;

卷十八—二十五,人物志;

卷二十六,选举志;

卷二十七—二十八,艺文志;

每个大门类下,再分若干小门类(细目)。

如"地理志"下设疆域、沿革、名类、山川四小类,"财赋志"下设户田、屯田、官庄、窑厂、草场、马政、盐政、徭役、驿递、税课、盐钞十一小类,"人物志"下设先贤、侍籍、儒林、孝友、隐逸、高义六小类,"艺文志"下设诗类、文类、历代艺文志目附三小类。这种志体的优势在于目以类归,层次明晰,结构谨严,利于映射事物间的统属关系。宋明方志多是分纲列目体,早在明朝永乐十六年(1418)政府就颁布了正式的方志体例文件《纂修志书凡例》,按照门目体体例,即平行分列各同类项,所有资料按门目分别归类,分别为建置沿革、分野、疆域、城池、山川、坊郭镇市、土产、风俗、学校、军卫、郡县廨舍、寺观、祠庙、桥梁、古迹、宦迹。明朝所修方志并没完全依照此《凡例》的体式编纂,可以看出其只是一个参考而不是必须执行,明代嘉靖年间所修志书大多采用了此种体例。在清代,尤其是乾嘉时代,分纲列目体也比较流行。

多目无纲体。这种体例采取细目并列,不分大的门类,以清朝贾汉复的《河南通志》为例,全志五十卷,分为三十个目,平行排列,无所统属,设有图考、建制沿革、星野、疆域、山川、风俗、城池、河防、封建、户口、田赋、物产、职官、公署、学校、选举、祠祀、陵墓、古迹、帝王、名宦、人物、孝义、烈女、流寓、隐逸、仙释、方伎、艺文、杂辨,由于康熙曾颁诸天下按《河南通志》的体式修志,所以清初采用这种体例者较多,如雍正李卫开局编纂的《浙江通志》采用此式,并列细目多达五十四门,章学诚在《修志十议》中说"近代志乘,去取失伦,芜陋不足观采""连篇累牍,动分几十分类""多分题目,无所统摄也",傅振伦评价这种体例是"采访的档册、簿录,谈不上著作之林"[1]。

方志编纂的体例,除了上述两大类外,还有几种体例。

一是所谓"三书"体,是指一部地方志由"志""掌故"和"文征"三部分或者说三种体裁组成。"志"为撰著,掌故和文征是记注,将撰著与记注区别开

---

① 傅振伦.方志论著选[M].杭州:浙江人民出版社,1992

来,解决了过去地方志中长期存在的一个矛盾,即重撰著,难以保存资料,重记注资料,则繁简无序。"三书"体是相对比较完备的方志体例,对后世影响很大。

二是总纲系目体。分天、地、人物等总纲,再列以细目,具有纲举目张,条理井然的特点。典型的志书当属明代唐枢纂的万历《湖州府志》、清代嘉庆徐元梅纂《山阴县志》,根据孟子所说"诸侯之宝三:土地、人民、政事",分为"土地志、政事志、人民志"三门,每门各缀以子目。陈鎏、王一龙的《广平县志》分为"土地、人民、政事、文献"四纲。清康熙赵弘化《密云县志》又分为"天文、地理、人事"三纲。乾隆杜延甲的《河间府志》分为"舆地、宦政、人物、典文"四志。这种体例虽然简单明晰,但难尽揽地域内复杂的内容,客观反映各事物间的关系,故而在嘉庆后式微。同治《湖州府志》引郑元庆《湖录》云其弊:"志分三类:曰土地,则郡建以下其条十;曰人民,则户口以下其条十;曰政事,则守令以下其条十。予阅天下新旧志书多矣,从未有此体例。董宗伯份以为创格,吾则谓之变调。其舛错遗失处,不可枚举。"论其实质,仍属于分纲列目体之一类,所区别的是,其仅仅是将总的门类按照天、地、人来划分而已。

三是全书编年体。即通篇以编年为主,作为一篇文字而不分门类。典型的当属如清乾隆汪中纂《广陵通典》,梁启超曾赞"此书极佳"①。汪氏云:"斯编荟萃条流,差次年月,各代排比,列成沿革、道里、户口、贡赋,巨靡不包,细亦无漏,故谓之通。讲节义,退草窃,贵贤能,贱奢逾,刊弃神怪,摈斥嘲咏,唯录有用之事,弗为无益之谈,字求其实,言归于正,故谓之典。"此体因篇目有限,便于竟览,故仅适用于僻邑小县或私家小志,对于历史悠久、资料丰富、需要博访周谘、以备甄采材料的通都大邑是不相宜的,这种体裁在某种程度上应属于地方史,如《中国地方志联合目录》没有将《广陵通典》收录,即是佐证。

纵览上述各体,艺文根据体例的不同,有一定规律,如采用"分纲列目体"编纂的方志,又有称纪传体者,仿照纪传体正史的题材编纂方志,如景定《建康志》,分为图、表、志、传四类,其大纲通常称为记、篇、类、考、部、志等,嘉靖《池州府志》通体称篇,有杂著篇,隆庆《仪征县志》通体称考,有艺文考。尽管其称呼不同,但其用意大抵相同。因是仿照纪传体编纂,大多还是称"志"或"纪",如嘉靖《建阳县志》分为图、纪、表、志、世家、列传六体,卷六艺文称"志";嘉靖《保宁府志》分为纪、传二体,卷十一至卷十四艺文称"纪";嘉靖

《广德州志》分表、志二体,卷十艺文称"志"。可以看出,艺文的称谓,与方志采用"纪、图、表、志、传"等体例密切相关,在大的门类上,一律称"艺文志"或"艺文纪",其下再分列子目。但也有个别志书没有遵循这一做法,如孙星衍所撰《偃师县志》,因意欲仿古,使全书志、记、表、传错杂紊乱地编排,分"地理志、山川志、陵庙记、风土记、学校志、祀典志、赋役志、艺文志"等,名称、体例交互使用,毫无章法可循。还有弘治《兴化府志》通体称"纪",分类也有别于他志,按中央政府的六部设置相应的分类,即吏纪、户纪、礼纪、兵纪、刑纪、工纪六类。

而在多纲无目体编纂的方志中,艺文是与其他细目并列。从多纲无目体,到分纲列目体,是一个渐进的发展过程,从地记产生,到图经发展,类皆如此。自宋元起,方志记载内容逐渐增多,门目渐广,许多修志者感到名目繁多、杂乱无章,于是分纲列目体应运而生,大类之下,再分细目,经过分类整理,比之细目并列便于查考。

在"三书"体中,章氏"三书"之一的文征更见其价值,他主张文征应排除"风云月露"的浮夸之词,所取"文必典核""诗必雅正""有裨史事者,可以旁证史事,如昭明文选、唐文苑、宋文鉴、元文类皆是"。他修湖北三书,湖北掌故六十六篇,专收六部掌故,《湖北文征》八集,收录正史列传、经籍策画、词章诗赋和集人诗词,他主张"文征"宜仿《文选》体例,取法《国风》遗意,收有关民风流俗、参任质证,可资考校,分别诗序,与志相辅,当亦不为无补。在《永清县志》文征中,录"奏议"五条,附咨文、详文二条;"征实"目有家传二、行状一、碑刻十七;"论说"一条;"诗赋"一条;"金石"八十三条。由此可见,章学诚对艺文志亦非全面否定诗文的作用,而只是其选举的标准必合于史体要求严格而已。

在"三宝"体中,一般将艺文志置于政事志下,如嘉庆《山阴县志》,卷一至卷八为土地志,卷九至卷十八为人民志,卷十九至卷三十为政事志,卷二十八政事之十为艺文志。

尽管方志体例互不一律,但是艺文的分类体系大体说来分成两大体系,一种是按目录学原理来撰述,著录地方藏书和一方著述,一种是按文体分类收录作品全文,集一地人著撰或有关一地方的资料,常表现为具体的诗词文赋,具有文选性质。民国二十五年《寿光县志》艺文志序云:"志书之志艺文,分类大概有二,一存撰述目录,前贤遗编赖以远播,一采诗文杂著,甄集篇章取备传颂,固足以挖扬风雅表彰文献矣。"

采用目录学性质的解题方式编纂艺文，又分"以书系人"和"以人系书"两类。古代书目，先以传统的经史子集丛分类，每一类中再以作者姓氏笔画为序排列，以乾隆《曲阜县志》著述门为例，这部志书为曲阜之全史，其著述门记载了曲邑人士著述，专目分为经史子集四部，著录的条目包括朝代、作者、书名、卷数，有的还注有官职、考注，如史部：国朝户部员外郎孔尚任因明学使陈镐《阙里志》别撰新《志》二十四卷，又采曲阜民俗撰《节序同风录》十二卷……宋孔宗翰《阙里世系》一卷，注云："旧谱止载嫡裔，此乃合支庶而修之。"又，仙源尉孔传撰《孔子编年》三卷，注云"取《左》、《国》、《公羊》、《史记》及书，纪孔子自生至卒"①。

又如，明梅鷟《南雍志经籍考》亦以四部为骨，列有九类，即制书类、经类、史类、子类、文集类、类书类、韵书类、杂书类。韵书与类书分别从经部与史部中抽出单列。而清代小学发达，考据疏证遍及学术，乾隆由纪昀等修成《四库全书总目提要》，总括群书，条析类例，从而使自《隋志》以来之各种分类法划整为一，而编成最完善稳定之四库分类。

如清《湖北通志》的分类，非常系统清晰：

卷七十七　艺文志一　经部一（易类　书类　诗类）

卷七十八　艺文志二　经部二（礼类　春秋类　孝经类　五经总义类）

卷七十九　艺文志三　经部三（四书类　乐类　小学类）

卷八十　艺文志四　史部一（正史类　编年类　纪事本末类）

卷八十一　艺文志五　史部二（史钞类　载记类　时令类　地理类）

卷八十二　艺文志六　子部一（儒家类　法家类　农家类　医家类　天文算法类）

卷八十三　艺文志七　子部二（术数类　艺术类　谱录类　杂家类）

卷八十四　艺文志八　子部三（类书类　小说家类　释家类　道家类）

卷八十五　艺文志九　集部一（楚辞类　别集类）

---

①　转引自周洪才.乾隆《曲阜县志·著述门》研究[J].济宁师范专科学校学报,2004(6)

卷八十六　艺文志十　集部二(别集类)

卷八十七　艺文志十一　集部三(别集类)

卷八十八　艺文志十二　集部四(别集类)

卷八十九　艺文志十三　集部五(别集类)

卷九十　艺文志十四　集部六(闺秀　方外　附评选注释)

卷九十一　艺文志十五　外编一(诸家合撰书一　注标题以湖
北人为主;记载湖北事实书二)

卷九十二　艺文志十六　外编二(省府州县各志书三　注宋以
前已列上卷)

　　方志艺文志中还有一种情况,不设类例,但以时代先后为序,因人以存书,明董斯张《吴兴备志》经籍征,但录书名著者卷数,不分类,唯以时代先后为次,下注出处,然其"所摘录皆典雅确核,足资考证"①。清甘云鹏《潜江书征》虑及"潜人著述,佚者十八九矣,其学术流别不可知,不可知则类别而区分也难,且此编意在因人以征书,因书以存人,故不从四部旧例为,而但以作者时代先后为次目"②,李权博《钟祥艺文考》、徐世昌《大清畿辅书征》皆沿此例,按时间顺序以人为主线分列诸书,每条下均列人物传记。

　　民国《贵州通志》艺文志借鉴《汉书·艺文志》以及后世"四部"编纂体例,按经、史、子、集四部来题录贵州历代文籍。其序中说:"艺文有志,仿自班书。历朝诸史,或称经籍。辨章学术,考镜源流,鸿烈以阐,遂为良规。地方志乘,粗具史体,当奉圭臬。乃旧志艺文,多仅登篇什,方拾玑羽,竟失鹏鲲,殊未然也。"此论否定了传统志艺文志全文收录的编纂方式。

　　另外,方志艺文作者的收录,采用"生不立传"的原则,艺文志书目一般情况下都不应载及今人,此乃沿用史家通例,取盖棺定论之义。如光绪《江浦埤乘》凡例中,称该志遵照通例,"凡生存人诗文记序等作,堪以载入各条者,盖从割爱"。

　　艺文志不收录生人作品,是史志著述的又一优良传统。录生人著作难以忌请托及人情世故。章学诚主张艺文收录作品"例取盖棺论定,现有之人,虽有著作例不入志"。李泰棻是对"艺文不志生人著作"较有异议的学者,"艺文与作者渺不相关,何亦取盖棺定论? 岂生人作品不克臻善,必须盖棺始成名

<hr>

① 《四库全书总目提要》地理类
② 甘鹏云.潜江书征·叙例

著耶"？其主张"方志应收生人作品。方志载诗文、著作不应以人是否生存为标准，而宜视作品本身价值而定"，虽如此，但在其修的《阳原县志》中也没有完全坚持，他折中将生者事迹列入备考，著作列入文征，各传皆盖棺论定。

采用按文体收录作品全文的方式，仿文学类例之分，收地方名贤或有关一方之诗文辞赋，或可称作地方诗文之志集。如明方志艺文多存诗文，故明代的类例皆如《文选》或《文类》。从某种意义上说，方志艺文志其文体分类必有所宗，如景定《建康志》卷三十四文籍志二，所收诗文统分为五：一论，二议，三奏议、书，四露布、表状，五诗章。其表状、议、露布为《文选》所无，其取自《唐文萃》之分类显而易见，因为状、露布、文、议古文等八类乃姚氏取鉴《文选》后所新增。

艺文的诗文排列，其排列或按年代先后次序，如韩浚万历《嘉定县志》卷十九至二十二文苑类，诗文二类下唯以年代先后为次，周绍稷万历《郧阳府志》卷三十到三十一为艺文类、旧记、书、碑记、序、志铭、祭文、赋、操，四言五言古诗，五言七言律诗，下以时间为次，其对诗歌的处理隐约可见吴讷、徐师曾《文章辨体》对诗歌分类的迹象。《文章辨体》于诗歌立类上多所创造，古诗类下分为四言、五言、七言、歌行，近体诗分为律诗、排律、绝句，为其创新。对于文，则创立原说，解、判、题跋诸体。

万历《长洲县志》可谓收有关地方之诗文传赞的代表性著作，其艺文志共十卷，以诗文为所作立类，曰公廨、学校、在坛、河渠、桥梁、园亭、记序、传、寺观、赋、诗、曲，将邑人及外乡人之有关诗文著述，尽皆收入，清代学人尝讥明代志乘载诗文曰"猥登""滥收"，主张惟录书目，然考章学诚、洪亮吉等人所修志，如章氏《麻城县志》、洪氏《泾县志》，亦未将其全弃。如章氏撰志，认为："唐人四部之书，乃为后代著录不祧之法。而天下学术，益纷然而无纲纪矣。盖七略录六典之敝，而知存六典之遗法，四部承七略之敝，而不知存七略之遗法：是七略能以部次治书籍，而四部不能不以书籍览部次也。"故曰"志艺文，当仿《三通》《七略》之意，取是邦学士著撰书籍，分其部汇"，又于《和州志艺文书》序例志述复古之意，明言家法，勒定志例，曰"著录当宗七略，尚矣……兹就今所有者，依《七略》成法，著之于录，稍变通焉"。《和州志》艺文书即章氏依《七略》成法而作，章学诚强调志例谨严古雅，然其"科条苛细，不尽可尊"。他不主张艺文类尊四部，收诗文有裨史乘为由，而洪氏则是因为不舍旧志体例，又怕泾县之人对此有议才收录诗文。实际上，无论诗文书目还是石刻碑铭，均可视作史料来看待，这些史料不仅备馆阁取校，对后世研究前代诗文著作、证缺补遗均有参考价值,一概弃之,足可惜也。

另有《遵义府志》艺文志序云:"地志之专载篇章,自《全蜀·艺文志》始,而作者或以为非班氏例。仅编目录、撮旨要,其文章则缘事附人,苟未从附者则虽于山川风土利弊因革多藉以明,而格于胶鼓,反致缺漏。此杨氏之书所以称立例最古也。遵义,汉唐以来几经显晦,其间鸿章钜制可以耸耀岩邦、平视中原者正复不少。今撷其菁华各归体类,凡资考镜,不别墨卿,无关兹土要不滥及,是又因地制宜之一道,不可尽以篡墩升莽相绳也。"此处分析比较可以看出编纂者对艺文志的两种不同编纂体例的态度,尽管"专载篇章"的形式不符合班固《汉书》的体例,但"缘事录入"文章的做法可使山川风土等"多藉以明"。而如果一味去固守班书体例,则"格于胶鼓,反致缺漏"。因此,编纂者认为艺文志采用全文收录是"因地制宜"之举。故其"艺文"共六卷处理如下:

卷四十二:诏敕、奏疏;

卷四十三:露布、记、序;

卷四十四:碑记、文、檄、教、论、难、考、辨、书后、墓志铭、赋、颂、铭;

卷四十五:诗;

卷四十六:诗;

卷四十七:杂记。

方志艺文志载录诗文辞赋,其体例分设,是和历朝文学体裁发展变化紧密相连,文学分类是沿文体的发展而发展的,古代文体论者,往往有"文出《五经》"的说法,北齐颜之推《颜氏家训·文章篇》就云"夫文章者,原出《五经》:诏、命、策、檄,生于《书》者也;序、述、论、议,生于《易》者也;歌、诀、赋、颂,生于《诗》者也……书、奏、箴、铭,生于《春秋》者也",刘思勰的《文心雕龙》也有类似说法,我国文体论,发轫于魏晋,盛于齐梁以后,曹丕著《典论·论文》,首先提出文体问题,挚虞《文章流别志》则专论文体,可惜书已亡佚,自曹魏建安以后,选录各体、各家作品的志集出现了。于是,文学分类问题被具体提了出来,梁萧统编《昭明文选》,创文体类聚区分志集之先,收录文凡分为三十九类,赋诗二类分列子目。后刘勰著《文心雕龙》,标明文体为三十三类,二书于文学分类虽不尽善,但其对后世影响是深远的。如宋姚铉编《唐文萃》,将文体分成古赋、古词、颂、赞写二十二类,可知分类取鉴于昭明太子。吕祖谦《宋文鉴》类分为六十一,元代苏天爵《元文类》列为类四十三,清代姚鼐编《古文辞类纂》,依文体划分为十三类。

另外一种做法,就是两种形式兼用。如乾隆江恂纂《清泉县志》三十六卷,卷二十二至三十三卷为艺文志,但仅列书名及作者,不及其他。境内碑刻也尽列其中,排于文艺志之首。但在经籍目录后列诗文,诗文依时代排列。乾隆以后史籍,多以此为圭臬,乾隆元年沈翼机《浙江通志》撰成于四库之前,故其类例"谨依隋书经籍之例,各分部录,探微证坠,文献足征"①,分列两浙志乘、碑碣、艺文,将书目石刻诗文,搜讨赅备,谓其"文献足征",实不为过。嘉庆《广西通志》为谢启昆撰,类分经史子集,外设记传记、事记、地记、杂记、志乘,"载录详明,体例雅饬",尤其宋以来诸志之优点,逐别搜检,言必有据,事俱有法。阮元修《广东通志》,"大略以《广西通志》体例为本,而有所增损",乾嘉以后,集地方著述为专书之目录炽兴,孙诒让、管庭芳、胡宗楙等国学大师、方志大家志领其首,孙氏《温州经籍志》体例,著录诸方面均可谓佳构,分类一尊四部,而其子目分合,奉乾隆四库志目为圭臬,后世多有承接仿效。如厥后《永嘉县志》经籍门即"据孙诒让《温州经籍志》补所未备",胡宗楙亦"因仿孙氏《温州经籍志》例作《金华经籍志》",足见其影响之远。

除上述所言,也有例外,如清地理学家戴震所著《汾州志》,没有沿袭按奏疏、记、铭、诗、论说等进行分类,而是主张"主乎地",以古今先后辑录,"于地无关者例不当录",即使有关的,因"事涉导谀亦例不当录"。再如,清光绪李元度纂《南岳志》卷二十五艺文志仅收列书目,且其所列书目概括了可考证的历代有关南岳的著述,著录内容详明,突出之处在于它在书目下详细标明了该目录的出处、作者的籍贯。在诗文的处理上,独辟蹊径,不收诗文,而将有关诗文胪列于各名胜条下;其优点是查找有关名胜的专题资料时比较方便,缺点是收录诗文不多,且依名胜条目归类,也会造成大量咏诵南岳的优秀诗文因无法归于某一名胜下而遗漏。针对这种安排,李元度在《艺文志》前言中做了说明:"地志录诗文多似选本,非法也。其按代而复分体之者,尤繁碎。今用范石湖志吴郡例,凡若诗文之纪名胜者,各附本条下,而艺文志则专纪书目,且必其实有关岳者,始列之。其或书轶不传而序例尚可考见,亦在所不遗,盖自上古迄今故籍之可考者略尽于此。"

各种方志的艺文志其编制体例同中有异,各有利弊,采用目录学性质的

---

① (清)章学诚.修志十议呈天门胡明府[M]//文史通义校注(上下册).北京:中华书局,1985:843

解题方式,它的特点是依史例罗列地方人士著述,按经、史、子、集四部编成书目,反映了各个时期地方的学术成就,概括了可考证的历代著述,发挥着"辨章学术,考镜源流"的作用,但不便于浏览文献;采用按文体收录作品全文的方式,客观上因只收诗文,不收著述书目,带来了不能全面、准确反映一个地区的学术源流及研究成果的弊端。艺文的编制也大体采用两种方法,一种是集中编制,即将诗文全部列入《艺文志》,这种方法如果书目内容较多,则会使得艺文看起来很庞杂,清康熙《萍乡县志》曾就此评说:"艺文诸诗纷见杂出,殊费简阅。"又如清乾隆《临川县志》指出的:"志书俱列艺文志,与本人本事不相连属,省览不便。"另一种是分散编制,即将诗文分属于有关条目之下,清乾隆《德化县志》即是一例,"艺文不立专志,昔人文集、各自名家,纂于志则汗牛充栋矣。今仿《前汉书》以下史例,载著作书名、人名,间或列序,以见大凡,不复详其所作;至诗赋文词同,与某志某条相关,即见于某志某条之下。如志庐山,其诗文之为庐山作者,即附焉"。如此做法可以克服前者尾大不掉的弊端,但却给人一种分散凌乱、没有整体感的印象。如此看来,这两种做法各有瑕疵。比较中庸的做法是将二者结合起来,既有集中,又有分散,如清道光《南昌县志》那样,"序记、题咏分隶山川古迹,铭颂、碑记分建置各门,传赞、哀辞附于本人传后,墓表、墓记系于丘墓之中,比事属词,亦可参相互证也。更网罗一邑古今名人鸿篇巨制、淳意高文,汇为三卷。其文皆有关于政事、学术之大,及可资考证者。他虽杰构,姑曰舍剪。诗词、杂作不能备录"。这样一来则达到"事增于前,文省于后"效果。

随着修志实践的发展,后世学者对于方志体例不断进行探讨和研究。如杨振麟在道光《辉县志》序中云:"唐人最严方志之例,梁载言之《十道志》、李吉甫《元和郡县志》,皆谨严详赡,一准诸挚虞、陆澄、任昉、顾野王之旧,而斤斤焉不差尺寸。至宋乐史作《寰宇志》而例始变,祝穆作《方舆胜览》而例尽失。前明方志中,如吕泾野之志朝邑,康对山之志武功,虽负时名,要皆不得与古人比,例不符也。近代诸巨公出,精研地理之学,始讲唐以前旧例。"

谢启昆嘉庆《广西通志》艺文略,仿照明朝张萱《内阁藏书目录》在经史子集之外,增至类录、金石、图经、志乘、杂部等。艺文略分上下两部,上部以经史子集为类,"专载粤西人作述,以正著录之体";下部则为事记、传记、地记、杂记、志乘、奏疏等,"乃游宦粤西者,据所见闻,专为纪载"。艺文略著录著作的篇目和序跋,不收诗文,而是将其列入有关事条之下,以小字双行夹注,是以文献系于各事记载之下,又创新例。

由此可看出,方志艺文志体例较官藏正史艺文经籍志灵活得多,它与私家藏书或私撰史书艺文志之目录在目录学史上有同等重要之地位,从其体例分设,不难求得诸代学术史发展变迁之情势,地方之史记地方之事,故其所显现者益为具体、生动而翔实,为研究分类史、学术史提供真实的佐证。

第三节　艺文著录

艺文的目录,为直接指导读书之用,尤其是反映了目录服务于治学的明确目的性。目录著录之法,源远流长,起源于刘向父子进行编目作序之时。

阮孝绪《七录》序曰:"昔刘向校书,每一书就,辄为一录,论其旨归,辨其讹谬,随意奏上,皆载在本书,时有别集众录,谓之《别录》,即今之《别录》也。"其子刘歆又"复领五经,卒父前业,乃集六艺群书,种别为《七略》"。

后《汉书·艺文志》总序云,刘向校书,每一书已,"辄条其篇目,撮其指意,录而奏之",《隋书·经籍志》曰"刘向别录,刘歆七略,剖析条流,各有其序,推寻事迹……自是以后,不能辨其流别,但记书名而已",其继承向歆之传统,亦以小序"辨章学术,考镜源流"著尊于后世。

宋、金、元时期,在目录学方面有十分显著的成绩,宋代承袭前朝,由官府聚集学者,历时八年,定著《崇文总目》三万六百六十九卷,分类编目,总成六十六卷,著录群书,首书名,次卷数,最后著录撰人或注释者姓名、年代、官衔,并略考其存缺情况,著录详备。郑樵《通志》中编有《艺文略》,郑氏不取唐以来经史子集的四部分类法,也不赞同《七略》的体例,而是尽收古今目录所述群书,分为经、礼、乐、小学、史、诸子、天文、五行、艺术、医方、类书、文(即集部)等十二大类,又细分为一百五十五小类,二百八十四目。这种分类法在当时是一个显著的革新。宋、元学者私人编写一家收藏的书籍目录成为一部专书,这也是一种新创,代表作有晁公武《郡斋读书志》、尤袤《遂初堂书目》、陈振孙《直斋书录解题》等。

《郡斋读书志》四卷,对每种书籍的作者或注疏者的爵里时代都有详细的介绍,并且对书籍的内容优劣得失做出评论。《遂初堂书目》是尤袤就其所藏书籍撰修的目录,特点是略记各书的版本,为后世开辟了注重版本的风气。陈振孙在宋理宗时传录郑樵等家藏书,达五万一千一百八十多卷,每书后,著文介绍作者、内容,并略评其得失,称为"解题"。

马端临所著《文献通考》中有《经籍考》七十六卷,大体据《郡斋读书志》《直斋书录解题》二书编成,分为四部,每部分若干类,每类各有小序,介绍其内容,叙述其学术渊源、派别及其兴衰、存亡。著录各书,先录作者姓名,后述书名、卷数。又有解题,介绍作者的经历和书的内容得失,并附按语考订。

方志著录之法,亦是仿照史志目录和官私藏目录著录。《关东风俗传》"无著述体""所列书名,惟取当时撰者"①,它亦为只录书名之簿录,脱不了汉志后隋志前目录著录方法之大势。隋志后,《崇文总目》备载解题,然遭到郑氏《通志艺文略》的全面攻击,遂初堂之而成为但录书名之化简派。此后之著录,直至清代,目录多沿这一做法。周应合景定《建康志》于"文籍志"下类序此类收录范围、缘起、流传情况,于下分立书籍书版石刻三类,又于书籍门下,志叙自宋"开宝八年平江南命太子洗马吕龟详就金陵籍其图书得六万余卷"事直至"景定二年留守马光祖念文籍之阙复求国子监,书之全以惠多士"②,将金陵府学藏书的变迁情况叙次详尽明了。于著录方法上,此目录仅标列书名及版本情况,皆属府学所载,如《周礼》七本。由此可知宋代经书正文、注、正义均为分刻,并分别收藏。又如《资治通鉴》:监本、蜀本、婺本、外纪举要、朱子纲目、纲目发明、释文通例、撮要、袁氏本末、这里可载诸书,皆为《通鉴》当时流传之本,而于今多已不传,这对研究史书版本源流及学术发展情况价值无法估量。又于书籍门下独列"书版"专门,录府学所藏雕版情况,可由前面版本记录互相参照,同时,建康府学刻书情况亦可从中部分反映出来。

宋方志在许多方面足以为后世仿效,于艺文之中,如朱长文《吴郡图经续记》之始载诗文,范成大《吴郡志》以诗文分注各条之下③,其例最善,而潜说友《临安志》征引尤富,开地志引书之例,元明清以后之著录,每以宋元志为其列依据,如清嘉庆《广西通志》即综合前例,择其善者而从之。从著录方法上说,由于宋代类书编纂极富,其编纂方法换而言之即为考证,考证之法亦延及书目,明朱权撰《史略》,清朱彝尊撰《经义考》,谢启昆《小学考》,其体例据可导源于兹,其中《经义考》影响甚为深远。

朱彝尊《经义考》原名《经义存亡考》。统考历朝经义之目,惟列存亡二

---

① (唐)刘知幾.史通(书志篇)[M].沈阳:辽宁教育出版社,1997:17

② (宋)周应合.景定《建康志》卷三十三·文籍志·书籍类·序[M].宋元方志丛刊本.北京:中华书局,1990:1884

③ 如诗文为山水作者,即散附山水中。

例,后分例曰存、曰缺、曰佚、曰未见,故改曰《经义考》,每一书兹列撰人姓氏书名卷数,卷数有异同则注某书作几卷,次列存佚未见,次列原书序跋、诸儒论说。及其人之爵显,彝尊所考证者,即附列按语于末,《四库》称曰"上下二千年,元元本本,使传经原委,一一可稽",尤其对每书之注见存、佚、缺、未见之法,前承佛经目录与隋书经籍志,后启有之方志著录之学。乾隆间邢澍《全秦艺文录》,管庭芳《海昌艺文志》专为考据,孙诒让《温州经籍志》、吴庆焘《襄阳艺文略》、胡宗楙《金华经籍志》、蒙起鹏《广西近代经籍志》则谨守《经义考》之例,而胡氏又以孙诒让《温州经籍志》为据而作《金华经籍志》,二人所著皆清末目录学之佳构。

孙诒让《温州经籍志》叙例曰"朱氏《经义考》,祖述马书,益恢郭,观其择撑群艺,研核臧否,信校雠之志汇,考镜之渊也,此书之作,意存赅备",故"庶广甄采,用备考稽"①。目录别存佚,始于唐释智升《开元释教录》,朱氏沿旧规而增成四目,于存佚缺与未见,而其未见之书所据藏目,断自有清,明人所纪,并入佚料,而其书目见,而传存者,不经览而定为存,民国四年临海屈映光赞之曰"自天府藏,私家著录,视听所及,甄遗……关东风俗之传无此宏深,嘉会稽之志逊其雅,则搜集之富,有足称也"。胡宗楙《金华经籍志》仿孙氏《温州经籍志》体例,综一郡之文籍,分别部居,次第甲乙,对成书窜乱失真或目存而佚亡远搜旁证,咸注于篇,其书首列书名卷次,从其朔次,列作者朝代、姓氏、里籍、土履,其经见著注见:闺阁方外者注明某妻某女,释道列入每类之后。一书如数人同撰,亦仍著录,以示不没,此引据何书,次用朱氏《经义考》例分纪存佚。其书未敢稿定为佚者,则注未见区别。该书保存了许多难得之文献,并纠正了四库及《经义考》等以前目录舛误之处,详加考订,如九经岁题一卷,宋金华唐仲友撰,见前。见《经义考》,存,宗楙按:《经义考》《四库提要》均注佚。今据《唐氏遗书》活字本刊入《续金华丛书》,纠正其志艺文志中的错误,如"六书精蕴六卷,明昆山魏校子才撰,弘治乙丑进士官阁子祭酒,见四库志目善本书室藏书志,存",确实达到了"辨章学术,考镜源流"的效果。

章学诚对此问题讨论尤多,于《和州志》艺文序例曰"闻以部次治书籍,未

①　温州经籍志叙例[M]//(清)孙诒让撰,潘猛补校注.温州经籍志.上海:上海社会科学院出版社,2005

闻以书籍乱部次者也"①。章氏所志皆论某书于《七略》之应所归附,时而亦论及《七录》《隋志》之类例,然其于某书类附以外,未言及其他,其于《校雠通义》中所言"互著""别裁"之法,在此未见。章氏虽从原则上紧逐《七略》《汉志》之例,然其修志实践中亦并非全如其所说,如其于《湖北通志》凡例曰"艺文为著录之书,唐宋史志,嫌其太略,若仿陈氏书录解题,晁氏读书志,各为题跋考订,施于州县之志,可资博览。通志包罗既富,不可贪多失剪裁也。今略仿汉隋二志,稍增子注,以备后人考核,酌于详略之间,庶几得当。然类例恐有不全,故不分部次,而以时代为先后云"。他虽有言曰"四部以书籍乱部次",而他的《天门县志》艺文考亦仍四部分类,曰经曰史曰子曰集。其别有三曰传世曰藏家,俱分隶四部,曰之逸,别自为类,附篇末。

第四节　艺文编次

方志艺文的编纂遵从志体。所谓"志体",是侧重于从横的方面来表现各种事物的广泛度,其区别于"史体"之从纵的方面反映历史的连续性,故章学诚云"史体纵看,志体横看"②。志书按照事务的属性来分类,相同事物列为一类,横排竖写,以横为主,横排门类,纵写史实。志书的志体主要有分纲列目和多目无纲体,在两种类目的排列上,艺文作为一个横排的门类,在与其他各类目的逻辑顺序关系上有一定的特点。

一般来讲,志书门类次第原无一定,"志之所重,固不系乎此。然牵合割裂,茫无头绪,亦未免失志家体"③。因此,方志学者一般都是按照"先天地,后人事"的顺序,将艺文置于方志的志尾。

明万历李日茂所修的《武陟县志》,设七卷七门,卷一为地理志,卷二为建置志,卷三为祠祀志,卷四为田赋志,卷五为官师志,卷六为人物志,卷七为艺文志。修志者阐明了如此编次的原因:"树墥封沟,成厥统纪,故地理志先之;

---

① （清）章学诚.外篇一和州志艺文书序例［M］//文史通义校注（上下册）.北京:中华书局,1985:651

② （清）章学诚.答甄秀才论论修志第二书［M］//文史通义校注（上下册）.北京:中华书局,1985:828

③ （清）吴鹗崎修,厉鹗等纂.乾隆《甘泉县志》凡例［Z］.1743（乾隆八年）刻本

疆场以秩,品式斯陈,次志建置……身庸田租,王人以国,次志田武……泄天地之精华,含古今之奥秘,爰有文章,蔚为世纪,以艺文志终焉。"

明嘉靖十九年(1540)樊深、郜相纂修的《河间府志》亦以艺文为终,全志共分二十八卷,采用分纲列目体,分十六志:

卷一天文志:分野、星考。

地理志:疆域、沿革、名类、山川。

卷二至三建置志:城池、古迹。

卷四至五宫室志:公署、学校,社学书院附。

卷六河道志:河渠、漕运。

卷七风土志:风俗、时序、土产、农占、祥异。

卷八财赋志:户田、屯田、官庄、窑厂、草场、马政、盐政、徭役、驿递、税课、盐钞。

卷九典礼志:公式、祀典、宾兴、乡仪。

卷十恤政:历代、时政。

卷十一武备志:兵制、兵变。

卷十二世系制度:帝王,封建王侯表附。皇后,公主封君附。

卷十三寓贤志:公寓、流寓。

卷十四至十七宦迹志:名宦、建议。

卷十八至二十五人物志:先贤、仕籍、儒林、孝友、隐逸、高义。

卷二十六选举志:荐辟、科贡、武举、报效、武弁、封赠、任子、宠赉。

卷二十七至二十八艺文志:诗类、文类,历代艺文志目附。

此处艺文志为全志之末。

在民国的《青城县志》凡例中云:"目录次序本天地人物之义,审其次第而分别置之。仰观俯察,以辨方位,星野固全志冠矣。四时、占验、灾变、异征,天人互相感召,故岁时、祥异次之。相其阴阳,乃兴版筑,则疆域、建置次之。郡邑既成,任贤分治,故次职官,次户口,次田赋。民居既奠,秩祭是崇,则祀典次之。化民易俗,教学为先,故次教育。教化既修,誉髦斯作,故次选举,次新政,次兵事。登庸功立,观化俗成,故次人物,次列女。人贵物贱,故次物产。而邑之可传者俱是矣。虽然,业杂之伦,奇零之数亦不容漏也,故以拾遗次之。至艺文则统天地人物而光辉万世者也,故以艺文终焉。"

此言明,次序"本天地人物之义,审其次第而分别置之"。艺文是"统天地人物而光辉万世者也",故以"艺文"终。因此方志基本上是按照地理、政治、人物、物产、艺文的编次。

但也有学者将艺文置于其他类目之间,如欧阳铎在编制同治《安远县志》叙例就此进行了专门的阐释,其将艺文置于列女和杂类之间,欧阳铎在编制同治《安远县志》叙例中曰:"兹逢上宪檄修通志,颁发格式,以纲系目,体例更为详备。卷首先列上谕,普天王土,率土王臣,大一统也。地理首以星野,地统于天也。次以疆域,地有所属也。次以沿革,古今之时势然也。山川水利津梁,则一县之险夷可辨焉。古迹、风俗,则一县之好尚可知焉。至于物产则所谓物土之宜而布其利,亦无不昭然焉。建置有志,而一县之规模始具。城池为一县之根本,坛庙所以祀神,先以社稷,人民之本也。公廨所以出治,附以试院,兴贤之地也。寺观多为历朝所建,故皆在建置之门。八政先以食货,重民数则莫要于户口,重国课则莫大于田赋,常变有资则莫急于仓储。安远无驿,有盐,附以铺舍,亦驿之属也。故详于盐而阙于驿。漕运关榷,安远旧所无也,故仍从其阙。养而后教,则学校尚焉。学宫则先圣之神灵以安,学制则后起之人才有所属,书院又振兴文教之所,附以社学,犹党庠术序之意也。文事不忘武备,则兵制武事重焉。秩官分于文职,则历代之循良可纪;分以武职,则饰年之功勋可稽。至于名宦又一县之所瞻仰,而官斯土者之所则仿也。选举志荐辟不失乡举里选之意。进士乡举则科目秩然。未列仕籍,附以杂途,不由科目而宦达者亦与焉。一县之人物,一县之灵淑所毓也,名臣宦业名垂不朽者,功著后世焉。理学、儒林、文苑,学圣贤之学者,自当志圣贤之志也。忠义孝友,君父之大纲存焉。善士则有济于时,隐逸亦各行其志。方伎善不遗于细微。列女节不没于闺阁,至于寓贤则名人之过化,亦不可泯焉。"

纂者进而又就艺文展开分析:"艺文分以经史子集,别部文征、金石,安远僻处边隅,昔贤之著作甚少,又无王公贵人为之揄扬,间有老师宿儒,闭户著书,亦仅藏之名山,况经兵燹,文献愈无所征,故第存其目,而统志以艺文。"

在艺文之后,设置杂类:"至于仙释、茔墓、祥异、轶事,类无所属,而以杂类志终之,则一县之事迹纤细不遗矣。"

最终,通过以上之设置,使方志成为一个"俱得搜辑旧闻,网罗散失"的统一体,"夫一志也分为十门,仿史家八书之例也,别为五十四目,仿史家十目之例也。义以类分,位以部著,虽蕞而弹丸,俱得搜辑旧闻,网罗散失,于以彰我国家薄海从风之盛也"。

这里的剖析颇为精细,对了解艺文的目次编排思路很有助益,故详引于此。

正德《新城县志》设地理、食货、秩官、公署、选举、人物、恩典、官室、丘墓、古迹、宸章、艺文、外纪十三类，其《凡例》陈述如下："邑之有志，所以纪一邑之事。志因地理纂修，故以地理为首。然地理中所列条目，亦有微意。盖必建置已定，然后上观天文而识分野，下察地势而知形胜，中考物情而验风俗。三者既定，然后经画山川城郭，区别乡都道路，其余可次第而见矣。夫有土而后有食可足，食货次之；食足而后政教可行，秩官、选举又次之；公署、学校、坛台、祠庙之属，政教所寓，亦地理所建置焉；其间莅此土而建功者，则有名宦焉，由此土而孕秀者，则有人物焉。至于艺文之属，则又发乎此土之精华者，故列序于后，而次第又可概见矣。"

此段论述，是当时学者对于志书整体性认识的客观写照。

更有新意的是，在万历《新昌县志》中，作者在"略述"中，将十三类排列顺序的内在原因加以详细阐述："山川既判，习尚攸分，故次之以风俗；风土不同，食货亦异，故次之以物产；土饶风嫩，物生繁滋，然后惟正有供，而民赋作焉；赋役既均，国家殷富，然后教化可施，而学校建焉；学校者礼义之所由兴也，而祀事、典籍、书院、社学，皆其具也。"

从上可以看出，艺文的编次，实际反映了人们对自然和人文的认识，这种认识蕴含着朴素的哲学思想。除此之外，还和学者志家对艺文的功用的认知程度有着密切的联系。学者王荼的阐述就印证了这一点，他认为，艺文志以备一方文献，其编次"宁失之宽，毋失之严"，应当以经、史、子、集分类，详细著录文献书目，并录其序跋、提引和提要内容。他提出艺文、金石"尤加详""后世志乘，百年一修，舆地、版籍，成书具在，莫可损益，惟人物、艺文与时俱积，不可以不记，志之所以重修者，盖为此也"。又前志艺文志"书目略标大旨，不载序文，今则每书序跋一一附入，庶览者虽未见其书而大旨已了然矣"。

第四章　方志艺文志的价值

第一节　展示地方学术成果的平台

方志是一地之总览，它所记录的空间范围，大可至全国，小可至一个县，地域性是它最鲜明也是最本质的特征。艺文志是地方志的重要组成部分，历代有各种书目，有各种文选，但记一地文献最详尽者，当为方志艺文志。它反映了地方人文的宏博图景和学术发展的整体态势，通过查考艺文志，可了解地方的文化品位和学术成果。

一、文献学和目录学价值

方志艺文志的文献学价值在于，宏观上，有助于人览目而知一地学术的基本情况，从而知文运兴替；微观上，有助于稽考文献，揭示一地的具体学术文化现象，挖掘可贵的第一手资料。

方志艺文志著录一地文献的范围很广，既包括纸质的文献，又包括金石、碑刻等非书资料。就这一点来说，其著录的范围不同于正史艺文志和官修书目局限于政府藏书，著录的原则也不像正史艺文志和官修书目有明显的门户之见，它对于文献作者、内容版本有详细说明，为今天的版本考证提供了线索和证据。

例如，明阎梦麷①《西行日记》未刊传抄本，该版本在光绪二十二年重修《鹿邑县志·艺文志》中有记载："阎梦麷著有《中隐园草》一卷……《西行日记》……许菼志云'皆未行世'。盖亦稿本矣……《西行日记》一卷，为许志所不载，闻写本尚存，然亦未见也。"②

又如，《中国地方志联合目录》初稿《康熙天津卫志》著录"北京""科学"

---

① 阎梦麷（？—1644），字侪益，号云章，明鹿邑人。著有《中隐园草》一卷、《中阳纪事》《春曹题稿》《天雄政略》《酒泉初政》《岷山政略》《雁门政略》《西行日记》等。

② 刘乾.燕石居藏书散记[J].文物,1985(4)

"上海""复旦""天津""南开"六馆藏有康熙十三年（1674）刻本，但上海图书馆、天津图书馆所藏并非原刻本。民国二十三年新校铅印本是以原刻本为底本的，其艺文门收有《尖山学田记》一文，有康熙十七年的字样，为证天津、上海所藏为康熙十七年补刻本提供了证据。

有的志书艺文志还详细实录了书版的完备缺失情况，如《南雍志·经籍考》史类，著录了《前汉书》一百卷，附注"完"；《后汉书》一百二十卷，附注"完"；文集类著录《戴石屏先生诗集》十卷，附注"共版三百五十三面，完。戴复古撰"。

特别重要的是，它记载了许多珍贵的手稿笔记等，今天虽然不能看到原始文献，却能从艺文志中窥其大概。如杨开沅这个人物是康熙时代的学者，学识渊博，师从黄宗羲，康熙四十五年进士，对于他的著作，在艺文志中有详录。在宣统《山阳县志》艺文志"书目"中记载了他的著作情况，有《景姚山房文集》十四卷、《治河论》四卷、《理学乙未论》二卷、《禹江诗文集》等，在艺文卷三收录他的五篇文章，即《龙开河疏》《龙开河第二疏》《乙未论自叙》《与刘再祈书》《与鲁敬夫书》，在艺文卷七收录了他的诗作三首，其中一首抄录如下："午梦余残照，扁舟问水亭。苔衣轻送绿，荷盖浮远清。坐久生香细，行来晚吹亭。留连情未已，归棹乱疏星。"[1]现在杨氏传世之作无几，因而上述书目和文选资料对于研究他的生平和学术有重要的价值。

又如，在民国《续修历城县志》艺文中，记载了《玉函山房缉佚书》，搜辑唐以前佚书六百八十一种，并广征博引，其编者是清代的马国翰，关于他的情况记载不多，同样，这部续志中记载了他的传记资料，"国翰家贫好学，自为秀才时，每见异书手自抄录，及成进士为县令，廉俸所入悉以购书，所积至五万七千卷"[2]。

再有，艺文志在记载地方人物著作目录的同时，对著作者著录资料颇多。如永乐《祁阊志》艺文志收录了明以前的艺文，祁门学者汪克宽的较早记载可在艺文之《故隐士环谷汪先生行状》中查索到。

再如，宣统《湖北艺文志》第四百三十页子部类书类《强识略》四十卷作者为明"吴楚材"，而《四库全书总目》之存目中有一书名、卷数皆与其同，但作者

---

① 杨大业.明清回族进士考略[J].回族研究,2005（2）

② 毛承霖修,赵文运纂.民国续修历城县志[M].铅印本.历城县志局,1926（民国十五年）:246

为明"吴梦材"。《湖北艺文志》书下有案语指出:"《存目》'梦材',似误。"县志又载其有《美合编》一书。由于《湖北艺文志》关于《强识略》的撰者以嘉庆《湖北通志》为准进行著录,并有确切的生平依据,因而其案语便直接认为《四库全书存目》不准确,从而廓清了有关《强识略》一书作者上存在的分歧①。因此,艺文能够纠正学术著作的疏漏,起到正其讹误的作用。

艺文志多是将一人所著之书列于一处,便于查找。如明正德《天津三卫志》编者是胡文璧,乾隆《天津县志》艺文中收录了他的《与伦彦士书》,可供研究参考。再如,景泰《普安州志》的作者从艺文志中就可考察,郭子章万历《黔记》卷十四艺文志录"景泰以下志稿,安顺州隐逸娄广撰。广甘老布衣,隐大林山",未言卷帙,《兴义府志》艺文志则著录:"《普安州志》四卷,明普安娄广撰。先是洪武中,沈勖撰《普安州志》,广修续,补志景泰以后。"

一些艺文志是按经史子集排列的,不仅列有本地各科文献,而且有非地方的各科文献。例如光绪《杭州府志》艺文志中经部就有《王弼易二系注》《易讲疏十六卷》《集注周易一百卷》等,为经学研究提供了文献线索。

古代一些亡书的内容,也可从艺文志的小注以及抄录的序跋中得知,如明末周拱辰著有《文釽》一书,此书现已不存,但是在《桐乡县志》艺文志中有录:"周氏阅选古文辞三千七百零纸,作为《文釽》。"②可见此书的性质与《古文观止》相类似,并且,此书附有周氏自序,便于后世对其编撰动机和文学取向进行研究。

仓修良在《史家·史籍·史学》一文中,提到艺文志"就实用价值而言,在今天看来尤为不可忽视。凡是从事文史研究工作的同志都会深有感受,在研究历史上许多文人学者时,由于不是名家、大家,其事迹大多不见经传,只有从地方志中来查找,而他们的著作,更往往只是在地方志的艺文志中得以著录"。此论充分说明了地方志艺文志文献学上的应用价值。

方志艺文作为目录学之重要组成,历代学者主要从目录学角度出发,着眼于文献的编目、分类等方面,探究目录学的一般原则和方法,并且注重展开学术探讨,从中汲取理论养分。"方志艺文志、经籍志等史志书目,数量较多,

---

① 以上转引自温显贵,吴猛.试论《湖北通志·艺文志》案语的学术价值[J].中国地方志,2007(2)

② 转引自陈炜舜.浅论传统方志与文学研究[J].文学新论,(6)

宜单独结集出版。"①"地方目录中值得注意的是方志中的目录""方志目录的重要性在于它所收录的图书每有为公私目录所摒遗,或本身确有价值而名晦不显的"②。很多方志艺文志既注重文献材料的撷取、逻辑的架构,又注重书目的著录、内容的厚薄,着力挖掘,撰述甚富,使书目能在更高层面上折射出社会价值和事物发展规律,使枯燥的书目能传神见史。如《湖北通志》艺文志中就人物的家世进行了深入挖掘,集部别集类著录宋孔拱撰《锡山草堂集》五卷、《村居杂兴诗》三卷,提要中有按语云"孔继汾《阙里文献考·艺文》中,载拱是《集》,称拱为孔子五十代孙",读者通过此书目,可查人物身世③。

景定《建康志》于记载藏书而外,于每书下注明版本,又专设书版一门,为版本学者研究南宋南京一代刻书、藏书情况提供了依据。尽管有些图书当时流行的本子大多今已不存,但这些存目披露了其中的一些情况,研究价值极大。即使收诗文的艺文志,其中亦不乏参考之作,如明万历《郧阳府志》收录明儒王世贞"郧阳藏书记"一篇,后列书目,反映了郧阳书院及县学藏书概况,为研究明中叶书院藏书提供了宝贵资料。从著录方法上说,宋明乃至清代志乘大凡记艺文载书目者,大都以史志或前志为标的。而清朝诸志,大多尚考据之学,遵朱彝尊《经义考》例注明存、佚、缺、未见,并以广搜博引、博征约取以证一书见长。这样的方法所考校诸书,为后人研究版本、藏书源流及学术发展大势提供了方便,每一书都类似一个主题,而有关之论著尽可回溯检讨清楚,为学术研究提供了帮助。

自南北朝宋孝王《关东风俗传》至清季单行地方著述目录,前后绵延几千年。地方志艺文志在相对独立的条件下发展,历代志乘均以宋代诸志为宗,或记诗文,或录书目,其旨均在于存地方文献,以备后世考稽。如胡宗懋《金华经籍志》,收《九经发题》一卷,宋金华唐仲友与政撰见前,注见经义考,存。宗懋案曰,《经义考》《四库提要》均注佚,今据唐氏遗书活字本刊入《续金华丛书》。又《六书精蕴》六卷。纠正了陈景《绛云楼书目》及光绪《兰溪县志·艺文志》之误④。清代志家就此研究甚力。民国时期,李濂堂先生还对清代地方

---

① 李万健.史志书目浅论[J].图书与情报,2009(5)
② 来新夏.古典目录学浅说[M].北京:中华书局,2003:31
③ 以上转引自温显贵,吴猛.试论《湖北通志·艺文志》案语的学术价值[J].中国地方志,2007(2)
④ 引自胡宗懋.金华经籍志[M].影印本.北京:中国书店,1991

艺文做了一次总结,集成专著曰《方志艺文志汇目》,是为有史以来第一个也是唯一一个将方志艺文志汇辑为一篇者,虽其体例未能尽善,形同账簿,然其创例为厥后之研究提供了方便的检索工具。近人姚名达亦著有《中国目录学史》,将其以特种专科目录之"地方著述目录"录于其后。

艺文志将年远代湮的地方文献发掘并汇编成目,有助于辑佚钩沉、校勘辨伪、查错纠谬,如宣统《湖北通志》艺文志经部易类著录明林之华撰《周易上下篇义补》《洪范说卦锁匙》《易四书费日笺》,在提要中指出"《易四书费日笺》乃宋四家说《易》之书,与《洪范说卦锁匙》一例。后人于四书类又著《四书费日笺》之目,殊误"①。

综上所述,一些方志艺文在著录书目的同时,对学术源流也加以考辨,历代学者志家从著录流传,到探赜索隐、钩沉爬梳,积累了丰富的地方目录学成果,根据方志艺文志,可以揭示和报道历代文献的著述、收藏、流传、存佚情况,反映一代文献之盛况,起到"辨章学术、考镜源流"的作用。

二、文学和艺术价值

宋代方志定型后,作为文学艺术作品的诗文仿效正史艺文志大量选录到方志中,诗文入志逐渐成为惯例。方志艺文志程度不同地辑录了由当地文人所作或由外地人所作与当地有关的诗文作品,或叙景记胜,或言志抒情,或怀旧咏史,或吟唱风俗,生动地反映了当地的传统文化、自然风光、民情风俗,保存了大量的文学史料和数量较多的墓志碑记,具有较高的文学和艺术价值。

艺文志收录"诗歌"所占的分量较多,如《厦门志》世称名志,其艺文志所收五七言诗即达八十六首之多,为方志增加了许多纯文学的气息,增强了志书的可读性和感染力。

诗文分类上,从收录的作者看,主要有四大类型:

一是收录游历名士的有关地方的诗文。如宋代的欧阳修、范仲淹、梅尧臣、王安石、邵雍、苏轼、秦观、周必大、杨万里、陆游、吕祖谦、辛弃疾等诗文作品,这些文人墨客秉承"读万卷书,行万里路"的理念,热情地观察、一步一个脚印地履踏,不论在当地停留时间长短,都自觉地留下了或是悲缅感伤、或是豪迈抒怀的诗文作品。

---

① 以上转引自温显贵,吴猛.试论《湖北通志·艺文志》案语的学术价值[J].中国地方志,2007(2)

如《南安府志》艺文志苏轼诗之《南还一首》《舟次浮石》《独秀峰》《赠玉岩翁阳孝本》《赠岭上老人》《过访田氏园林不遇》《上犹九十九曲水》,清康熙《婺源县志》艺文载苏轼之《龙尾砚歌并序》,明《南安府志》艺文志载文天祥诗《青原山》《短日行梅岭》《南安军》《赠南安黄梅峰》,民国《婺源县志》艺文志载文天祥诗《发高沙》等,透过他们行旅的步履和文笔,生动记录了当时各地的环境面貌和风光影像。

在宋大章修、周存培纂《涿县志》中,可见纪晓岚过涿州拒马河时所做的诗《过涿州拒马河》:"一带寒波作怒声,石梁断处气纵横。多应未读淮阴传,不见英雄胯下生。"

道光《武昌县志》艺文志中收录了历代名人诗作计一百一十五人二百二十三篇。历史上著名的诗人,如谢朓、元结、李白、孟浩然、杜牧、苏轼、苏辙、黄庭坚、潘大临、谭元春、丁鹤年等,都在武昌留下游踪和诗作。其中唐代元结隐居武昌的诗作,是他一生的创作高潮,留下的诗句对研究他的思想和文学创作是极为重要的。

再如,朱熹是一代宏学巨儒,他行万里路、留万卷书,曾制定了详细的旅游路线:"予方将东游雁荡,窥龙湫,登玉宵,以望蓬莱;西历麻源,经玉笥;据祝融之绝顶,以临洞庭风涛之壮;北出九江,上庐阜,入虎溪,访陶翁之遗迹,然后归而思自休焉。"①其足迹遍历闽、浙、赣、湘四省的风景名胜,"南康志庐山,潭州志衡岳,建州志武夷、云谷,福州志石鼓、乌石,莫不流连题咏"②,在所到之处的方志艺文志中留下了许多诗篇。现摘录部分如下:

《安溪县志》艺文志中记载朱熹游历到此之诗句《留安溪三日按事未竟》:"县郭四依山,清流下如驶。居民烟火少,市列无行次。"《过安溪道中泉石奇异甚绝类建剑间山水佳处因吟》诗:"驱车陟连冈,振辔出林莽。雾气晓方除,日照川如掌。"

此外,多部方志艺文对其诗作有所著录,如光绪《南安府志》艺文志载朱子《宿真觉寺》诗,民国《建阳县志》艺文志载朱子《游卢峰》《将游云谷约同行者》《九月六日早发潭溪夜登云谷翌旦赋此》《过武夷作》,清乾隆《上饶县志》艺文志载朱熹《南岩》,清乾隆《广信府志》艺文志载朱熹《章岩》《题兴山寺》,民国《婺源县志》艺文志载《金山》《游茂林分韵得福字》《对月思故乡夜景》

---

① (南宋)朱熹.送郭拱辰序[G]//晦庵先生朱文公文集卷76.四部丛刊本
② 《福建通志·列传》卷十二《朱熹传》

《舟泊山溪》,清嘉庆《潭州府志》艺文志载《送王季山赴龙溪》等。

二是收录地方官吏诗作,包括客籍和本土官员。传统文人士绅自古以来就有编纂地方文献的优良传统,而客籍地方官员初到某地任职,也向来习惯取阅本地地方志书,作为了解本地风土人情的案头书。早在唐代就曾记载,韩愈到韶州之前,就向人借取韶州的地方志观看,并留下了"曲江山水闻来久,恐不知名访倍难。愿借图经将入界,每逢佳处便开看"的佳句①。而明弘治十三年(1500)由卢希哲纂修的刻本《黄州府志》中也记载,唐杜牧任"黄州刺史,有才名,多奇节,吏民怀服之。有诗,见艺文",卷六"艺文"中收有杜牧诗十一首。这些客籍官吏用自己的笔墨记录,描绘了地方的历史事件和自然风光,留下的作品众多。在常恩《安顺府志》艺文中,也收录了许多客籍官员的诗作,如沈翘楚为浙江进士,崇祯时任提刑按察司兵备分巡佥事,其《铁桥碑记》为描写黔中的佳作:"春晴雨霁,层峰锁翠,骚人临眺,仆夫车马,粼粼而行空,冉冉而驾鹊。"将景致描写得真切壮美。同时艺文还收录了许多本土官吏的作品,如朱茂时《黔中曲》、谢三秀《安庄夜闻警》《夜宿西屯人家》《普定圆通寺登飞翠阁》等诗,皆清新自然,秀逸脱俗。

艺文不仅收录大家的诗文,小官吏的作品也在收录范围之中,如道光《隆德县续志》一文中,收录当地知县的诗文。《职官续志》知县一节中记有一名因实报灾情、"为民请命"被革职的知县的事情:"吕荣,江苏阳湖县举人。嘉庆十三年正月任,有善政。嗣署固原州,以详报重灾被议。时勒制军莅甘、隆、固,百姓不约而同猬集数百人,祈请复职。"同时在《职官续志》艺文一节中收录了吕荣的三首诗文,其中一首《重过隆德留别诸父老邑令》云:"十载皖江吏,西来令隆德。转瞬二载余,去往如过客。父老何惓惓,爱怜不忍释。攀辕劳讴思,被黜悯穷厄。(余由隆德署固原,以详报重灾被参)。仰首星云间,奋袂冰霜夕。哀声大呼号,恻怆齐动色。(余被参后,士民乞留,遇祁寒,守候竟夕。)昨余驱车过,士女拥郊陌。群开北海樽,欲挽东山履。笑谈复饮泣,感叹忽夷怿。宛然骨肉亲,无复形骸迹。乃知元元心,遗饷常踊格。得寸报以尺,感一应者百。但无贪黑名,如睹善最绩。回思筮仕初,鞭策恃全力。毁来发深省,誉至滋悚惕。年来力就衰,多病事不植。恐为恕谤丛,弩缓变狼藉。即令遭废弃,自揣亦应得。反荷钟情深,益令置身窄。再拜谢故人,无为苦记

---

① (唐)韩愈. 将至韶州先寄张端公使君借图经[M]//钱仲联. 韩昌黎诗系年集释. 上海:上海古籍出版社,1984:1179

忆。心平道路坦,性定尘氛息。况当春风生,已觉枯树泽。(勒制军、那制军先后莅甘,极蒙矜恤。)而我转依依,相期有夙昔。士所腾青冥,民志返纯白。庆今官师贤,庶几风俗易。(时许明府、李广文新莅任。)行矣共勉旃,翘首远天碧。"①

此处诗人感愤抒怀,反映时弊,又力避清廷严密文网之迫害,这是地方小官吏的作品记录。

三是收录本地诗人作品。本地诗人的作品包括了两种情况,一是作者虽是本地人,但作品不一定是本地内容;一是作者是本地人,作品也是关乎本地内容。特别值得重视的是,方志艺文这些大量的乡邑文献收录了本地人诗文的作品,这些诗人大多是名声较微或毫无名气,其作品较主流文学处于次要地位,为正史付诸阙如或一笔带过,他们虽在世人眼中名不见经传,但相对某一地区而言,又是非常重要的,他们是构成地方文学创作最重要的力量。如陈辉,字旭初,台南人,乾隆三年(1738)举人,五年(1740)参与《重修福建台湾府志》的编纂,十七年(1752)重修《台湾县志》,《台湾省通志稿》称其"凤耽风雅,诗文并茂",并收其作《春游海会寺》等。再有明代四川诗人来知德(1625—1604)在《梁山县志》中对其也进行了记载。

从收录诗作的内容,分为以下几种:

一是咏叹本地山川、名胜、古迹之变迁。如民国《重修泰安县志》艺文志对于历代题咏泰山的诗文进行了收录,如欧阳修的《祭东岳文》、苏轼的《书祖来墨迹》、王世贞的《游泰山记》、李白的《泰山吟》、杜甫的《望岱》等名家名作;再如,清道光林一铭等纂《宁陕县志》艺文志中,就收有许多吟咏终南山的诗篇,罗列如下:

《陪驾幸终南山诗》　庾信

《望终南山诗》　李世民

《终南山诗》　柳宗元

《终南望余雪诗》　祖詠

《南山诗》　孟浩然

《游终南》　孟郊

《退朝望终南山》　李拯

---

① 转引自张京生.写作一幅豳风图——孤本方志《(道光)隆德县续志》的学术价值探讨[J].图书馆理论与实践,2009(12)

《蓬莱三殿侍宴奉敕詠终南山》 杜审言

《望终南山诗》 金海泽

《南山操》 王九思

《游终南山诗》 王鹤

《望终南山诗》 王道统

《终南山诗》 陈爌

《秋迎马上始见终南诗》 韩琦

这些作品,起自北周,迄于清代,皆有收录,系统汇集了历代文人就终南山的咏叹之作,使后世对名人和名山的关系借以考镜。如今,在这些山水诗中,包容着传统所说的山水文学,也就是现代所提炼出的旅游文学,反映了旅游审美观念,可帮助了解某一地区文化发展脉络和历史发展状况。因此,在卷帙浩瀚的艺文之中,蕴含着一笔宝贵的待开发的遗产,许多艺文志中的山川景物和旅游相关的记载因其艺术特色和成就,被纳入了旅游文学的观照视野。

另外,咏叹地方风物和人文景观最集中的诗文之作当属"八景诗",即以当地八种、十种、十二种甚至更多的双数景物为描写对象的文学作品。

如《兴安府志》艺文中白河令普晖《咏八景》诗:

古洞深深碧嶂前,遗踪共说有神仙。

春风香送桃花雨,晚日晴薰玉树烟。

滴露研朱人已去,推枰看月事空传。

我来策蹇闲游赏,信是壶中别有天。(古洞仙踪)

云山面面树苍苍,独有遗臺拥翠光。

乱抹晴烟横古渡,轻飘瑞霭弄斜阳。

苔痕淡扫亭前绿,柳色多摇砌外黄。

几度登临追往事,令人清兴欲飞扬。(翠光遗台)

巍峨万仞插云中,秀拔群山第一峰。

淡扫天光浮黳翠,平分日色炫芙蓉。

登巅不觉乾坤大,到底遗沾雨露浓。

早降扶舆生俊彦,便教柱石大明宫。(天柱伟峰)

行尽青山到水涯,鸣榔正遇渡江时。

篙头浪点玻璃碎,柁尾霞推锦绣披。

冲破苍烟飞白鹭,啼残红雨引黄鹂。

水宽处处多舟楫,泂溯中央定有谁。(石梯远渡)

　　卓冠群山势最幽，分明高似一牛头。

　　岩前泉滴蚰涎落，洞口云生喘气浮。

　　日出尖峰双角笋，雨滋嫩草片毛稠。

　　夕阳返照云霞迴，倒蘸清波翠汉流。（牛山叠嶂）

　　滚滚长江蘸碧流，晴波浩渺接苍州。

　　一泓影浸红云晓，万顷光摇碧树秋。

　　鸥泛芦花来岸底，鹭牵荇带过滩头。

　　濯缨笑我无余事，歌罢沧浪理钓钩。（汉水晴波）

　　五峰楼阁渺氤氲，时有孤钟四远闻。

　　惊起龙眠行法雨，换回鸠梦绕禅云。

　　传来斋后儒生苦，扣到师前弟子勤。

　　记得凤楼更漏尽，千官喜听觐明君。（五峰梵钟）

　　月满蒹葭露未干，终宵渔火绕长滩。

　　烟迷矶外沙容淡，光锁芦边雁阵寒。

　　不逐边烽生朔漠，肯随燐焰出林峦。

　　频摇波底金蛇动，惊起鱼龙上钓竿。（长滩渔火）

在清道光李国麟《兴安府志》中，兴安守王希舜也留有《八景诗》，并序：

　　余以癸酉之冬月，抵兴安任时，正值水患之后，经营劳集两载于兹，固无暇吟咏也，间也亦流连山水不无凭吊之感，为作八景诗以寄兴焉。

　　暮云荒刹断疏钟，历历空传江上峰。

　　何似夜深山转寂，翠微风度岭头松。（五峰梵钟）

　　括括江流浩不穷，惊滩百道尽朝东。

　　苍茫惯有闲鸥浴，恰入明霞似镜中。（汉水晴波）

　　春云秋月证荒台，丹井千年只点埃。

　　此地赤松尝授受，翠光不见首重回。（翠光遗台）

　　秀出千峰万岭颠，石能如柱总天然。

　　问他何不中央立，杳霭寒烟落照前。（天柱伟峰）

　　金州形胜渺重关，翠嶂丹崖绝可扳。

　　极目斜阳天际远，樵人指点是牛山。（牛山叠嶂）

　　绝搆飞空峭石悬，渡头一叶碎于烟。

　　可知天设江山险，来往从他岁月迁。（石梯远渡）

两处描绘，异曲同工，可见文人对"八景诗文"的热衷。"八景诗文"收录，在不同朝代的县志艺文上有较多的体现。譬如在明崇祯《永年县志》中,记载了临洺十景:北河春柳、南寺清泉、龙潭月影、佛阁灯光、赵陵秋草、唐垒寒烟、檀台返照、翠柏连云、信宫故址、居士遗庵;在清乾隆时期的崇明县志上记载崇明八景:七浦归帆、层城表海、金鳌镜影、玉宇机声、渔艇迎潮、嶻场积雪、吉贝连云、沧江大阅。

八景诗文的作者,有蜚声文坛的如苏轼、苏辙等名人,但大部分作者都是世人眼中的二三流作者甚至是并不见于经传者。并且在内容上,某种程度上有浮夸形胜、附会景物之嫌,因此就八景诗文的收录,后人曾大加贬责。清乾隆年间,就有人对八景十景有过非议,章学诚也提出"如考体但重政教典礼、民风土俗,而浮夸形胜、附会景物者,在所当略"①。"志州县与志名山不同,彼以形胜景物为主,描摹宛肖为工,崖颠之碑,壁阴之记,以及雷电鬼怪之迹,洞天符检之文,与夫今名流游览登眺之作,收无孑遗,即徽奥博,盖原无所用史法也。若夫州县志乘,即当时一国之书,民人社稷,政教典故,所用甚广,岂可与彼一例?"②鲁迅也早就有过批评:"凡看一部县志,这一县往往有十景或八景",并指出"中国大抵患有一种'十景病',至少是'八景病',什么'远村明月'、'萧寺清钟'、'古池好水'之类等等,而且,'十'字形的病菌,似乎已经侵入血管,流布全身,其势力不在亡国的病菌之下"。

客观地讲,这些人的诗作对于地方来说,有时是非常重要的,是构成地区文学创作的基本成分,也是主流文学很少提及的,但往往在文学研究中对这些乡邑文献和声名较微的作者视而不见。用历史发展的眼光来看,昔日的八景诗汇自然风光和历史风情于一体,写景状物,是对一方水土的情深所感。它蕴含着深厚的历史背景和生动的现实生活,使自然和人文、历史和现实达到了完美的统一,具有很重要的记载功能,通过阅读这些诗歌,可实现对地区的风土人情、历史文化的全面认识。

二是反映官宦、名士、释妓之交游。学者的思想、学术交流,往往受其友人及学术交往的影响,因此,在研究人物和其学术时,艺文记载就提供了许多资料。例如,在洪亮吉所纂《泾县志》中记载了唐朝李白诗作有十七首,其中之一即是名作《赠汪伦》。汪伦是泾川桃花潭人,此诗就是经典的酬酢应对之作,赠诗吟咏间可见二人的深厚情谊。宋代苏轼、苏辙、黄庭坚、潘大临等人

---

① (清)章学诚.修志十议[M]//文史通义校注(上下册).北京:中华书局,1985:845
② (清)章学诚.修志十议[M]//文史通义校注(上下册).北京:中华书局,1985:848

在武昌的交游与创作被艺文志收录,为后世提供了丰富的文学史研究资料。明代谭元春游学武昌时亦留下了许多交游诗作,对研究竟陵诗派的源流具有重要的文学史料价值。

三是记叙政治、经济、文化之变化。雍正《密云县志》艺文门内收录了清帝和陪臣巡视密云县所赋的诗文,用相当笔墨记述皇权的特恩和善政。艺文还收有反映时弊的诗文,如崇祯《吴县志》即载有明末农民遭天灾人祸的民谣十二首,其中一首是反对税官的:"四月水杀麦,五月水杀禾,茫茫阡陌弹为河。咨尔下民亦何辜,仰天天高不可呼。杀禾杀麦犹自可,更有税官来杀我!"

在王瑛曾编《重修凤山县志》艺文中,收录了明太祖九世孙辽王之后朱术桂之《绝命诗》:"艰辛避海外,只为数茎发。于今事毕矣,不复采薇蕨。"其诗背景是永历三十七年(1683),清军破澎湖,其为明宗室后代,书绝命词后自缢殉节。

四是反映民俗。从艺文的题咏诗歌,可现全国各地的风土民情。如《隆德县续志》中黄璟所作的《课农亭》:

> 六盘山下温泉傍,略彴一条界横塘
> 绿树影里人家住,泉甘土润宜农桑。
> 劝桑课农县官事,林亭好为栖迟地。
> 就酌野人老瓦盆,山水并洽醉翁意。
> 春日农家开新田,隔岸人声叱乌犍。
> 我为促耕来憩此,杏花春雨二月天。
> 夏日良苗盛长养,绿连山村与水港。
> 我为课雨来憩此,打麦村村连枷响。
> 秋日农家禾泰成,收登场圃黄云平。
> 我为催敛来憩此,喧闻月明白杵声。
> 冬日农家慰辛苦,口自作歌腹自鼓。
> 我为息农来憩此,率引黄冠祭田祖。
> 百日勤劳一日闲,老人曝背煖黄棉。
> 烹羊炰羔称觞处,都为县官祝大年。
> 民奉官兮官养民,买地就为课农亭。
> 四时到此问田夫,写作一幅豳风图①。

---

① 转引自张京生.写作一幅豳风图:孤本方志《(道光)隆德县续志》的学术价值探讨[J].图书馆理论与实践,2009(12)

这首长诗,描写了在位于六盘山西麓、宁夏南部边陲的隆德县山区百姓的生活和劳动场景。手法写实,描写细腻,自然环境、风土人情跃然纸上。关于西南民间的地方特色和民族风情,在《安顺府志》艺文志所收《黔中曲》中有所描述:"叠嶂会无三尺平,盘江狭处铁桥横。短裙窄袖花蛮女,宛在秋千索上行。"语言生动,将在盘江铁锁桥上行走的苗家女子刻画得入木三分。

关于东南潮州风俗,也可考察。乾隆《潮州府志》艺文下录潮州知府宋征璧的《潮州竹枝词》云:"新插芭蕉一两丛,女墙多种木芙蓉。朱唇轻染胭脂色,爱嚼槟榔玉齿红。"此处将福建、台湾等食用槟榔的习俗加以生动的记载,可谓是形神兼备。

从其价值层面上讲,艺文诗文的作用主要有:

一是以诗补史,以诗证史。关于诗歌的史料价值,章学诚曰:"土风殊异,人事兴衰,纪传所不及详,编年所不能录,而参互考证,其合于是中者,如《鸱鸮》之于《金縢》,《舟乘》之于《左传》之类;其出于是外者,如《七月》追述周先,《商颂》兼及异代之类。"在封建士大夫的眼中,通常把诗文认作文学,而忽略其史料价值,章学诚则摒弃了这种轻慢诗歌的态度,给予了客观的评价。唐白居易对此也有共鸣,"文章合为时而著,诗歌合为事而作",借诗存史成为有识之士的自觉追求。故方志艺文志所藏大量丰富的诗歌较为细致地描述出历代文学各方面的发展状貌,是研究文学特别是诗文全盛时期的一手材料,其价值在民国《八寨县志稿》艺文志序中有所论及:"衣章身,文华国……八寨开化晚而事实稀,间有学士文人遗墨多销于兵灾,百计搜求,所获仅仅略存之作,因文存事,因事存文,因文因事而并存其人之感想。"文中的"衣章身,文华国",高度评价了艺文的文学价值,并充分肯定了"因文存事,因事存文"的以诗补史的精神。如明万历冯惟敏纂《保定府志》艺文志中记载有欧阳修的诗文:"古关衰柳聚寒鸦,驻马城头日已斜。犹去西楼二千里,行人到此莫思家",上海中华书局据乾隆丙寅祠堂本出版的《欧阳文忠全集》卷十二·六记载了这首诗,但其"驻马城头日已斜"中"斜"为"欲"字。不难判断,从句中的押韵和感情色彩,可证方志艺文为正确的①。

二是体现风雅精神。《诗经》是方志艺文志诗文的远源,因此方志艺文志高扬的是采诗、观风的风雅精神。民国《余庆县志》艺文志序云:"夫文人学士,或感怀题咏,或因物寄情,不过空中蜃楼,多无实济。然佳句流遗,脍炙人

---

① 转引自《保定旧方志史料价值研究》

口者,亦足以垂不朽。至里巷歌谣,有关乎世道人心者,輶轩之史卒皆采择,以观一时之风化,则艺文志胡可缺。"明确点明艺文采择"里巷歌谣",而达到"观一时风化"之宗旨。举例如下:

明《钜野县志》卷九为艺文,收录了李三友《瑞麦嘉禾颂》:

野有麟兮麟有角

麟角虽可珍

何如一茎双穗麦与谷

镈之镈之

万民无枵腹

矫首顿足何以为祝

岂弟君子万年遐福

野有凤兮凤有翮,

凤翮虽可珍

何如一茎双穗谷与麦

镈之镈之

万民无菜色

举首加额何以报泽

岂弟君子斯男则百

再如,明巫三祝修、黄启仕纂崇祯《福安县志》卷八艺文志《采桑歌》:

少妇采桑叶,纤手折高枝。枝疏叶生少,摘椹充肠饥。阿婆促妇急,诟言行道迟。侵晨吏催租,汝夫缧绁羁。易米五百蚨,转售乞宽期。吏喜解缚去,官峻难支持。岂不汝夫恤,而乃事游嬉。妇闻向隅泣,语出泪交顺。前年入婆门,采桑皱手皮。新丝隔年卖,寸缕不蔽饥。官租民应赋,培赵犹有时。比邻盗跖富,视贫如镃□。借贷起于一,尝者十倍之。田庐兼以后,间阖无立锥。天高莫门诉,垂首目苍夷。安得商周世,画井分地宜。一夫百亩田,树稼连畬菑。一家五亩宅,植桑绕园篱。鸡豚各适性,儿女咸嬉嬉……

这些诗歌抒发了人民对丰收富足生活的渴望,饥者歌食,劳者歌事,其中蕴含的风雅精神是十分强烈的。

三是利于地方文学之研究。方志艺文志中的诗文,收录广泛。对于主流的文学作品,如全国享有盛誉的王安石、苏轼等名人名著及《全唐诗》《宋文鉴》等收录的经典著作,只要和地方有关联,皆予以收录。对于地方的非主流的作品,同样在艺文志中享有一席之地。因此艺文志对于地域文学研究,对于至今尚未发现或开拓不深的文学领域都具有重要的意义。宗室文学,如江西宗室;家族文学,如闽县陈氏、武定侯郭氏;唱和酬赠文学,如祝寿、游览;诗人群体,如以瑞昌王朱为首的江西诗人群等。这些地方人士的成果可谓是非主流,但他们的声名和影响未必不是中国文学发展史上的重要部分,而其作品除了方志艺文之外,恐无他途可见,如果能得到充分的发掘,可以为文学史研究提供极其宝贵的资料,从而丰富我国的文学遗产。瞿宣颖在其《方志考稿》序中就这一点曾明确提出"遗闻轶事散见在集部者,赖方志然后能以地为纲有所统摄"①。

再有,方志的地域性对艺文作品的收录有着深刻的影响。艺文中的著述收录与著者的籍贯、作品的内容、数量以及作品问世的时代都有着密切的关系。以明代的楚辞学为例,各省方志艺文著录的近八十种著作中,著者的籍贯,来自湖北、湖南、四川、江西、安徽、江苏、浙江的占了绝大多数,另福建有两种,山东有一种。江苏、安徽、浙江的著者多书生、名士,这三省素有右文尚趣的风气,而江西为江右学派之大本营,故江西直至明末还无楚辞学的专著②。

另外,就艺文志和文征之前或文中或文末方志编纂者所加的引言、按语、杂谈等,我们在研究过程中也不能忽视,其包含了非常重要的文学思想,是后人了解地区文学创作实绩的重要材料。张赵才在其所撰《荥经县志》艺文志中将文体分为八类,分别是论辩、赠序、书牍、传状、碑志、赞颂、词赋、诗,在每一种文体之下列有一个小引,"赋"之下小引:"赋者,铺也,铺采缔文、体物写志也,班固以为古诗之流,后人以为楚骚之变。"虽只言片语,在当今,仍不失是研究当时文学思想的重要线索。

方志艺文志集中了各个时代有关某一地区的著述篇目和诗文词赋,记述和反映了这一地区的学术源流、文学创作成就和文化发展脉络,可以说,我们要了解一个地区的历史与文化,就必须关注方志中所辑录的诗文作品。因为这些艺文志的最大特点,就是有大量的诗文是赞美当地的风土自然和人文历

---

① 瞿宣颖.方志考稿申集(序一)[M]//民国丛书(第二编第81种).上海:上海书店,1990:3

② 转引自陈炜舜.浅论传统方志与文学研究[J].文学新论,(6)

史,反映了当地的政治、经济、军事及重大事件、文物名胜、民情风物等社会历史现象。此外,艺文关于碑文的收录,其内容的产生绝大多数与本地的经济文化、政治军事乃至风土民情有着密切联系,如营建城池庙学、修桥赈灾、颂扬先人等,都是有关本地的人和事,于本地以外的事情很少涉及,而且基本上是一事一记,始末周详。故艺文之诗、诗序、碑刻、墓志铭等内容,与政治、经济、哲学、伦理、教育等相关领域的内容及论述相互呼应,能多层面、多角度地反映社会和文化万象,有着鲜明的时代特征和浓郁的文化内涵。文坛巨匠茅盾1980年元月写成的《夜半偶记》中曾感慨,我国的方志"搜罗材料之广博,超过正史、野史、前人笔记之所记载",提出:"似可组织人力,即以地方志中适合于旅游者之多方面兴趣而引人入胜者,编写导游指南。"方志艺文志无疑为地方的文化和经济发展提供了宝贵的基础。因此,开发传统方志艺文志,能有效提升地方的文化内涵,促进地方的旅游和经济的发展。

第二节 记录地方史料的载体

典籍是文化的重要载体,方志艺文志是记录我国古代文化的宏富的财产账,是各种史料的集成。其记述了一定区域内人文之历史和现状,涵广事丰,续而不断。许多资料不曾见于正史典籍,是迄今为止尚能见到最重要、最详明、最系统的地方文献汇编,有着正史、地方史等不可比拟的优势。

一、人物

各地人物见于正史列传的毕竟有限,大量的学术界人士则见于艺文志。艺文志中既有许多立德、立功、立言之示范人物,又有大量名不见经传却又生活在历史舞台上的小人物的直接史料,其嘉言懿行、诗文著作,是了解历史和社会生活的重要材料。

例如,在民国《续修历城县志》艺文志中,记载了明代诗人殷士儋的《川上精舍讲章》一卷,并释"川上"之书名是引自《论语·子罕》:"子在川上曰:逝者如斯夫,不舍昼夜。"(殷士儋是蒲松龄在《聊斋志异》里所写的"殷天官"原型。)还记载了对其诗的评价:"体齐鲁之雅驯,兼燕赵之悲壮,禀吴越之婉丽,是吾乡一巨手。"①

关于人物的文学作品,其著作内容、著作资料以及著者生平资料的记载,又多以著者乡邦的方志艺文记载最详细,如《楚辞评注》之作者王萌,今人对其生平不详,多认为其为清人,所幸《湖北通志》艺文志著录了"明王萌《楚辞评注》十卷"。王萌在《湖北通志》无传,但辗转查考《天门县志》等,即可明确其生于明季,入清后不求仕进,以遗民自居②。

艺文志还是研究女性人物的重要资料。在封建社会的纲常礼教下,正史一般是以男性为主要甚至是绝对的叙述主体。处于社会劣势地位的女性很难在正史中留下记载,而地方志中则保留了弥足珍贵的女性研究资料。如赵慈是清代女诗人,关于她的记载不多,在《民国续修历城县志》艺文中记有赵慈《雪庭遗稿》,范坰曾写道:"壬申之秋,济南谢问山(名焜)手一编示予曰:此秋谷先生幼女名慈字雪庭者之所为诗也……"这篇序记载了赵慈的身世和对她诗的评价。另外,又记载了《诗学源流考》一卷,并注"雪庭亲承指受,著有《诗学源流考》一卷(如好色斋稿)"。正是得益于艺文的记载,使世人对这位女诗人的生平及诗作有所了解。

通过艺文志就文学和文学人物的记载,还可综合各方史料线索,进行文学研究,对阙疑有所考订。如《安徽通志》艺文志著录了明末洪舫《离骚辨》一书,但此书已经不存,《安徽通志》亦无洪氏小传,然考《歙县志》云:"洪舫,字方舟,洪源人。常奉三闾、杜少陵木主,朔旦拜之,慨然有慕其人。"

言常朔旦奉拜屈原木主,则其《离骚辨》自在情理当中,为后人提供了研究线索。

另外,艺文所收的一些碑刻也可考人物生平,如清康熙《宁海县志》卷十"艺文志"载王澡《敕封魏国夫人施氏节行碑》,记载了宁海旗门周弁(1028—?)少年时因"闾里未知读书",在当地很难找到好的老师,母亲施氏将他送到鄞县舅舅家,"求良师友以训诲之"。所记的大量的墓志铭也是记录人物生平的重要资料:《秭归县志》中记载了有关屈原祠墓碑文选详细反映了屈原的一生,明吕鹏云崇祯《钜野县志》记载《晁君成墓志铭》等,为后人研究人物及其学术文化提供了翔实的资料。

二、政治

艺文志可以说是蕴藏丰富的政治史料宝库,它所包含的说、论、策、辩一类的政论文章,以及宸翰、上谕、告示等官方文牍,反映了当政者的政治主张和施政方针,记录了一些政治情况。

嘉庆《绩溪县志》艺文志之奏疏中胡宗宪的《筹边八议疏》,记载了嘉靖间倭寇入侵的形势下,胡亲临边防视察并提出"八议",颇有识见,是研究明史的重要资料。

清道光张堉春《廉州府志》艺文一,即首载元尚书刘宣《请罢征交趾疏》言:"连年日本之役,百姓愁戚,官府扰攘,今春始得停罢,江浙军民,欢声雷动,安南小邦,臣事已久,岁贡未尝衍期。边帅生事兴兵,彼因避窜海岛,使大举无功,将士伤残。今又下令再征,闻者莫不恐惧。自古兴兵必须天时。中原平土犹避盛夏,交广炎瘴之区,毒气害人甚于兵刃。今以七月会诸道兵于静江,比至安南,死者必众,缓急遇敌,何以应之?!交趾无粮,水路难通,无车马牛畜驮载,不免陆运,一夫担米五斗,往还自食外,官得其半,若十万石用四十万人止可供一二月,军粮搬载船料军需用众,五六十万广西湖南调度频数,民多离散,即户令供役亦不能办,况湖南密迩溪峒,寇盗常多,万一奸人伺隙大兵一出,乘虚生变,虽有留后人马,疲弱衰老猝难以应,若不计出万全,恐将复蹈前辙。"此乃极谏忽必烈宜惩前伐日本之败而罢征交趾之名文。

关于政治的腐败问题,艺文也有所反映。在《临潼县志》艺文志中,徐懋写《陈吏弊民疏隐》:"每见新官到任,聘材炫能,先出告示几张,逐词状几纸,矫设仁言,虚立清名。迨三五月后,本色立见,涂面丧心,大肆贪求,征收有羡,余又有额外之征,赎有加耗,又有法外之罚……官满还家,除在笥在匣不算外,甲第连云,膏田连陌,动以千百计,斯岂尽积俸得来?"此文以凌厉鲜活的笔触将统治者吏治腐败和虚伪贪婪描写得非常透彻。

政治史料在艺文的碑序中也多有记载,如1983年9月岳麓书社出版了《湖南地方志中的太平天国史料》一书,其中引艺文志者极多。湖南是太平军北征进军南京的第一省,艺文志中记载了大量的碑记、诗文,对清军地方武装的围剿,太平军进军情况及其迷信活动给予了真实的记录。如吴绂荣同治二年《嘉禾县志》卷二十四艺文志"富乐乡濂溪祠碑序","咸丰十一年春,予罢职穷不自存,经城绅相邀来嘉,又经富乐乡广文李公绍……相招过此住祠中匝月。时粤寇犹炽,祠内方设公局,为团练会议防御之……自粤寇猖獗以来,所过寺宇、招提悉成焦土"。朱炳元同治六年《桂阳县志》卷二十艺文"天柱山酒岩碑记"则对道光三十年,咸丰二、五年石达开进军福建、江西、湖南的胜利进军情况予以记载。这些史料对研究太平天国运动史均是不可多得的真实资料。

史书中记载的农民起义等虽大多简略、扭曲、混乱不全,但毕竟方志的编纂者因为身处当地,对相关信息的掌握有着得天独厚的优势。明代嘉靖五年的李福达借白莲教谋反案震动朝野,乾隆《宜川县志》卷之八"艺文"下记有署名"明邑贡刘子諴、横州知州"者之《关庙碑记》,于此事有记载①。

再有,艺文记录之史事传说,多为正史所不载,如《太平寰宇记》载,豫章太守贾萌与安城侯张普兴兵诛王莽,张普竟背约诣莽,故萌伐普于新茨之野,后萌为莽所杀②。这一史事不见于正史,艺文起到了补正史之缺的作用。

三、经济

方国瑜教授在《保山县志稿》中指出:"在封建社会,商人为四民之末,故对商业活动,多不辑入史志文献。"而在艺文志中可供采撷的经济方面的史料俯拾皆是。

在一些奏疏中,有许多关于经济的史料,如描写盛清时期扬州城市的生活,在嘉靖《江都县志》卷九艺文王世贞《张孟奇〈广陵怀古诗〉序》中曰:"广陵之富甲于诸藩镇,词人骚客又多为歌咏以益之,而古迹名胜灿然备矣。""然而一盐客薮也,其于大雅未复也。"经济发展了,但文化未能同步兴盛。在同治方濬颐纂《续纂扬州府志》卷二十三艺文中,有《广陵赋》,"农不勤亩,妇不织机,百金之花,千钱之鲕,家无盖藏,而费乃不赀",指出了扬州当时社会的奢华。

艺文志中关于地方土地的记载也有很多,如商水县《知县张德崇清丈地亩申文》碑,记载明万历十年(1582)商水县辖土地的概况及土地登记方式。这一信息利于解读某一历史时期赋役登记与实际土地丈量之间的关系,具备重要的微观制度史价值。

唐顺之《裕州均田碑记》一文为明代裕州天地登记制度变化的内因提供

---

① 贾三强.略论文史研究中地方志的利用[J].古籍整理研究学刊,2009(7)
② 刘双琴.《太平寰宇记》中的江西民间传说与民俗[J].文史知识,2008(11)

了直接依据①。顺治《息县志》则完整地保存了弘治《乔侯编氓碑记》、万历《鹿侯清丈碑记》、清代《郡丞周公清丈碑记》《吴侯吴公革除大户碑记》《拆亩碑文》等大量地方土地登记制度信息②。

关于养殖业也有所记载。清嘉庆十二年（1870），有题补兴安知府叶世倬撰修《续兴安府志》八卷，其艺文收录了《蚕桑须知序》，这是叶世倬将杨屾蚕书《豳风广义》等择其精华编纂成《蚕桑须知》一书刊印发行，并为之序述："天下无不可耕之土，既无不宜蚕之地，乃关中宅多不毛，妇休其织或曰风土不宜也。汉南阻山滨江，土湿少寒，其风景与楚蜀略同，夫润则宜桑，温则宜蚕矣。风土不宜出丝粗劣不中罗绮其利薄也。古人蚕桑之教起于西北，今则其利尽归东南，秦人知农而不知桑，一遇旱潦则饥馑随之，不知桑蚕之利倍于农，而其功且半于农。"他大力推行植桑、饲蚕、烘茧、缫丝之法，劝谕绅民兴桑养蚕，优奖广植桑树、勤于饲养者，此序成为后世考证安康蚕桑业的重要文献。

四、文化

方志艺文志之价值，不仅在于其所著的实际内容和目录形态体现出来的学术价值，而且在于藏书的历史悠久和贡献巨大体现出的文化价值，它在文化史上是独一无二的。如史苏苑说："《河南通志》八十卷从卷七十二的《艺文一》（赋）到卷七十九的《艺文八》（记、铭、诔、祭文），又宛如一部中国文学史略和历代文学作品集。"艺文志向人们展示了文学发展的面貌，体现了文化史价值。

以嘉靖《宁夏新志》"文苑志"为例，其收录五十九个作者的一百七十首诗和三个作者的十三首词和九个作者的九篇文章。其文有贾岛、李益、张籍、范仲淹、沈括等唐宋作家作品，其诗文内容丰富多彩。细细研读，可以帮助我们透过文字的古远记载，认识当时宁夏的自然景色、社会风貌、民情习俗和人们的思想感情，并从中获得历史知识、思想启发和艺术享受。

更有不少艺文志的诗文，为今天文化领域的研究提供了资料，弥补了历史文化断层。如《全唐诗》是唐代诗歌的总成，但从地方志中仍可找到《全唐诗》不曾收录的作品。在潮州府志中收录有不少唐、宋、明清时代的诗词，《番

---

① 乾隆《裕州志》卷六·艺文志［M］.影印本.1740（乾隆五年）增刻本.台北：成文出版社，1985

② 顺治《息县志》卷十·外纪·艺文.顺治十四年（1657）刻本

禹县志》则载有唐张九龄送广州周判官的诗,宋代韩愈送郑尚书赴南海的诗等。

　　方志艺文志还注重艺术内容的收录,有的志书在艺文的经部专设有乐类,如在同治方濬颐纂《续纂扬州府志》卷二十二中,在经部乐类下设有"乐县考二卷(注:江藩撰)今乐举隅(注:洪人骅撰)乐律全书(注:吴中宁撰)琴旨(乔煜撰)自远堂琴谱十二卷(吴杠撰)"。

　　乾隆《湘潭县志》艺文就记载有各种乐器图、乐舞图、舞谱。同治年间修的河南县志亦有乐谱、舞谱的记载。在光绪《松阳县志》还可见乐器演奏的盛况,其艺文中记载了南宋诗人王子敬诗作《花村戍鼓》:"红巨翠陌连西东,软尘十里吹香风,尝春醉归吟未毕,耳根厌听鼓冬冬。吟成独衣阑干立,雷撼霆轰鸣转急,须臾挝尽寂无声,唯见月高花露湿。"这些民间艺术活动中的器乐演奏资料,都是珍贵的文化遗产。

　　艺文志中辑录的诗文内容之一为临摹历代碑刻。但碑刻往往经"霜零雨蚀,欲求历朝题识,而点画剥落,鲜有全者"①,艺文无疑为保存碑刻内容起到重要作用。如广灵县康熙、光绪两部志书所收的十七篇碑文,现仅有康熙十八年(1679)《重修西照大广佑寺记》一碑幸存,其余都已无处寻觅原碑。许多事情正史记载不细,野史考订不实,好些古籍中搜找不到的东西,有赖于在碑文中得以完整无缺地保存下来。

　　借由上述之论,方志艺文志具有较高的文学和史料价值,值得深入的研究和挖掘,顾颉刚曾喟然而叹"(方志)如此缜密系统之记载,顾无人焉能充分应用之,岂非学术界一大憾事耶"!张舜徽先生也指出"方志是保存社会史料的渊薮,那里面的丰富记载,是在其他史籍中不能看到的十分珍贵的文献资料""其中如方言、风谣、金石、艺文诸门类所包含的内容,在在可为史部考证之用,更显示出了方志的重大价值"②。谭其骧在1981年中国地方史志成立大会上曾说:"方志中的《艺文》一类,辑录了许多前人的诗文,这些文字一般没有经过修志者的改动,反映了各个时代各个方面的情况,是最可贵的第一手数据。"也说明了方志艺文中蕴藏了丰富的宝藏。仓修良曾云:"旧的各省通志和府、州、县志,比较好的一般都有《艺文志》或《经籍志》,可以提供各地

---

　　① (清)李扬华修.国朝石鼓志·序
　　② 张舜徽.中国文献学[M].郑州:中州书画社,1982:352

有关著作的线索。"①

方志艺文志是取之不尽、用之不竭的富矿资源,历久弥珍。廓清方志艺文志的文献面貌、结合文献学、文化学、社会史、学术史等不同学科进行深入研究,挖掘其内在的思想文化和史料价值,具有十分深远的学术价值和文化意义。

五、教育

艺文志中记载了许多府学、庙学、县学的资料,多采用疏、记等文体,如明崇祯《元氏县志》艺文收《重修儒学记》,明万历《新安县志》艺文收《重修儒学记》,雍正《江都县志》艺文收《请立学校疏》,乾隆《善化县志》艺文收《重建惜阴书院记》,咸丰《安顺府志》艺文收《请添学校以宏教化疏》等,这些数量较多的关于儒学、文庙及书院的文篇,集中记载了古代教育的概况,反映了当时的教育风气和尊儒重教的理念。

艺文关于书院的记载较多。在古代,自两宋以下直至清光绪下诏废止书院改设学校止,许多地方修建书院,书院是我国古代官学之外的一种教学组织形式,集文史研究之长,为专门讲习之业,名儒大家在各书院承担教学工作,宣传学术思想。因此,书院的创建,与整个时代教育事业的发展有直接的关系,艺文中关于书院的记载也就成为一地教育状况的实录。以李文烜修咸丰《琼山县志》收录有关教育的内容为例:

《新建约所义学碑记》:分巡道程宁;

《琼台书院碑记》:分巡雷琼道焦映汉;

《重修学宫记》:教谕关必登;

《迁建琼州府学记》:国朝学政翁方纲;

《重建琼山雁峰社学记》:国朝巡道德保;

《新建苏泉书院记》:郡伯于霈;

《雁峰社学记》:同知陈景埙;

《重建琼台书院碑记》:国朝巡道费丙章;

《重建琼山雁峰书院记》:知县于学质;

《重增琼山雁峰书院膏火碑记》:知县苏棻;

《重修雁峰书院碑记》:郡守状元林鸿年;

《环江书院记》:雷琼兵备道进士黄钟音;

---

① 仓修良.方志学通论[M].济南:齐鲁书社,1990:557

其中,《重建琼山雁峰书院记》道出于学质重建琼山雁峰书院的目的,让"诸生"能"处为正士,出为纯臣,以仰答圣天子寿考作人储才育德之至意。是岂惟生斯上者之光,宰斯土者亦与有荣施也"。《雁峰社学记》同知陈景埙认为"学有社,所以萃子弟之秀,而良者延名,师训迪之,以使之成人与当道,书院义学,异号同功""诸生步趋前哲,其勿忘中丞属望后起而不遗滨海一隅之善教也夫"。

《重增琼山雁峰书院膏火碑记》知县苏棨云:"学校者,所以维风俗人心,以兴起文物者也,我国家殷殷立教,泽宫而外各府州县皆饬有司,谋及地方绅士,设立书院,以乐育英才而又置田为修脯资料。""琼邑雁峰书院在琼郡治贡院东,前令于君改社学为书院,讲堂学社焕然一新,乃经费不足,霑溉无几,故肄业者尚属寥寥,苟非增其饩廪广其额数,将何以可大可久振士气维风教于勿衰? 余莅任之始,入院观风,慨然有志增益,首先捐廉俸洋银四百四十员,易制钱三百五十二千文",并设法劝捐,"凡吾力所可及,与众志所乐,输者不惮,多方筹画,期集腋成裘,积土成山"。将其带头捐资,并倡议社会各界重视教育、募集资金的情况进行了详细的记载,从中可一览地处国土南端、文化落后的海岛被教泽、受开化、更风尚的概貌。

艺文中还收有对官学的记载。李勖修同治《来凤县志》卷三十艺文志则记录了鄂西的教育情况,如卯洞安抚使向同廷发布了《学校序》和《广修学校告示》。在《学校序》中云"尝思学校之设,原以作育人才以备国家之用",道出办学目的,"余因思人不学不如物,且士不通经果不足用,先王图治,庠序必居井田之后,卯洞虽属僻壤,而人性皆善……所以余于司内及新江各处,均建学舍,外示谕各地就近多设,以便延师课读俾肄业者得以居"。《广修学校告示》又云:"示仰各地知悉嗣后就近修设,俾成人小子各得其所,凡为父兄者,故当加意,教督为子弟者,尤宜潜心肄习,则日变月化,考第礼让之心油然而生,且能志图上进,功力深而自足,以扬名显亲,司内虽无学额,本司自可移交暂送荆州附考,俟文风日盛,即行援酉阳之例,请设学额,将见风俗厚而作育广,可无虑人文之不振兴也,凡司内人等务须踊跃从事,无负本司之意,特示。"从中可见官学对于西南土家教育的重视。

在有些艺文中,还可现教育的兴衰。如李焕春修光绪《长乐县志》卷十艺文志云,"数十年来,设学校,崇庙礼,绂哥乐业,几同乎通都大邑也",记载了教育的兴盛。对教育的破坏情况,也有记录,如刘希关《祁阳县志》卷二十三艺文志"补修永昌书院记"中"咸丰己未春,石逆(达开)窜祁,踞是院,穿壁穴埔,撤毁楼槛,门窗殆尽",较具体真实地反映了太平军对县学的破坏。

另外,除了乡土志之外,我们还可见当时的教材记录,如梅鸷《南雍志经籍考》杂书类著录如下:

> 《千字文字帖》一卷;
>
> 唐欧阳询书《九成宫》一卷;
>
> 杜环《千字文》一卷;
>
> 虞世南《千字文》一卷;
>
> 虞世南《百家姓》一卷;
>
> 赵子昂《千字文》一卷;
>
> 鲜于《真草千字文》一卷。

这提供了各地学校的蒙童教材,《南雍志》卷一"事纪"云,洪武二十四年"命礼部颁国子监印本书籍于北方学校"。明史卷二云,洪武十四年"颁《五经》、《四书》于北方学校"[①]。从中可以窥见明代文化教育事业的发展状况。

六、地方史

方志是一方之全史,关于县史的记载,在方志艺文志中较多。如清嘉庆十七年《璧山县志》艺文志中收录了明翰林江朝宗撰《新建璧山县记》:

> 国朝法古以治天下,百司庶府皆建公署以出政令,为安民计也。其或地利殊远则增立县治,为便民计也。璧山设县,其为便民计乎?昔人云:四山如璧,又云山出白石,明润如璧,故名。群山怀抱,率然之蟠,诸溪映带,长蛟之伏。
>
> 县治建自秦汉时,毁于陈,复于唐,又毁于梁,至晋升为璧山。宋之时,人文崛起,其间若冯当可、蒲国宝联登状元,若进士则有蒲谦、王大龄辈。谚云:状元双及第,进士屡登科。此固地灵人杰之验也。元时,毁于兵,并入于巴。数十年间盗贼纵横,税粮逋负,强者凌弱,富者吞贫,习风日盛,总由僻远官府故耳。
>
> 成化癸卯,巡按都御史并藩臬二司覆实以闻。上允之,仍立璧山县。时江西饶州府余干县张公名本字汝,从钦承上命来知县事。下车时,一蒿莱地尔。其地南北相距一百二十余里,东西半之。邑人皆虑璧地无木可采,县治之大,所费不少,将何所措? 即曰:急。公

---

①　转引自徐有富.论《南雍志·经籍考》[J].文献,2005(2)

厥成靡易而谓无难乎？堪与度地之形胜而定其位次，县治建于中，儒学建于南，藩臬二祠建于学之北。至若府馆阴阳医学僧会道会庙宇坛场预备仓演武所，徐徐修理。次第筑城，卫内捍外，周围七百二十余丈。城有四门，东曰迎恩，南曰拱秀，西曰临高，北曰演武。圆以石洞，覆以高楼。木石竹瓦动，予公不取于民，民争趋事，罔知其劳。肇工，癸卯之夏告成。

癸卯之冬，儒学教谕李时偕生员陈尧道、耆老陈仕皋李文魁辈，胥谓我公开创之功若是，其大可不立碑以记其实乎？乃述实事，请予以文。予惟朝廷设官分职，惟令为亲民之官也。汉明帝曰，郎官上应列宿，出宰百里，苟非其人民受其殃旨哉？言乎张公之令璧山，不但役志于建筑，且久，而恣肆之民咸守法度，一二宵小无赖，公下车来，随捕随获，无一能逃者，人以为神明焉。民之牛马藏之卧室尚被劫去，今则牧之山林，无有棼栏；行李之失于道途者久而主得之。所谓夜不闭户，道不拾遗，复见于今日矣。执政者咸曰：专治新邑，盗息民安，张公庶几乎？故因舆人之请，书之于碑，庶后之志璧山名宦者，知所采云。

此处资料就碧山地方历史进行了详细说明，是研究县史的重要参考资料。

就地方历史的考察，也可依据艺文进行，如孔尚任参纂的《莱州府志》第十二卷艺文志中，收录了《传疑》，录其《论沙丘》文："顺德府沙丘城，诸志传为秦皇崩处；莱州府有沙丘城，诸志传为九方皋相马处。考史：秦皇东巡至海，有方士献不死草，服之暴崩，尸藏蕴车，载海鱼以乱尸气。此必在莱之海滨，顺德去海远甚，又奚所得海鱼耶？秦穆公命伯乐相马，先使九方皋往，即还报曰：'马牡而黄，以得之沙丘。'又使人往视，乃牡而骊，公不悦。未几，马至，果天下之良马。观其选马往来频数，必产马之地与秦地近者。莱境既远，又不产马，其误甚矣。又兖州府东门外有沙丘，是唐李白居处，旧莱志载李白沙丘城诗，更误矣。"通过考辨，对诸多志书中就秦始皇死处和九方皋相马之地沙丘原址的不确记载进行了批驳。

艺文中记载的这些内容，比较真实客观地透视了当地社会的历史发展状貌，不失为遗珠散珍，具有较高的研究价值。

七、社会史

艺文记录当时许多社会图景，反映了社会发展的概貌。

民国《齐东县志》艺文《吊旧城文》翔实记录了县城的繁华："于是时,来河下偶立,滩头听款乃之声,看秋波之涨,赵岩口素号名津。东皋门早升皓月,往来如织踏破红尘,水陆相通财连银汉。人语啾哳之中南商北客,市情繁华之处车载斗量。盐艘联帆而东来,路通海运,粮船逆流而西上,货翰汴京。白云十里,雨后悬蓬,翠袖两行,埠头招客,此北关下河,亦东省小商埠也。"

艺文还从侧面记录了民生的艰难,许多非常耐人寻味。清道光张堉春《廉州府志·艺文一》所载明两广总督福建莆田人林富于嘉靖八年(1529)《乞罢采珠疏》《乞撤内臣疏》两文,控诉中官承旨前来采珠,强征人伕民船鱼肉祸乱乡里,抒发了其伤恸愤懑不平之气:"各夫船在海忍饥饿,涉风涛,已经三月有余,寒苦殊堪悯恻",又查得已"溺死军壮船夫二百八十余名""各处刷船之时,买免卖放,大开地方总甲需索之弊……为害不可胜言",结论是"或谓'以人易珠',由今以观,恐易以人而珠亦不可得"。他伏乞皇上"敦朴素以远珍丽,省财力以厚黎元"之忠谏虽看来未被采纳,但"采珠"暴政却暂得停罢。

富孙兆珂于60年后之万历十八年(1590)来知廉府,又撰有《采珠行并序》。序云其"先大父"之"总制两广也,疏罢采珠,褫中官柄",廉人至今祠颂其德。今"惧承平日久,未悉中官恶焰,仍蹈前辙,为民害",乃作此诗。有句云:"倏忽狂飙吹浪起,舵折帆摧舟欲坏,哀哀呼天天不闻,十万壮丁半生死。死者常葬鱼腹间,生者无语摧心肝……蛟鳄错牙竞相向,积血化为海水丹。恨不远从辽海戍,纵往死地死犹宽!今秋天半朱霞赫,内府奇珍应可得,万落千口半已残,后宫犹未增颜色。内使自称王爪牙,怒目恣睢限严勒。我祖白简弹中官,九重天子变龙颜。诏下明光罢采珠,貂珰土色旋长安!"林氏祖疏孙赋,《廉州府志》同收入艺文,非唯爱其文辞之美,首重其爱民之心也。

因文观世,有些地方习俗的记载也很生动,如光绪《松江县志》艺文中记载了乡俗,"乡俗于清明之前,卜吉设西焦于城隍庙,斋戒极盛,鼓吹呼拥,迎城隍神,温太保神,周巡城乡,所以逐疫。装扮台阁前导,颇极巧妙,男女云集景观,仿佛古傩意志",将"迎傩"等民间活动的场景进行了生动详细的记录。

有些地方志艺文志还记录了人口迁徙和语言史等史料,如明谢肇淛纂《滇略》记载非常详细。其卷八文略载滇文献,如"汉人多江南迁徙者,其言音绝似金陵,但呼院曰万,阶曰该,鞋曰孩,虹曰水,椿松矩曰明子,蓄水曰海子,岭曰坡子,沟曰龙口",明代马文炜纂万历《安丘县志》、王一龙纂万历《广平县志》等皆对地方方言多有记载,是研究语言和人口迁移情况的宝贵资料。

八、建筑史

艺文记载了许多关于乡土建筑的史料,如祠堂庙宇、桥梁、学舍等,记录了建筑物的坐落地点、始见年月、营建概貌、重建等情况,特别是关于各级的庙学建筑的记录,数量较多。如文庙是祭奠孔子的建筑物,从唐代以来,各地或即庙建学,或因学修庙,创建庙学是地方官的主要政绩之一。特别是在明朝政府的大力倡导和强令推行下,各地掀起了兴建庙学的热潮,许多艺文录有这方面的内容。

嘉庆《禹城县志》艺文志收《重修县学文庙记》、清黄廷玉《静宁州志》艺文志收黄机《静宁州重修庙学记》,记载"当宣圣之殿劫圮,学宫榛莠,以乙丑八月捐资千缗,重为修葺",详细追记了建桥的起因及过程。

康熙《广灵县志》艺文志收有碑文《创建桥庙记》,文中对与桥相邻的武安王庙详细介绍,对桥梁的规模形制、用料用工也加以细致记载:"经始于嘉靖二十七年二月朔日。下列三洞。用石以丈计,三百二十有奇;用灰以斤计,二万四千有奇;夫匠以工计,通七千八百八十。"这些记录利于今人从其用料用工记载中推测其规模和质量,为桥梁史的研究提供了第一手的数据。

就此乡土建筑的意义,当代清华大学的建筑专家陈志华教授进行了阐述:"梁启超曾经说过,二十四史讲的都是帝王家谱,全部读完还是不知道中国人是怎样生活的。乡土建筑作为乡土社会的史书,清晰地记录了农村的历史与习俗、生活和思想,正好补充了那半部历史。"

九、宗教史

宗教的记载,也可从艺文中找到,特别是关于庙宇的记载。庙宇是宗教信仰具体神祇的载体,在地方宗教文化中居于显赫的地位,在艺文中关于庙宇建设方面的内容非常丰富。

"后土庙,即泰宁宫,在县城东。宋祥符中建,其详载故牒中。当是时,真宗驾幸汾阴泰宁宫祀后土,以祈嗣因幸华山历云台观,观东亦有汾阴后土庙,遂赐号曰泰宁宫,后住持武元亨请于朝,改建渭城东南原即今宫也。金元明相继修葺,雍正八年住持王一海募修,有元余关重修碑记暨前人题咏,俱见艺文志。"这是雍正《渭南县志》卷六祠祀中就艺文收录土庙题咏的记录。这种记录非常之多,有大量佛教的内容,也有西洋教的记录,从中可窥地方宗教信仰的状貌。嘉庆《禹城县志》艺文志收录张象津撰写的《漯川义学并置义田记》保留了地方上关于耶稣之天主教的发展故实,为宗教研究提供了大量的宝贵资料:"韩氏一村老老幼幼,不世其先人学而奉西洋教者,十八九矣。西洋教者,世所称耶稣之天主教也,其言曰,天地万物日月之更代,星辰之赢缩,推而测之,了如指掌也……夫西域之重佛久矣,耶稣之世不可考。然必其地之最黠者,乘佛教之衰而欲攘其重,乃别创为异说,以诳其国人而又虞人之不信也,仍窃释氏天堂地狱之说,以防其出,并窃道家鍊神升天之说,以诱其人,于是其教逐行。"

第三节 抒发乡曲乡情的媒介

艺文是文人志者抒发浓厚的乡土之情和表达修志、存志情结的媒介。中国是个农业大国,中华文化孕育了无数"身在江湖,心怀魏阙"拥有家国之志的文人,地方学者文人对家乡有着牢固的记忆和深沉的眷念,对于和乡土有关的事物都倾注了极大的热情。而"家乡"之空间定位,在古代中国,首先表现为县,其次表现为州,最后表现为省,学者惟不忘乎乡,而后能及"于天下"。故方志是家乡的历史,如果说修国史是中国人的使命,那么修方志则是地方学者文人的由下意识的心理仰慕和追求逐渐发展而成的表达乡土之情的需要、记载乡土之事的使命。

以章学诚为例,他是史学巨匠,方志著作等身,认为社会的组成是"合人而为家,合家而为国,合国而为天下"[1],指出家乘和国故的联系。"谱牒记载之功,详赡有体,用能使子孙奕叶不忘家学,家乘之有裨国故,岂虚语哉?"[2]钱钟书曾言:"流风结习,于诗则概信为征献之实录,于史则不识有梢空之巧词,只知诗具史笔,不解史蕴诗心。"[3]"诗具史笔,史蕴诗心",用以写照章学诚的人生,当颇为恰切。章氏一生和艺文结下不解之缘,乾隆二十九年(1764),二十七岁的章学诚坦陈志向:"丈夫生不为史臣,亦当从名公巨卿,执笔充书记,

---

① (清)章学诚.《章氏遗书》外编卷七·永清县志·土族表第三
② (清)章学诚.《章氏遗书》外编卷十一·永清县志六列传第六
③ 钱钟书.谈艺录(补订本)[M].北京:中华书局,1984:363

而因得论列当世,以文章见用于时,如纂修志乘,亦其中之一事也。"①重"史"重"文",重视"纂修志乘",注重经"世"致"用",涵摄了他一生的情感和心志,拓展了他精彩的生命情境。他还发出这样的豪言壮语:"吾于史学,盖有天授,自信发凡起例,多为后世开山。"②在"家乘之有裨国故"观念的支配下,他以诗文抒发其情,寄予其志,以志记录历史,借助艺文折射了一生的情感和志向。艺文是他所创作志书中最情真的表露,他高自标举,为清代之别派,独行高蹈,自成一家言。

家国同构的思想意识下,还有许多名贤之人和章学诚一样,特别重视艺文志,对家乡的名人著述溢美有加,对本地名胜,诸如十景、八景称颂不已,有时甚至过多过滥,这种现象在史学的资料遴选、秉笔直书的角度来审视,是无法解释的。但从另一角度看却是文人感情和倾向的表达,其根植于文人的乡土情结。因此,赵明奇曾总结道:"我们认为,人们在地方志书审美活动中所表现出来的对家乡的爱是一种超越政治的特殊的偏爱。这种树叶对根的情谊是眷恋家乡的思想基础,是忠于祖国的意识源泉,也是中华儿女万里同心的精神维系。"③

以《甘州府志》的《艺文志》选录的陈史两首七绝为例,一首是《思先英》:

> 廿载先陇祭未曾,天涯身作弃家僧。
> 俸钱不挂坟头纸,愧向遗容拜豆登。

另一首是《忆乡风》:

> 儿家撩乱送秋千,尽日飞空遍纸鸢。
> 记逐南郊归射马,满街无数醉神仙。

作者虽在外宦游,但经常怀念家园,怀念逝去的先人,怀念家乡的风俗。在和煦的春风里打秋千、放风筝,都给他留下了深刻的印象,使他历久不忘。《诗》曰:"代马依北风,飞鸟扬故巢。"故园乡土的留恋,是诗人学者永恒的表达主题,而艺文志则当仁不让地成为抒发乡情的媒介。

从宋代起,更多的一流的文人、学者参与编修方志,如宋敏求、朱长文、范成大、李焘、熊克、薛季宣、陈傅良、陈振孙等。其中不少是文臣诗宗、史学巨

---

① (清)章学诚.答甄秀才论修志第一书[M]//文史通义校注.北京:中华书局,1985:821

② (清)章学诚.家书二[M]//章学诚遗书·卷九.北京:文物出版社,1985:92

③ 赵明奇.试论中国地方志的审美功能[J].江苏地方志,2003(1)

儒,如宋敏求是北宋杰出的唐史专家,曾经补撰唐武宗以下五朝实录,参与
《新唐书》的修纂,曾纂的《长安志》《河南志》《东京记》皆属中国方志编撰史
上的典范之作。"方志的内容既是无所不载,方志的效用与功能,取决于修志
者的器识与抱负,修志者的期许,决定所修之志的功用面向。"①虽寥寥数语,
所言是方志的功能面向,但将范围投射小到"艺文志"的编撰,亦可说,方志者
的器识和文化视野,也和艺文的选材息息相关。如南宋著名诗人陆游,与其
子陆子虡等共同修纂《嘉泰会稽志》,陆游本人亲自审定,并作序文。"陆放翁
为之序。首称禹会诸侯,而以思陵巡狩,升府配之,气壮文雅,盖奇作也。嘉
泰辛酉,陆年已七十七矣。未几,始落致仕为史官,至八十五岁乃终。其笔力
老而不衰,于此序见之。"②万历《绍兴府志》卷五十云:"今人但谓之放翁
《志》,几不知有施君。然观篇末参订之语,则亦似有润色矣。其文辩博可喜,
笔力畅健,有苏氏父子风,非此老宜不能若此。"

在元代,名流积极参与修志,如至元《奉化县志》,由元知县高邮丁济修,
奉化舒津、鄞县陈著等纂。丁济字溉之;舒津字通叟,景定三年(1262)进士,
由太学博士判平江府;陈著字谦之,宝祐四年(1256)进士,官至监察御史,知
台州,晚年隐居奉化。虽然此志不存,但此书见于钱大昕《补元史艺文志》著
录。雍正《浙江通志》卷二百五十三云有教谕严德元序。其序云:"丁侯为邑,
识大体,人多归焉。乡先生舒公津、陈公著,以先朝宿望,退老于家。丁侯有
以致之,朝夕琴堂之上,搜罗故实,作为邑志。"言明作者为"宿望"之人。对此
徐时栋《四明六志校勘记》卷九亦佐证云:"奉化县尹丁济聘鄞陈著、奉化舒
津、任士林同撰者也……三先生皆文章巨公,其所著作,今尚有传者。合一时
大手笔以成区区一县之志,必非横目二足之徒,操觚弄翰者所可望其肩背,而
惜乎其不传也。"

明清以后,著名文人、学者投身于修志事业,视修志工作为学术研究和文
化传承者,更是彬彬辈出,将方志引入了一个隆盛时代。如乾嘉时期的考据
学大师戴震这样的第一流学者,也曾主修过山西《汾州府志》《汾阳县志》。再
有如洪亮吉也热衷于志书的编纂,视修志为精神文化的创造和历史的记录,
在嘉庆《黎里志》序中指出:"黎里为吴江县一镇,今其土壤之富庶,民居之稠
密,于西北可大比于县,于东南则中下县或有不及焉。居民户籍既繁,则风气

---

① 高志彬.台湾方志之纂修及其体例流变述略[J].南投台湾文献,1998(3)
② (南宋)陈振孙.直斋书录解题(卷八)[M].上海:上海古籍出版社,1987:247

亦日开,文采则日盛,人物轩冕遂擅于东南,推之而园亭、祠宇、艺文、金石,皆可各立一门,此而不及今条记之,则后此者将何所考焉?"这些学者带着强烈的责任感倾心方志事业,一方面他们不辞劳苦,艰苦卓绝地进行方志的编纂;另一方面,还通过撰写序跋、考证版本、评价内容、书函研讨等对方志理论进行研究。虽零星篇章,但却凭借扎实的学术功底和严谨的学术态度为后人留下了宝贵的财富。

民国时期,政局动荡,但是社会名流和地方学者还是以强烈的责任感和使命感使得这一时期地方志的编修保持连续。即使在抗战时期,地方文人、学者也视修志为抗战救国的一项重要任务,编修方志工作陆续开展。沦陷区在及其艰苦的环境下亦有修志之举。北师大教授黎锦熙在西迁陕西之后,主持编修了《城固县志》《洛川县志》《黄陵县志》《同官县志》《宜川县志》,对于抗战,"凡一才一艺,一言一行,一事一物,犹谆谆不厌其详,务使人人知国家兴亡,匹夫有责之义,借以振衰起懦,敌忾同仇,共赴国难"。他还提出以修志为抗日服务的号召:"抗战救国,我以为文化界中人要真正负起责任来,第一步工作,就是给所在地方修县志。"在当时,修志工作同抗战结合,表达了地方的文人、学者在烽火战乱时期抗战救国的热忱。

有些学者不只是撰写方志,还积极搜集保存方志,张元济即是典范。他积极奔走搜罗各省县方志。他充分肯定方志的价值,"地方志虽不在善本之列,然其间珍贵之记述,恐有比善本尤重者"。他认为,搜集地方志,一方面方志是为编辑各种专科辞典的需要,另一方面,也是更为重要的因素,方志是"事关国脉,士与有责",是为了制止帝国主义对我国方志的掠夺。他在给北京大学朱希祖的信中强调"乡贤遗著断不可交臂失之也",他的家乡海盐县历史上最重要的地方文献《海盐文献志》《盐邑志林》,以及海盐著名学者胡震亨、彭孙贻的著作,张元济均出重金搜求,使之不致湮没,有的还重新刊印,并以涉园为藏书室名,竭力搜求、保存海盐县先哲遗著三百五十五部,计一千一百一十五册,为地方文献的保存做了很多努力。

与张元济交往甚密的傅增湘也倾注大量心血关注家乡文献。他在1928年12月20日给张元济的信中写道:"目前急欲遍翻四川府县志。京馆存者不及半,涵芬楼中则尚完富,欲借则卷帙太多,无法运致,南来检抄,若无此暇,且亦非数日所能了,奈何奈何。"①其孜孜以求乡邦文献的殷殷之心,在此可见一斑。

---

① 张元济,傅增湘. 张元济傅增湘论书尺牍[M].北京:商务印书馆,1985:197

民国苏洪宽在《中江县志》中云:"一引起邑人爱护乡土之观念也。庄生曰:'旧国旧都,望之畅然。'况见见闻闻者耶! 而见闻之最详备者莫如县志。故披览县志而爱护乡土,敬恭乡梓之念油然而生矣!""爱护乡土""敬恭乡梓",在这种家国天下理念的驱动下,地方学者把修志作为一种责无旁贷的事业,编好艺文志成为他们的普遍追求。他们主持风雅,高标文学,寄爱国爱乡之情于所修志书之中,付出了艰苦的努力。艺文创作既是一种文化活动贯穿在地方文化的发展历史中,同时也是一种抒发乡情乡曲的精神需要根植在一代又一代人的心灵中,代际传承,生生不息,不断呈现新姿与生面。后人可通过地方的艺文志了解世风时变和学术文脉,激扬诗文心曲,共享艺文创获,进而在这样精英纷纭的地域景观中产生强烈的爱国爱家的共振回响。

第五章　方志艺文志的评价与展望

第一节　方志艺文志之弊病

历代所修艺文志,具有重要的史料和文化价值,但方志艺文的编纂,既为时代和地域的政治、经济、社会格局所左右,又受编纂者思想、学识、观点、方法、语言表述的限制,加之在流传的过程中又有佚失,因而总使艺文志存在这样或那样的瑕疵。归纳起来,主要有以下几点:

一、滥收

部分艺文对收录的作品内容不加辨别,致使内容十分芜杂,滥收一些附庸风雅、闲情思怨、咏景叹花、无病呻吟之作,对于富有地方特色的文献、民间文献收录甚少,且对于有些科技方面的文献未予重视。结果,遗漏了许多重要文献,却拣些破碎之诗文,以迎合封建士大夫的情趣,影响了艺文志的价值。

例如,道光间,知事张道超修《重修伊阳县志》,收录自作书目十余种,仅就书目而论,毫无学术价值,章学诚在《书〈武功志〉后》中就对这种现象做了批评:"志乃史裁,苟于事理无关,例不滥收诗赋。康氏于名胜古迹,猥登无用诗文,其与俗下修志,以文选之例为艺文者,相去有几?"

再有,有些艺文作品的采录因人而异。因志书大多是官修,官吏往往是主纂者,因而部分方志艺文志中主纂者或编纂者的作品,有"近水楼台"之便。收录有的是作者作品本身具有文采,有的是欲借艺文志之选录以求不朽。如嘉靖《开州志》的编纂者王崇庆,在该志卷九"艺文"中大幅辑录了自己的文章八篇、诗十九首。再如,乾隆初年,知县眭文焕修《重修桃源县志》,不仅收录自作诗文,而且还收入了他的子侄诗文。故傅振伦批评说:"旧志艺文往往多载县吏颂德之文,士绅唱和之诗,风云月露之词,连篇累牍,即便著录书目,也形同账籍。"

二、多收

部分方志艺文志罗列杂碎诗文,篇幅较大,与方志中其他各志极不相称。

例如,明嘉靖二十年《四川总志》八十卷,前十六卷为刘大漠修《总志》,自第十七卷以下的六十四卷,为杨慎等纂的《全蜀艺文志》。清师范编《滇系》全书四十册,"艺文"就占了十八册,篇幅有一半之多。因此金毓黻说:"旧志艺文志以诗文占全书之大半,只有极少篇幅,记载其它门类。"道光六年,时任太原府知事的穆彰阿也指出志书三大弊病,其中"艺文多"视为弊病之二,"若夫流连风景之诗,模范山水之记,择其尤者以著风雅可耳,乃或不能割爱,连篇累牍,每一志中艺文辄居其半,是为文录,病二"。

这种现象也引起了章学诚的关注,他在《方志辨体》中指出,《湖北通志·食货志》中"田赋"一门的编纂存在问题,"旧志尽取各府州县赋役全书挨次排纂,书盈五六百纸,而议论财赋章奏论说之文,则散归艺文,而本门一概不录,阅者连篇累卷,但见赋税钱谷之数,其十一府州,数百年利病得失,则茫然无可求矣"。此虽是评议"食货"之门,但却从另一角度指出了艺文存在的问题。

三、误收

艺文志还存在着不加考证、误收文献的毛病。

如南阳《卧龙岗志》为著录唐宋名家歌咏南阳"隆中"之诗,却误收了咏湖北襄阳"隆中"之诗。再如,刘寿曾指出,嘉庆《扬州府志》艺文门,误收闽之兴化府人之著述甚多。

在著录方面,有些艺文志的书目,仅列书名、卷数及作者姓名,颇嫌简略。在编排上也有失误,《四库全书总目提要》就指出明嘉靖《广西图经》将杂著、文诗归入"外志"之误。

再有艺文编纂时出现了传抄讹误。例如陈炜舜在《浅论方志与文学研究》艺文中,就考证了这一现象,清沈翼机等纂《浙江通志》经籍志就记载:

　　骚略三卷:延祐四明志高似孙著;补楚辞一卷:万历绍兴府志姚舜明著;

　　变离骚九篇:续文献通考高元之撰;拟离骚二十篇:嵊县志张灿著;

　　离骚解:万历秀水县志黄洪宪著;离骚新疏四卷:桐乡县志陆时雍著。

此处错误两处,一是高似孙原籍嵊县,并非四明人,而延祐《四明志》无高似孙《骚略》之记载。二是高元之《变离骚》《续文献通考》并无著录。考《延祐四明志》之高元之传,提及《变离骚》一书,《文献通考》经籍考亦著录高似孙《骚略》。由此判断,《浙江通志》在誊抄时误将《文献通考》与《四明志》的位置对调,又将《文献通考》讹为《续文献通考》。进而,姚舜明、张灿、黄洪宪、陆时雍皆为明人,将宋人高元之置于明人之间①。

四、虚而未核

艺文中所收录的诗文作品,如反映该地的自然风貌和风土人情的竹枝词、八景诗、山水赋等,往往是浮夸形胜、附会景物,影响了方志的记事传史的效果,此外,艺文的弊病还在艺文作品的收录上,存在着虚假的现象。

就其具体原因,杜泽逊有过深入的分析:"封建社会有些知识分子要面子,身后子女请人写墓志。作者根据家人的要求,说死者'有诗一卷',这样说心里又有些发虚,因为谁也没见,所以又加上'稿藏于家'四字。也许死者作过几首诗,而不曾结集,也许根本没做过诗。后来修县志或省志、府志的人,又根据墓志把'某某人诗集一卷'列入'艺文志',也就把若有若无的一部分落实了。"并且还指出:"各地方志中艺文志所著录的书,恐怕都含有这种虚拟的著述。可是,它们夹杂在真实的著述当中,犹如滥竽充数,我们既无法取书来逐一验看,又如何把滥竽剔除呢?清人著述,像章学诚《史籍考》那样失传的,着实不少,我们对那些见于记载而今天又无传本的著述,是不能不收的。因此,某些虚构的清人著述的滥入,就成了难以避免的麻烦。"②这一评价是颇有见地的。

五、与正史记载不符

艺文的收录,存在着许多和正史不同的记录,一方面可以补正史之不足,另一方面,还要加以校雠和考证,如唐韩愈《岣嵝山》一诗中咏禹碑句"蝌蚪拳身薤倒披,鸾飘凤泊拿虎螭"③,《衡州府志》艺文志三七言古诗中则题名为

① 转引自陈炜舜.浅论传统方志与文学研究[J].文学新论,(6)

② 转引自杜泽逊.史志目录的编纂方法及其面临的困惑——以《清人著述总目》为例[J].图书与情报,2006(6)

③ (清)曹寅等编.全唐诗[M].北京:中华书局,1960

《岣嵝峰》，"虎螭"则为"蛟螭"，此种现象，并不鲜见。具体当何去何从，需要根据情况进一步的分析校雠。

综上所述，分析艺文志之不足和缺失产生的深层原因，主要有以下几点：

一是从收录的作品内容上看，方志因多是官修，是封建时代统治阶级教化的产物，在内容上有一定的倾向性，多是收录本地官员、名贤的作品，对于劳动人民的作品则较少收录或不予收录，讽刺时政、揭露地方制度黑暗面的文献则遭排斥甚至禁毁。如在万历四十三年（1615）李维贞《高平县志》序中，非常露骨地提出"艺文非雅驯及有裨风教，则不录。生有封章，殁有谕祭，王言有命，非可他比，则特识之"。

二是就收录的主题看，透露出封建正统观点及其伦理、道德、迷信等陈腐信息，主题内容包括歌颂儒家经典、歌颂妇女守节之类，因此，艺文志有扬善隐恶之嫌，还有封建意识和迷信色彩等。

三是在类目的设置及编排顺序上也是为了突出统治阶级的地位，比较强烈地表现出了地主阶级文化所特有的内容，例如，宗庙、社稷、封禅等在艺文中多有收录，不少艺文志中首列诰赠文、御祭文。

四是顾及人情世故。这一原因被曾灿材一语道破。他在民国《庐陵县志》中就曾指出："盖志之体略近于史，而实与史异，乡井之近，乡梓之谊，其能美恶并称乎！"①还有更恶劣的，有些艺文纯是有名无实的谄媚之作。如傅振伦曾气愤地指出："道光《太康志例》说：'大吏邑侯，文人墨客，即事题咏，采择付梓，亦是增邑乘之光。'借此以取悦上级，尤属无耻。"

五是虚美。艺文志中浮夸之词、附庸风雅之作并不鲜见，其主要原因之一是"以彰一地之盛"、旌饰乡里、装潢门面的心理驱使，康熙《黎城县志》凡例中曰："志与史不同，史兼褒诛，重垂戒。志则志其嘉境奇迹，名人胜事，以彰一邑之盛。"刘知幾也曾就地理书中的弊端加以批评："人自以为乐土，家自以为名都，竞美所居，谈过其实。"

六是掠为己美。这一现象在志书编纂中也有发生，如康熙《象山县志》十六卷，清知县奉天胡祚远续补，钱塘廷杰补编。此书为雍正《浙江通志》卷二百五十三著录，"康熙壬戌知县李郁修，戊寅教谕姚廷杰重修"。道光《象山县志》载："胡《志》即李（郁）《志》原板，唯于艺文、秩官诸卷，或更换数叶，或挖

---

① 曾灿材.庐陵县志序［M］//中国地方志集成·江西卷.南昌：江西古籍出版社，1996

补数行而已。盖李《志》成于康熙二十一年(1682),至康熙三十七年(1698)相去仅十六年,其板完好无疑,乃姚广文竟于改头换面,名之曰修,是可怪也。"

七是志书编纂者因学识和水平有限,多有欠慎以致误的地方。

综上所述,我们在利用艺文志时,有必要识别其问题、剖析其本质,以便能比较正确地加以运用。但这些问题的出现,并不能否定艺文的价值,可谓是瑕不掩瑜。我们在艺文的利用上,只要充分考证和对比,客观准确地把握艺文的虚构性和实录性,就不难从中去其糟粕,取其精华,从而做到兼收并蓄,择其善者。

第二节　方志艺文志之评论

方志艺文志的发展是一个漫长的过程,我国许多先哲志家较早地注意到了方志艺文志的发展和变迁,并且做了许多评论,这些方志艺文志评论是对方志艺文志为主体的文化现象所做的评析和探讨的文化活动,又称方志艺文志评议、方志艺文志批评。方志艺文志评论是伴随着方志艺文志的编纂而产生和发展的,通常是有志就有评,其起源非常早,并且,流长深远历代不绝。据《汉书·地理志》记载,唐代颜师古提出"撰述方志,竟为新异……安处互会,颇失其真"。因此,有学者认为是在先秦时期开方志批评之先例①,目前可查的方志艺文志的评论,首开先河的当属刘知幾就《坟籍志》所做批评。清代以前方志艺文志评论多是一鳞半爪,没有规模和体系,但到了清代,随着志书编撰进入鼎盛阶段,方志艺文志评论也逐渐丰富起来,特别是乾嘉时期,出现了许多言语犀利但不乏见地的评论之作,如方志批评大家章学诚以其深刻翔实、评之有据的风格,独树一帜,对后世产生深远的影响。

一、评论形态

方志艺文志评论也可大体上分为三种形式:一曰"分析",二曰"比较",三曰"评价"。

所谓"分析",即具体分析方志艺文志以至一代志书之得失,研究艺文的表现形式和特点。如,张瑛在道光《兴义府志序》中将方志艺文志在选材、体

---

① 吕志毅.方志学史[M].保定:河北大学出版社,1993:118

例、文风等方面的通病和弊端列举了十六项，并指出"广载艺文，几通文选，颂己德政，亦入志书，于义何居，大乖志例"是其中之一；周林在光绪《密云县志序》中，指出："艺文之名，刘《略》、班《志》，胪列书目，后世书目解题诸书所自昉也。近世分列篇章，状志碑铭，录其原文，复增子注，此云详见名宦、儒林，彼云载在艺文某篇。而诗词歌谣滥采兼收，至为取媚当时之捷径。其失也滥。"

所谓"比较"，即把相关联的方志艺文志进行比较品骘。如章学诚对几部《荆州府志》评议，就是采用比较的方法："前明所修《荆州府志》，仅见著录而无其籍。康熙年间，胡在恪所修，号称佳本，而世亦鲜见。今存叶仰高志，自云多仍胡氏旧文，体例谨严，纂缉必注所出，则其法之善也。而崔君之于斯志，则一秉史裁，详赡博雅之中，运以独断别裁之义。"①

王棻在修光绪《太平县续志》序中也和上志进行了比较，评价曰："戚《志》颇失之繁，而其所重在于人物、艺文。盖文献所系，固不得而略也……戚《志》虽未及陈(耆卿)、谢(铎)二公之善，然以六县之志衡之，固翘然负其异于众矣。"

所谓"评价"，即判断志书的价值高低。朱颐震在《重刊永清县志序》中评价章学诚的《永清县志》："其结构森密，吐韵铿锵，曾推为畿辅冠，脍炙人口。"②

《四库总目提要》评论明黄润玉纂《宁波府简要志》艺文曰："是编以旧志太冗，乃删除繁赘，定为是编。体例简洁，亦康海《武功志》之亚。然《武功志》艺文散入各类中，此则仅存其篇题，而文皆不录，则未免太简矣。"

《四库总目提要》对于清余姚黄宗羲纂《四明山志》评论曰："四明山旧称名胜，而岩壑幽邃，文士罕能周历，故记载多疏。宗羲家于北七十峰之下，尝扪萝越险，寻觅匝月，得以考求古迹，订正伪传。乃博采诸书，辑为此志，凡九门。宗羲记诵淹通，序述亦特详赡。惟所收诗文过博，并以友朋唱和之作牵连附入，犹不出地志之习。"

---

①　(清)章学诚.卷七外篇二为毕秋帆制府撰〈荆州府志〉序[M]//文史通义校注(上下册).北京：中华书局,1985：895

②　朱颐震.重刊永清县志序[Z].北京：北京友文印刷局版,1944

二、评论载体

古代方志艺文志评论主要是分散地出现在各种史书、目录学著作、方志文献、文学总集或选集以及作者的小传中,在一些序、跋、题记及其他文章中也有零星的记载。

清代《文史通义》《校雠通义》《四库全书总目》等专著是中国古代方志批评学发展的集大成者。《四库全书总目》是乾隆时期编修的一部对后世影响巨大而深远的学术著作,其卷六八,史部地理类序中指出,"古之地志,载方域、山川、风俗、物产而已,其书今不可见。然《禹贡》《周礼·职方氏》,其大较矣。《元和郡县制》颇涉古迹,盖用《山海经》例。《太平寰宇记》增以人物,又偶及艺文,于是为州县志书之滥觞。元、明以后,体例相沿。列传侔乎家牒,艺文溢于总集。末大于本,而舆图反若附录。其间假借夸饰以侈风土者,抑又甚焉。王士祯称《汉中府志》载木牛流马法,《武功县志》载织锦璇玑图,此文士爱博之谈,非古法也。然踵事增华,势难遽返"。作为主创人员的四库馆臣,对于古今文献"定千载之是非,决百家之疑似"①,发表了许多学术见解。

在一些校勘学的著作中,也会间有艺文评论,如徐时栋《四明六志校勘记》。其书分札记二十卷,补遗二卷,校勘记、佚文四卷,杂录二卷,作者二卷,余考一卷。咸丰初刊本仅九卷。其对于六志,即南宋乾道《四明图经》、南宋宝庆《四明志》、南宋开庆《四明续志》、元大德《昌国州图志》、元延祐《四明志》、元至正《四明续志》进行补校。在其卷九评至元《奉化县志》云:"奉化县尹丁济聘鄞陈著、奉化舒津、任士林同撰者也……三先生皆文章巨公,其所著作,今尚有传者。合一时大手笔以成区区一县之志,必非横目二足之徒,操觚弄翰者所可望其肩背,而惜乎其不传也。"

这种艺文的评论,志家更多的是用"史"实来描述。用史写"史"的方法,准确地描述了志书承传流变的过程,说明情况,描摹现象,记述史实,对于艺文的内容倾向、风格、流变、特点,给予相应的解释。从某种意义上说,这种描述本身也是一种评价,即通过寻绎史的规律,罗列事实,得出结论。如道光朱埙春《廉州府志》共分十门,例言云"史可骋才而志欲敛,史炫博学而志反约,史有褒贬而志无讥刺",那么对于人物的臧否以及经政的利弊读者如何判断呢,作者言:"悉按而不断,俾阅者自得于心。"可谓是切得体要之言。

---

① (清)永瑢,纪昀等.四库全书总目·凡例[Z].海口:海南出版社,1999

另外,有些艺文志编纂者一般不以文选、文苑的方式表达自己的观点或标准,而是将其理论观点的阐述,零散地书于方志的序、跋和凡例当中,或艺文志的小序、总论,或行文间,偶有注入一己的批评和见解,或稍加界定其标准,特点是评点不离作品,随文而施,多属只言片语,简约零散,但却是我国古代艺文理论生长的根芽。

方志志序,主要是就方志的源流、编次体例、修志宗旨、意义和功用等着重介绍,其形式上主要有前序、后序。位于志首的成为前序,有序、叙、序言、弁言等名称,简称为序;后序位于志尾,称为跋、跋语、后跋、志后、跋志后等。题序者一般多是地方纂修的主修官、同修官或者更上一级的官员,甚至更高一级的官员,还有的是志书实际的编纂人或者地方上的名流士绅。在艺文志中,通常在志首设一小序以发端,一般用来叙明修艺文志的目的和意义。且正文大书,而以小字夹行自注,或者是叙明出处,或是考证异同。

在明崇祯张慎学、智铤《元氏县志》卷五之古文下,纂者设一小序,云:"道德非文不著,事功非文不彰,故有关典礼有系纶渼有纪名胜有资观法要旨陈德而敷功非挨藻是务也,昔人好文者,周览名山大川与燕赵豪杰,游其文觉疎宏奇气,今之元古之赵也,见诸文者亦豪杰其人矣乎,人与骨虽朽,其言独存,作艺文志以征一方文献。"

如咸丰叶世倬《续兴安府志》序云:

> 续兴安府志第七卷
>
> 易曰:观乎天文以查时变,观乎人文以化成天下,恭惟圣有谟训,光流虹玉,瑞炳卿云。天文焕为人文观光者,所为襲鼓轩舞也,郡志例载艺文,然必关乎地治,系乎实务,其余风云月露之词不敢滥登,□祭告嶽渎陵墓之例尽录。御制于首俾群仰。

朱彝尊就至元《嘉禾志》跋云:"是书盖踵关杙旧本而增益之者。杙分门二十五,硕广之凡四十三,而官师、治绩、经籍目录俱缺焉。"[①]

明王崇嘉靖《直隶池州府志》序中云:"志者,记也,所以记事之实也。"

清道光赵德林等纂《石泉县志》卷十艺文志序云:"蜀文莫详于杨升菴明四川志,诚巨观也。而石泉之文,乃以一邑之大千百世之久所收,仅此不亦刻乎,非刻也,昔年之文可传者,未必传,而其所传者,又未必可传,採录之不能,

---

① (清)朱彝尊.曝书亭集卷四十四[M]//.商务印书馆影印文渊阁四库全书.北京:商务印书馆,1986

不如是耳或曰邑之文,古今之大文也……谨搜古籍于宋得记三首,于明得疏议碑记数篇。国朝则诗文各数首,嗟乎昆山片玉虽不足媲美蓝田,而存什一于千百不可谓非此邦之幸矣,作艺文志。"

　　凡例中也有许多精辟的评论文字。凡例就志书的编纂宗旨、体例、规则等进行规范,其也称为"序例""叙例""义例""例言"等。"凡例"设计得好,能准确反映客观情况,会为高质量的撰述提供科学的架构。因此凡例起着提纲挈领的重要作用,与序跋相辅相成。其同为志书的有机组成部分,而且就某些问题的阐述趋向是一致的。弘治《吴江志》凡例载,"集文"要"不拘古今,惟善是取,俱以朝代为先后"等明确的标准。

　　在有些方志艺文志当中,还会专设"诗话"一节,"诗话"不限于诗,以"话"的形式谈议论文,其中有些是从各种文论、笔记以及史著中,摘录于一地的人、事、物相关的逸闻轶事谀辞,所做的是资料汇集,又有些则纯粹是编纂者根据自己知见的史料见闻重新加工创作。这是比较珍贵的就地方文学创作的深入评述,且在其他文献中少有记载。如张赵才纂民国《荥经县志》卷十八艺文志中,"诗话"就非常富有特色。这种诗话的评论形式,自由灵活,理论性强,观点鲜明,自成体系,近似于概论。

三、评论者

　　一般而言,方志在"凡例"后,载录"修志姓氏",其名称定为"总裁""鉴定""主修""编纂""编次""校刊""分订""督梓""协辑""参阅""采访"等,名称略有不同。如主修,或称总纂、总辑、纂辑,掌握志书增删职权。批评的内容包罗艺文的"义""事""文""体"等方面,且大多言之有物,批评的方法不一,有案例剖析、比较分析、因论随评、驳诘评议等。

　　如张恕、徐时栋、董沛在编纂同治《鄞县志》时,以钱大昕《志》为本,采辑并逐一核正,其凡例中评曰:"钱《志》征引旧籍,间有窜改失其本意,或原无此文而随手填注;或语出彼书而妄改次目。今各查取本书,一一核正。"又云:"钱《志》所收碑记之类,以诸家遗集,宋、元、明旧志及石刻拓本校之,多有舛误。今俱改正,发凡于每篇下,不复注也。"

　　有的评论者,往往是兼而为目录学家、史学家、志学家、文学家、哲学家,多是熟悉史学同时又精于考订之学者,他们的评论作品中,往往渗透着丰富的文化内涵,因此常常在字里行间包蕴着版本学、校勘学、学人生平考订、作品辨伪、史料检索、目录整理等丰富的知识,且多是边评边校,以志证史,提供给后人广阔的研究视角和重要的资料。

如章学诚之评论,"实斋著书,义例皆散见各篇叙传中,征引驳诘,动辄万言,其为后学开拓心胸、增益神智者,功诚不在禹下"①。作者一般采用一种明确的评论性的观点描述,往往在阐述编纂目的意图和学术追求的同时,将方志批评思想也包蕴其中,或评述志书体例,或指陈志书得失,或言读志体会。这其中包含着一些具体的评价标准和衡量尺度,构成了一种极大的影响力,有助于人们理解一些确定的概念,并左右着人们对方志艺文的文化解读。

章学诚作为学界一代硕彦,劳绩甚著,他以史法评论方志,高屋建瓴,为方志艺文定了极高的标准,使后世对艺文的处理极为审慎,择善而从。如其所修方志,艺文志只载书目与作者,而不收诗文,以诗文列入"文征",并说"艺文入志,例取盖棺论定。现存之人,虽有著作,例不入志"。

在《答甄秀才论修志第一书》中说:"今世志艺文者,多取长吏及邑绅所为诗赋、论、序、杂文,依类相附;甚而风云月露之无关惩创,生词碑颂之全无实证,亦须入焉。此姑无论是非,即使文俱典则,诗必雅驯,而诠次类录,诸体务臻,此亦选文之例,非复志乘之体矣。夫即志艺文,当仿《三通》、《七略》之意,取是邦学士:著撰书籍,分其部汇首标目录,次序颠末,删芜撷秀,掇取大旨,论其得失,比类成编,乃使后人得所考据,或可为馆阁校雠取材,斯不失为志乘体尔。"

章学诚批评当时有不少艺文志滥以各类诗文充数,提出了艺文志编修的要求与依据。这些见解,至今看来仍是正确的。他认为:"夫志州县与志名山不同。彼以形胜景物为主,描摹宛肖为工,崖颠之碑,壁阴之记,以及雷电鬼怪之迹,洞天符检之文,与夫今古名流游览登眺之作,收无孑遗,即征奥博,盖原无所用史法也。若夫州县志乘,即当时一国之书,民人社稷,政教典故,所用甚广,岂可与彼一例?而有明以来,相沿不改,故州县志乘,虽有彼善于此,而卒鲜卓然独断,裁定史例,可垂法式者。今日尤当一破夙习,以还正史体裁者也。"②

方志取材以"博览务尽"为标的,博观约取,而欲使志无遗漏,建议"平日当立一志乘科房,金掾史之稍通文墨者为之。凡政教典故,堂行事实,六曹案

①　梁启超.龙游县志·序[M]//赵庚奇.修志文献选辑.北京:燕山出版社,1990:81
②　(清)章学诚.外篇《修志十议》[M]//文史通义校注(上下册).北京:中华书局,1985:848

牍,一切皆令关会,目录真迹,汇册存库,异日开局纂修,取裁甚富"①。

他批评明康海《武功县志》"于名胜古迹,猥登无用诗文"②,韩邦靖《朝邑志》"直是一篇无韵之《朝邑赋》,又是一篇强分门类之《朝邑考》"③,进而得出结论"文人不可与修志也"④,"志者,识也,文士华藻、胥吏案牍,皆不可以为志"⑤,郑樵论求书之法,谓"因地以求,因人以求",章学诚极崇此说,演而为修志二便,曰"地近则易核,时近则迹真""是则方州部录艺文,故将为因地因人之要删也"⑥"近代方志之艺文,其猥滥者,毋庸议矣。其稍有识者,亦知择取其有用,而慎选无多也。不知律以史志之义,即此已为滥收"⑦。

他对一些修志弊病深恶痛绝,"外志规矩荡然……摘比似类书,注记如簿册……观者茫然,莫能知其宗旨"⑧"方州之志,删取事略,区类以编,观者索然,如窥点鬼之簿"⑨"不可专事浮文,以虚誉为事也"⑩。这些归纳性的总结是章学诚的独特见解。其批判精神及其评判的标准,已经成为方志艺文志研究的重要标志,时至今日仍有重要的意义。明清以来,许多方志评论的作者

① (清)章学诚.答甄秀才论修志第一书[M]//文史通义校注(上下册).北京:中华书局,1985:821
② (清)章学诚.外篇《修志十议》书武功志后[M]//文史通义校注(上下册).北京:中华书局,1985:905
③ (清)章学诚.书朝邑志后[M]//文史通义校注(上下册).北京:中华书局,1985:911
④ (清)章学诚.书姑苏志后[M]//文史通义校注(上下册).北京:中华书局,1985:927
⑤ (清)章学诚.湖北通志序传[M]//文史通义新编·外篇六.上海:上海古籍出版社,1993:28
⑥ (清)章学诚.和州志艺文书序例[M]//文史通义校注(上下册).北京:中华书局,1985:655
⑦ (清)章学诚.方志立三书议[M]//文史通义校注(上下册).北京:中华书局,1985:575
⑧ (清)章学诚.和州志前志列传序例下[M]//文史通义校注(上下册).北京:中华书局,1985:689
⑨ (清)章学诚.永清县志列传序例[M]//文史通义校注(上下册).北京:中华书局,1985:761
⑩ (清)章学诚.答甄秀才论修志第一书[M]//文史通义校注.北京:中华书局,1985:821

都提出修志如同撰史的见解,必须要"据事直书",取公正去浮躁,章学诚一直执此甚力:"鄙则以为据事直书,善恶自见,史文评论,苟无卓见特识,发前人所未发,开后学所未闻,而漫为颂尧非桀,老生常谈,或有意骋奇,转入迂僻。前人谓如释氏说法,语尽而继之以偈,文士撰碑,事俱而韵之以铭,斯为赘也。"①通过这段话,我们可以看出章学诚这是认识到史文评论的重要性,因此,就史学界的评论而做的评论,其识见可谓是卓远。

当代方志批评的大家当推傅振伦,深厚的史学底蕴和理论功底,赋予了他独特的视角和评判标准。"旧志艺文往往多载县吏颂德之文,士绅唱和之诗,风云月露之词,连篇累牍。即便著录书目,也形同账籍。乾隆初,知县眭文焕修《江苏桃源县志》收录自作……书目十余种,仅就书目而论,已知是毫无学术价值。道光《太康志例》说:'大吏邑侯、文人墨客,即事题咏,采择付梓,亦足增邑乘之光。借此以取悦上峰,尤属无耻'"②"明清方志繁杂不节者,以典礼、人物、列女、艺文尤甚"③,《四库全书提要》谓方志之书"列传侔乎家牒,艺文溢于总集";"假借夸饰,以侈风土"④。基于方志批评的历史眼光,他站在批评家的立场上,以矫正前人为己任,提出了许多全新的见解。

四、评论形式

后志评前志是一种较为常见的评论形式。因为一部方志的初修,无论是其内容体例还是创作风格,都是为后世志书的续修建立了规范,后世要以其为参鉴的基础,进行完善和创新。因此,必然要对旧志加以研究和评价,对其取材和内容加以点评和处理,这也是方志艺文评价的重要内容。如嘉庆《太平县志》由知县庆霖修,太平戚学标等纂。嘉庆十五年(1810)修自序中,戚学标就前志进行了比照:"书成为卷十八,较前增沿革表、营制、海防诸政,书目、艺文各篇。人物传记增多数十。"

光绪《处州府志》卷末评论云:"体例烦冗,亦多疏舛……艺文门除真西山、叶石林、叶水心非处州人,遗集无须著录外,如俞文豹《吹剑录》……皆不

---

① (清)章学诚.为毕制军与钱辛楣宫詹论续鉴书[M]//文史通义新编新注.杭州:浙江古籍出版社,2005:654
② 傅振伦.傅振伦方志论著选[M].杭州:浙江人民出版社,1992:36
③ 傅振伦.傅振伦方志论著选[M].杭州:浙江人民出版社,1992:42
④ 傅振伦.傅振伦方志论著选[M].杭州:浙江人民出版社,1992:118

著录,为略所不当略。"

弘治《嵊县志》周山后序评论成化《嵊县志》云:"成化甲午,令许岳英重修,秉笔者匪其人。收录失当,类编紊次,又为人所厌观。"并提出了改造前志的慨叹,"予与夏生雷为庠生时,即欲笔辄。奈攻举子业弗遑,恒叹息焉"。

综上所述,方志艺文志批评一直伴随着其发展的全过程,成为方志学的重要组成部分,也是研究志学理论的重要内容之一。方志艺文批评的展开是一个前后相继的过程,后学对前人的成果萧兰并撷、议论得失,目的是指引自己或他人的方志艺文朝着正确价值判断的方向而努力。任何一种方志领域中的针对艺文志的思索、分析、评论、探讨和争鸣,都属于方志艺文志批评的范畴。其所研究的内容之广、范围之深,足以引起学界的重视。方志批评有些是极具见地、切中时弊的,起到"镜鉴"作用,每一种思辨和评论,都是学人本应具备的自觉的批判意识和自省精神在学术研究和创作中的体现,都有助于审视反思方志艺文编纂中的问题,进行自我否定和扬弃、合理的改进。从方志艺文的发展规律证明,学者要想做出学术贡献,其主要的途径之一即评价已经问世的方志的错误与瑕疵,准确地发现同样或类似的事实,深入研究不同的史料,从而能针对性地比较和充分地诠释事实,改进编纂方法。因此方志艺文的批评可以提高方志艺文志的质量,去粗取精、去伪存真。方志艺文批判愈有力,艺文的学术进步也愈快速,可以说,艺文批评是艺文发展的助推器,是方志艺文志发展史的重要方式和重要成果之一。

第三节　方志艺文志之研究成果(清、民国)

关于方志艺文志的研究和探讨,从有方志艺文志始,即有涉及,历代不绝,但是清代以前的方志艺文论述,多是停留在对有关材料的连缀之上,不成系统,更谈不上理论的探索和规律性的把握,偶有一得之见也多一鳞半爪,杂凑无章,和严格的"理论建构"尚有距离。乾隆盛世是清代方志的繁盛时期,艺文在目录学和传统学术文化上的重要地位和独特的价值逐渐吸引了学者的注意,对它的研究逐渐深入,其中志家辈出,且形成不同流派,学术观点上有地理学派和历史学派之分,即以戴震等为主要代表的地理学派和以章学诚为主要代表的历史学派,这是清代方志学的两大主流学派。他们的争论对于清代方志艺文志的发展起到积极的推动作用,形成了一定的艺文研究成果,兹述如下：

一是地理派，志书内容以属于自然现象之疆域、建置、山川、物产为主，属于人文之政治、经济、文化为辅，其最重考证地理沿革，亦称考据派、考古派。清代考据之风习渗透进了方志编纂领域，学者们为考据而考据、为经学而治经学，专务考索，不重文献。梁启超在《中国近代三百年学术史》中指出："乾、嘉间之考证学，几乎独占学界势力，虽已素崇宋学之清室帝王，尚且从风而靡，其他更不用说了。""乾、嘉间考证学，可以说是清代三百年文化的结晶体"①。这一派以戴震、洪亮吉、孙星衍等为代表。

戴震（1723—1777），字东原，安徽休宁人。乾嘉时代著名学者，于算学、天文、地理、声韵、训诂及哲学方面均有造诣，戴氏曾与章氏争论："余撰《汾州》诸志，皆从世俗，绝不异人，亦无一定义例，惟所便尔。夫志以考地理，但悉心于地理沿革，则志事已毕。侈言文献，岂所谓急务哉？"并进一步云："沿革苟误，是通部之书皆误矣。名为此府若州之志，实非此府若州也而可乎？"②洪亮吉也提出"古今沿革，作志首为重"③，"一方之志，沿革最要"④，"地志者，志九州之土也"⑤。孙星衍在《邠州志》序中提出"古方志，以考据文献"。从这一学派所修的志书看，重点置于地理部分，而人物、职官等则较为简明，并有"图经"之风，倡导注重地理、考证，不以史事记载为要，如王源所言："地志原以志地，人物在地志一端耳。"⑥戴氏《汾州府志》《汾阳县志》、洪亮吉《泾县志》《淳化县志》、孙星衍《重修云间志》、缪荃孙《常州府志》、王棻《重修六州府志》、孙诒让《温州经籍志》、胡宗楙《金华经籍志》等皆为名志。

一是历史派，视方志为历史，认为方志即一方之史，主张以撰史之法写方

---

① 梁启超.清代学术变迁与政治影响（中）[M]//中国近三百年学术史.北京：人民出版社，2008：25

② （清）章学诚.记与戴东原论修志[M]//文史通义校注（上下册）.北京：中华书局，1985：869

③ （清）戴震.应州续志序[G]//戴东原集.上海：商务印书馆，1933：95

④ （清）洪亮吉.更生斋文甲集·新修庐州府志.清光绪授经堂刻洪北江全集本1函12册

⑤ （清）洪亮吉.卷施阁文甲集·与章进士学诚书.清光绪授经堂刻洪北江全集本1函12册

⑥ （清）王源.再与康孟谋论修邰志书[G]//居业堂文集（卷八）.上海：商务印书馆，1936：64

志,他们主张重文献而轻沿革,纂方志的目的是保存文献,故亦称重例派、文献派,以章学诚、全祖望、谢启昆、鲁一同等为代表。章学诚(1738—1801 年),字实斋,号少岩,浙江会稽人,是清代著名史学家、目录学家和方志学家。乾隆四十三年进士,官国子监典籍。章氏认为,方志如同古代诸侯国史,并不等同于地理专门,不能以此盖全书,并且"考沿革者,取资载籍具在,人人得而考之。虽我今日有失,后人犹得而更正也"。

由于地理学派和历史学派的修志主张不同,故在艺文记述的态度和内容取舍上各有侧重。而纵观诸志家各派,纯驳互见、珠砾并存,既有可贵之处,亦有不足之点。考据派于方志内容、艺文之考证源流,朴实的文风、博而精之证据,以令人信服的证据修撰诸志,为章氏等人撰志所不及。而章氏之严守不易的志体,入折入扣的理论,亦为前者所不备,两者兼容并蓄,以取一向,则成为乾嘉以后方志家的总体趋势。

一般说来,地理学派侧重于"地理"方面的内容,地理舆图等为"本",史书的主体如列传、艺文一类反为"末",纪昀曾说:"元明以后,体例相沿,列传侔乎家牒,艺文溢于总集,末大于本,而舆图反若附录。"学者陈钟凡在民国《续修盐城县志》序中说"中国方志之学权舆于李唐,成立于赵宋,发达于满清",他认为"寻纪氏(昀)之说,盖视方志为地理图经,其内涵以方域、山川、风俗、物产四者为限,人物、艺文已属枝叶"。但是,其又异于汉唐时期的"图经",在以"图经"为重的同时,也相对补充了史事、文献的记载,如戴震所修的《汾州府志》就不仅限于地理沿革。

历史学派则强调记载历史事实、典章制度和人物、职官等政治人文资料,使方志记述的内容趋向完整、实用,并主张收录官府档案,提倡方志的作用就是保持一方之文献,因而史料价值更大。章学诚即应"以正史艺文、经籍志例绳之,厘正其名实"[1],文献乃方志不可或缺之内容,章学诚曾有"人物之次,艺文为要"之说,在学术上均有较大的价值和影响,就考据和纂辑之学,章学诚指出其"如桑蚕食叶而不能抽丝"[2],"但知聚铜,不解铸釜",是"竹头木屑之

---

① 梁启超.龙游县志·序[M]//赵庚奇.修志文献选辑.北京:燕山出版社,1990:82
② (清)章学诚著.与汪龙庄书[M]//文史通义新编·外篇三[M].上海:古籍出版社,1993:563

伪学"①,提倡务实,这些观点显然和地理学派相对立。

在对艺文的处理上,历史派略胜一筹,也得到不少志家的肯定。这种肯定,表现在志书的具体编纂实践上。如马衡在民国《大足县志》中曰:"昔章实斋与戴东原论方志体裁,实斋主宁重文献而轻沿革,良以一地之文献往往寓于文献之中,故金石、艺文为修志者所必采也。"清人受历史派的影响较大,主张志书艺文志应仿效史书艺文志而作。例如李少微云:"县志者,一县之史,政教纪焉,人物附焉,食货丽焉,艺文存焉,上足备国史之要删,下可征一邑之文献,其用也宏,修志之法,会稽章实斋尝言之,其要者,则勿以为地理书而侈沿革,勿以为政书而摭列典制。盖方志者,乙部之附庸,采访欲周,诠次必谨,而资料期于丰美,其旨也约。"②李氏不赞同将方志视为地理之书,指明了艺文"上足备国史之要删,下可征一邑之文献"的功用。

然而地理派的主张也有一定的道理,得到一些学者的认可,如光绪《黄州府志》例言云"戴震尝谓地志沿革不明,则山川、人物无一不误。洵知言也"。

无论是地理派还是历史派,对其方志艺文志著撰之价值,对补史的作用之认同都是相当明显的。戴震之考据沿革,章学诚之保存史料,他们均从时代需要出发阐古而用于今。方志艺文志可以保存地方文献,并为馆阁修史所取裁,起到补史之作用,如章学诚所云"夫一代文献,史不尽详,全恃大部总选,得载诸部文字于律令之外,参互考校,可补二十一史之不逮"③。而对其不同的主张,究其原因,因为时至清朝,如果再一味地延用明人的成例,不加变化,则势必导致卷帙浩繁、内容庞杂,在志书总的体量上与其他部分比例失调。如何适应时代的变化,志家中间出现了分歧,章、戴的两种主张正是这种斗争的反映。

再者,在具体的编纂实践中,各志家更多是纠其两偏,融通折中,各取所长,使文献与沿革兼而有之,在记载人文历史的同时,对各种自然地理要素也予以收纳。如黎锦熙在修《城固县志》之时,鲜明地提出了自己的见解,认为"方志为物,史地两性,兼而有之;惟是兼而未合,混而未融",是"地志之历史

①　(清)章学诚著,仓修良编注.与邵二云书[M]//文史通义新编新注·外篇三.杭州:浙江古籍出版社,2005:777

②　李少微序[M]//徐宝莹修,仇锡廷纂.蓟县志.铅印本,1947(民国三十三年)

③　(清)章学诚.与甄秀才论文选义例书[M]//文史通义校注.北京:中华书局,1985:837

化""历史之地志化",并进一步指出:"方志固为'方域之地志',然须将境内事事物物,穷原竟委,非但考其迹象之沿革而已,必使读者能就演变之实况,推知驱引之总因……方志固为'地方之历史',然全国民族之荣瘁隆污,史家笼统抽象之谈,须待此而征实,而灼知;本乎史而定施政设教之方针,亦待此而后能备纤悉周到之方案,而后能谋部分具体之实践。"①因此,其曰:"是则今修《城固县志》,乃为城固地方创修一部历史也……充其量,亦不过搜集文献,备作史料而已。"又曰:"是则今修《城固县志》,乃为城固地方创编一部最新地理志耳,虽非降格,终失本源。"②

另外,方志之体既由分而合,今后又由合而分,呈日趋专门之势,化解了明代以来诗文溢于总集而导致个体与整体的矛盾,它与志书的体例协调起来了。这种迹象在清朝以前就已显露,明祁承爜首创之地方著述目录从方志之中分离出来,单行于世,到了乾嘉以后,呈现更为明显的趋势,更确切地说应为方志目录学发展的新趋势,如方志艺文志出现记一方诗文书目者,郑虎臣《吴都文粹》、都元敬《续文粹》、管庭芬《海昌艺文志》、孙诒让《温州经籍志》皆是。另《扬州艺文志》沿管氏志例,取鉴朱彝尊《经义考》注明存佚缺失或未见,于此类志中亦属上乘,而孙诒让、缪荃孙等人,化考据派与历史派之干戈,各取其长,将其法有机地加以结合,从而在纂志体例、方法、原则诸方面达到了极高的境地,尤其是《温州经籍志》体例完善,在清季正统学术日渐衰颓之际,不失为这一折中之作的总结和绝唱。

这一时期学术上存在一个非常显著的现象,即许多志家,既是方志编纂的中坚力量,又是方志理论的集大成者。在清代的学者中,对方志艺文研究较为深入的,当首推章学诚,他处于既承前人之精微,又启后学之津梁的独特地位,在流派的争论中,章学诚的艺文理论独树一帜。他和以往的方志学者不同,不仅对正史艺文志重视有加,还对方志艺文志情有独钟。对正史艺文志的独到见解和方志的编纂理论与实践,使他在方志艺文志的编纂和理论阐述上,能穷波讨源,绅绎百家,左右采获,游刃有余,建树宏巨。章氏学识精湛,对我国史学理论、方志理论做出了重大的贡献,不仅创作了文史巨作《文史通义》,而且在方志学领域构筑了系统的理论体系,被后来者奉为编纂和研究方志的圭臬。他的方志成果精彩迭现,名篇良多,先后编纂了《和州志》《永

① 黎锦熙.方志今议[M].湖南:岳麓书社,1984:21
② 黎锦熙.方志今议[M].湖南:岳麓书社,1984:140

清县志》《亳州志》《湖北通志》,参修了《天门县志》《麻城县志》《荆州府志》《常德府志》,在和学者志家的往来书信中,商定了《大名志》《石首县志》《广济志》的内容和体例,并且在《方志辨体》《方志立三书议》《修志十议》《州县请立志科议》等理论文章及其多处史论、序例、短制、涵札中,对方志的性质、源流、作用、体例、编纂原则和方法、要求,乃至志书资料的搜集考证、修志人员的理论素养都做了深入探讨,建立了一套完整的修志理论体系,提升了方志的学术价值,开拓了方志研究的领域。

对于艺文志的研究,章学诚术有专攻,他说"独'艺文'为校雠之所必究"①。此处艺文指的是正史的经籍志和艺文志。他重视艺文,其文史巨作《文史通义》和唐代刘知幾的《史通》并称为史学理论的"双璧"。王重民先生曾在《〈校雠通义〉通解》一书中指出,"《校雠通义》的内容百分之九十以上是讨论《汉书·艺文志》的,所以,一般的书名、人名,也就有百分之九十以上都是出于《汉书·艺文志》"②。《汉书·艺文志》是我国目录学著作中发凡起例的经典之作,同时又具有纪传体史书的典型体征,对其研究和探讨,必然能覆盖方志艺文志在史学和目录学上相应的问题,对方志艺文志的理论和实践探索大有裨益,故章氏对方志艺文志的功用认识非常到位。他说方志艺文应该"取士邦学士著撰书籍,分其部汇,首加目录,次序颠末,删芜撷秀,掇取大旨,论其得失,比类成编,乃使后人得所考据,或可为馆阁雠校取材,斯不失为志乘体尔",并以史学家的眼光,有针对性地处理方志艺文志的各种问题。如,志书代代递续,连绵不断,这里涉及如何对待旧志的问题,就此之分析和论断,可见史学大师的敏锐思维。章氏主张,修志者必须保留前人之已成之书,而不宜加以毁灭。他在《答甄秀才论修志第一书》中论道:"修志者,当续前人之记载,不当毁前人之成书。即前志义例不明,文辞乖舛,我别为创制,更改成书,亦当听其并行,新新相续,不得擅毁。彼此得失,观者自有公论。仍取前书卷帙目录,作者姓氏,录入新志艺文考中,以备遗亡,庶得大公无我之意,且吾亦不致见毁于后人矣。"从而能避免"新编告成,而旧书覆瓮"的现象,并在《和州志艺文书序例》中,翔实地论述了艺文的源流、发展及"辨章学术、考镜源流"的功用。但当时诗文泛滥,因此他提出"州县志乘艺文之篇,不可不熟议也",不是信手搜集一些诗文放到志书里就可称"艺文志"。他对艺文志

---

①　王重民.校雠通义序[M]//《校雠通义》通解.上海:上海古籍出版社,1987

②　王重民.《校雠通义》通解[M].上海:上海古籍出版社,1987:13

的理想状态进行了表述:"典籍文章,为学术源流所自出,治功业绪之所流传,不于州县志书,为之部次条别,治其要删,其何以使一方文献无所缺失耶?"可见他对艺文志收录是有着严格的标准。

这个标准的本质是应遵从"史家法度",就是说要用史笔修志。他说:"志为史裁,全书自有体例。志中文字,俱关史法,则全书中之命辞措字,亦必有规矩准绳,不可忽也。"①具体在体例的应用上,可以概括为"三书""四体""八门"。他从史学的源流出发,主张方志体例和史书体例相结合,从而达到志合史体的要求。纪传正史之体,即章氏所谓修志之小体,"皇恩庆典宜作纪,官师科甲宜作谱,典籍法制宜作考,名宦人物宜作传"。而于"人物之次,艺文为要"②。他反对明清志家类辑诗文记序而充诗文之举,主张著一邑著述目录,并将政府律令条例,仿会要之体,立为掌故。而又将诗文记赋之属,仿《文选》《文苑》之例,别撰为文征,而于诗文之有关史裁者,列入纪传之中。章氏在其所修《湖北三书》设"湖北通志""湖北文征""湖北掌故",充分体现了这一思想。这种体例也称"三书"法。所谓"三书",是说一部志书由志、掌故、文征三部分组成,其中志为主体,掌故和文征为两翼,是保存史料的,类似现在的资料汇编。掌故保存的是各种档案资料,文征辑录的是各种文献、艺文资料。古代史籍所谓"著述与比类"或"撰著与记注",就是著述与资料汇编相结合的方法。章氏的所谓"四体",即纪、谱、考、传,为志书的体裁。所谓"八门",即编年、方舆、建置、民政、秩官、选举、人物、艺文,为志书的门类。

章氏还强调编修志书要重调查访问。首先,艺文史料的搜集要及时,"一方文献,及时不与搜罗,编次不得其法,去取或失其宜,则他日将有放矢难稽,湮没无闻者矣"③;其次,要注意序次编排,详近略远,立论谨严,据事直书,认真辨体等。还建议州县设立志科,以保存历史档案,要做到"登载有一定之

---

① (清)章学诚.与石首王明府论志例[M]//文史通义,文史通义校注(上下册).北京:中华书局,1985:861

② (清)章学诚.修志十议"议征文"[M]//文史通义,文史通义校注(上下册).北京:中华书局,1985:843

③ (清)章学诚.记与戴东原论修志[M]//文史通义,文史通义校注(上下册).中华书局,北京:1985:869

法,典守有一定之人"①,为"异日开局中纂修"②之需。

　　章氏现存的艺文方面的主要文篇是《和州志·艺文书序例》《和州志·艺文书辑略》《天门县志·艺文考序》等。分析章学诚关于艺文志理论的论述可以看出,方志之志艺文,同史书的艺文志一样,其本质的作用还是要"辨章学术、考镜源流",下以备私家之著作,上以供国史之取裁,此学术主张从其《和州志·艺文志序例》中可见一斑:"一仿班《志》、刘《略》,标分部汇,删芜撷秀,跋其端委,自勤一考。"但如果志书志艺文专选诗文,此即被视为选文之体裁,而非志书志艺文的体例。对此,章学诚再三强调,方志艺文志必须刊载书目,而不是诗文选集,这一点得到了许多人的赞同。民国六年(1917),周果在《琼山县志》序中就肯定了章氏之说,认为"旧志艺文专载诗文,此乾隆以前志乘或有之,自章实斋发明义例,根据班史,阮《通志》③大畅其说,专编著述",所以《琼山县志》即"遵其例,编经、史、子、集,考镜学术,揭著作之流别"④,其具体做法阐述得非常精细:"编分经、史、子、集四部,其别有三:一曰同纂修之书,二曰自撰述之书,三曰缉古佚之书。其有经前人论定者,详引其说:其自有叙作意者,采取其文;其有书已亡而后人缉略者,亦注明其事;其有缉前人经说、史略编为年谱不参以己见者,其人虽存,亦为采入,此为表彰先贤学术,非自作之文集比也。至若初修、重修、三修、四修之旧志,一一详载入史部中,存前人纂修之旧,不没前善也。"⑤

　　章学诚的方志艺文理论所表达的方志艺文志思想,甚至他的话语形式,对后世皆有启幽烛照之功。许多志书都以章氏之论为准则而发凡起例,仿效者极多,其理论影响之大、波及之深远,可谓是前无古人、后无来者。在其影响之下,清代所编修之府、厅、州、县乃至乡镇之志中,艺文志成为不可或缺之重要组成部分,正如近代文豪梁启超所言,"能认识方志之真价值,说明其真

　　①　(清)章学诚.州县请立志科议[M]//文史通义校注(上下册).北京:中华书局,1985:589

　　②　(清)章学诚.答甄秀才论修志第一书[M]//文史通义校注(上下册).北京:中华书局,1985:821

　　③　即阮元所修道光《广东通志》

　　④　周果序.[G]//中国地方志集成·海南卷.琼山县志

　　⑤　中国地方志集成·海南卷·琼山县志叙例

意义者,则莫如章实斋""方志学之成立,实自实斋始也"①。

民国《太和县志》凡例曰:"亦以自会稽章氏《文史通义·外篇》出而志体始明,其有变通者兼参据名志,务期择善而从之。"

同治《泰和县志》叙例云:"昔人谓凡欲经纪一方之文献,必立三家之学,仿纪传正史之体而作志,仿律令典例之体而作掌故,仿《文选》、《文苑》之体而作文征,三书宜相辅而行。又有谓沿革宜表,官师选举宜表,细而思之,二说皆是。夫有《春秋》之编年,而后有司马纪传,而纪事本末则参于二者之间。三表之立,未始不本于三家之学。即改表而为考,亦未始不本于三家之学。推其原则,学有家法,不外六艺,事有所纪,俱统六典。因事命篇,扶质立干,是在编摩者神而明之耳。"

马衡在民国《大足县志》中说:"昔章实斋与戴东原论方志体裁,实斋主宁重文献而轻沿革,良以一地之文献往往寓于文献之中,故金石、艺文为修志者所必采也。"②

到了民国时期,章学诚的学说仍有较大的影响力,围绕章氏的理论,主要有三种学术主张:

一是将章氏之理论奉为修志之圭臬和准绳,继踪而起,仿效推崇。民国《顺昌县志》仿《永清县志》而作文征,孙诒让仿章氏《方志立三书议》辑录了《瑞安集》,民国《嵩明县志》于艺文志之外别为《诗文征》,民国《阳春县志》之"类事体制,悉本章实斋例",庄廉夫纂民国《蓬溪县近志》即"循章实斋议,仿史汉记传作志,仿律令作掌故、录,仿《文选》、《文萃》作艺文篇三要义,以立体例。纲目分明,记载翔实"③。

傅振伦在《拟北平新志例目》中也加以仿效:"文征一目,有关掌故。章学诚所撰《永清县志》分文征为五类;《和州志》则分奏议、征述、论著、诗赋四类。今宜仿之。"

梁启超在《清代学者整理旧学之总成绩——方志学》一文中,则是详列了《湖北通志》志目,并和谢启昆之《广西通志》相对照后,对章氏之"三书体"推崇有加。

① 梁启超.清代学者整理旧学之成绩—方志学[M]//中国近三百年学术史.北京:人民出版社,2008:330

② 马衡序[M]//郭鸿厚修,陈习删.大足县志.铅印本,1946(民国三十五年)

③ 同治《泰和县志·叙例》

　　有些方志艺文的处理上,有些志家虽从表面上没有标举章氏的主张,但细绎其详,本质上实是章氏之言,由此可见其理论之深远影响。如民国《甘肃通志稿》凡例云:"艺文仿诸史艺文志例,以经、史、子、集部分部编列,并附录方志、译经二类,各载书目及著者姓名、籍贯,旧志所遗,皆缉补之,而书多佚散,未能编辑提要也。"

　　二是折中诸说,善善从长。

　　民国时期,一些地方也在章氏学说的基础上因时制宜、因地而异,进行了创新改变。

　　如民国十四年(1925),余绍宋从章学诚之说,依"三书体"纂成的《龙游县志》,凡十六册,四十二卷,一百二十万字。余绍宋(1883—1949),字樾园、越园,浙江龙游县人,民国著名的方志学家、书画家。该志采用章学诚"三书体"之例,并有所创新。正志"仿史裁"正志分纪、考、表、传、略、别录共二十三卷,另有丛载一卷、掌故八卷、文征八卷,是为"附志",以保存有价值的文献、诗文、档案资料。这里的文征、掌故、丛载是借鉴章学诚之"三书体"而设置的,但仅为附志,为正志之补充,避免了章氏"三书体"强拉硬凑、以文害义的弊病,更合理地解决了"撰志"与"记注"间的关系。卷七为艺文考,卷三十三至四十为文征。"艺文考"仿清代考据学家朱彝尊《经义考》之法,详录各书序例、解题,重要作者提要,疑异者加考证,收载著述类书籍二百一十三种,梁启超为之作序。余氏的方志艺文志观点来源于章学诚,其因循章学诚之法,设立掌故、文征,但章氏是将此二部与正志并列,而余氏是别立府志隶于正志。"主从秩然"[①]。章氏作艺文志,以正史艺文经籍志例绳之,从而会衍生缺略之弊端,相比而言,余氏处理得较为科学,其艺文考略,仿朱氏经籍考例,详录其叙例解题或自作提要,间加考证,使读者得审原书价值,"以年代为次,一展卷而可见文学盛衰之大凡"[②]。余氏的方志艺文思想虽承自章学诚的方志思想体系,但能紧随时代步伐,对传统方志思想进行扬弃,自成一家,其方志艺文略是非常有特色有创意的成功之作,列为民国志苑佳作,梁启超评价很高:"实事求是,无征不信,纯采科学家最严正之态度,剖析力极敏,组织力极强……其为文也,选辞尔雅而不诡涩,述事绵密而不枝蔓,陈义廉劲而不噍

　　①②　梁启超.龙游县志・序[M]//饮冰室合集.北京:中华书局,1996

杀。"①章学诚"《湖北通志》与正志并列为三书,未免跻附庸于宗国。越园②别为附志,以隶正志,主从秩然",余氏"虽大体师仿实斋,而不为实斋成法所囿。故精辟之处,时过前人""其史识与史才突过之者盖不鲜"③。

《龙游县志》志首有叙例,志尾是前志的源流和编修的过程。其正志六门下还列有子目,内容宏富,引书达数百种。

民国二十二年(1933),学者刘盼遂在其所修的民国《太康县志》序曾对此评论曰:"方志中所谓艺文志,向不过撮录野寺之石刻、谀墓之碑铭、献媚豪绅之寿序、吟弄风月之诗词,靡切掌固,取充篇幅已尔。章学诚主于正志之外,别立文征一科,余绍宋修《龙游志》,承用章说,别为文征若干卷,可谓审于取舍者。"④

民国的《西平县志》亦仿《龙游县志》的体例,设立正志和附志,正志分列五门:舆地、氏族、经制、文献、故实,皆关乎土地、人民、政事之大者;而附志则设文征一门。"以诗文泛滥,厕之正志有乖史例,然其中亦有足与正志相参证而不可尽废者,故别为一编,附之志后"⑤,此处作者阐明了这种做法的意义。

再有民国的《封丘县续志》亦是依仿照余氏体例而作⑥。然而相对照而论,仿"三书"之例而作"文征"例目之志数量较多,作"典故"者稀少。例如方志学家蒋藩在编纂民国《河阴县志》时,即师章学诚之意而稍易其体,凡舆地、人文、典章名物以图、表、考、传四者赅之,又不能尽者则收入杂记,并附金石考二卷,文征三卷⑦。

民国十八年(1929),蒋梦麟提出要解散方志旧体,分编年鉴、各门调查、省史三书的改革方案。对此,黎锦熙主张:"其三书除'省史'外,'年鉴'及'专门调查'二书,实与章氏三书于'志'外分辑'掌故'、'文征'二书,用意相仿,特其目标重在存史,一重在致用耳。"

民国二十二年(1933),傅振伦、王重民草拟《河北通志》的大纲中,就"艺

① 梁启超. 龙游县志·序[M]//饮冰室合集. 北京:中华书局,1996

② 即余绍宋。

③ 余绍宋. 龙游县志·梁启超序[M]. 铅印本,1925(民国十四年)

④ 刘盼遂序[M]//杜鸿宾修,刘盼遂纂. 太康县志. 铅印本,1933(民国二十二年)

⑤ 转引自:王树枏序[M]//西平县史志编纂委员会. 西平县志. 北京:中国财政经济出版社,1990

⑥ 林扶东序[M]//姚家望修,黄萌楠纂. 封丘县续志. 铅印本,1937(民国二十六年)

⑦ 高廷璋,胡荃修. 蒋藩纂. 河阴县志[M]. 石印本,1924(民国十三年)

文"一目列为五类,其中"文存"一类即分文征、论说、旧志、诗文等门,此是在章学诚《永清志例》基础之上的权宜变通。

三是对章氏的理论加以批评鄙薄。

梁启超曾指出,章学诚应"以正史艺文、经籍志例绳之,厘正其名实"①,但是梁启超考察章学诚所留存下来的《和州志》的艺文志部分发现:"其大弊则在执向、歆《录》、《略》之旧,以强驭后世著作之分类……于校雠义法,而于作者、年代、本书内容,反罕措意焉。"②意思是章学诚原本是要为方志艺文志的混乱状态寻找一条规则,但是却背道而驰陷入了墨守成规的俗套,拘泥于旧的书目分类之法,不能随时代的发展而相应变更。

对于章氏的"三书体"主张也有不同说法,如方志是否应作"文征",也有不同意见。郑献甫所纂同治《象州志》凡例论及志书内容"不可不删"与"不可从"之点有四则,其四即云:"章实斋论修志,欲于艺文专门外,别增文征一门,谓艺文只载书名,文征可收众作。殊不知志地方何异于选文字,彼果有关于地方利病、地方建置、地方名胜,已细注于各门各条之下,其他即号为作家,别有名篇,当于本人传中及之,岂必以刊志者代人刊集耶!此断不可从。"

指出凡有关经世之文可以收入相关类目之中,而不必仿选文之例别作"文征"。

民国《长泰县新志》凡例中,对章学诚的方志艺文思想进行了评价:"章实斋之于方志,其主张亦有不可为训者,如易循吏为名宦而为政略,仿文选、文苑而为文征,则殊不免蹈词人文胜之弊。不知循吏、名宦之称固系于其政,然政之存在总不能托诸其人。例如人之一身精神故重于躯壳,然精神必托于躯壳之中。无躯壳则精神将何所寄乎,前哲之著作邑乘故有纪载之必要,然既有艺文一门以纪其书目矣,至其散篇之文自可仿《史》、《汉》之例,录于本传,或附于各本事之下。今又别为文征,势必于无关掌故之作,亦拉杂搜集,似太无谓。"此处指出章氏的做法是避免不了蹈词人文胜之弊,设立文征,是无谓之举。

对于章氏理论提出异议的还有李泰棻及傅振伦等人,此处不一一列举。值得深思的是,无论如何解读章学诚,对于章学诚的驳议越多,在某些程度上反倒反映了章氏理论的影响之大。考察以上针对章氏的批评和不同于他的见解,实际上是将方志艺文的讨论引向了深入,这种讨论既有宏观综论,又有

---

①② 梁启超.龙游县志·序[M]//赵庚奇.修志文献选辑.北京:燕山出版社,1990

微观专论,既是整体上编纂原则上的探讨,有时又是具体编纂方法上的研究。其实质是由章氏而起,引发了一场方志理论界的争鸣,掀起方志艺文编纂的一次热潮,相应的研究成果亦是十分的丰富。许多学者虽然批判并且改良了章氏的理论,但在心理上却未曾离开章氏,探讨方志艺文的理论,始终是绕不开章学诚的学说。这也说明章氏之理论与课题一直是从事方志研究的学者们最大的挑战与压力,并且在某些课题上有些学者还是章氏理论的因循和继承者。

长期以来,古人对方志和方志艺文理论的一些纂修问题,虽然偶有论述,但大多是零星片段,不得要领,更奢言形成系统。章学诚的理论和实践开风气之先,自立一家之言,较为全面地阐述了方志和方志艺文志,内容涵盖了体例、章法、文辞等多个领域,可谓是创一代宗风,"方志学之成立,实自实斋始也",章其人也被尊为"方志之圣"①。虽然随时代的发展和理论探索的深入,章氏的理论和观点有其局囿,但为后世学者预留了在此基础之上继续发展以至补正的空间,其筚路蓝缕之功,是不可磨灭的。

在清代的方志艺文理论建树上,孙诒让②也是卓越的代表人物之一,他在《籀庼遗文》中,定"瑞安县志局总例六条",曰:"郡县制虽为舆地专家,而其为书,实兼正史志、表、传三者之体。至于综萃文献,则义通乎传记;剟辑掌故,则例涉乎政书;条目宏博,纂辑至难。唐宋以来,久无达例,总其大较,必以体裁渊雅,援证详博为宗。以至于旧志艺文一门,首例经籍碑碣,寥寥数叶,仅存凡目,不足考览;而所录诗文,则连篇累牍,遂居全志十分之三,斯乃明以来地志家之陋习,《四库总目》及近儒会稽章氏《文史通义》力斥其非体。今既重事修纂,不宜更相沿袭,谨依宋朱长文撰《吴郡图经续记》以诗文别为《吴门总集》之例,删除艺文一目,经籍别为专门,碑碣入之金石,其余诗文出志有关涉者分隶各门。或篇幅过繁,志内不能全载,及玮文鸿笔有裨讽览而无关考证者,别辑为《瑞安集》,与志并行,以为征文之助。"

---

① 梁启超.清代学者整理旧学之总成绩(三)——方志学[M]//中国近三百年学术史.北京:人民出版社,2008:333—334

② 孙诒让(1848—1908),字仲容,又名德容,号籀庼,浙江瑞安人,道光庚戌进士。学承黄梨洲、全谢山,所致力则近顾亭林。《清儒学案》称其"博治群籍,咸有述造"。其于专究《周礼》《墨子》之外,于地理、志乘艺文多有独列之见,著作甚丰,于地理有《温州建置沿革表》,于目录学则有《四部别录》《百晋精庐博录》《温州古甓记》和《温州经籍志》。

　　孙氏的艺文理论,是在对旧志的评论比较基础上,提出其关于书目、诗文碑碣之处理方案,融汇兼受。他的艺文理论在其所修的《温州经籍志》中核然易见。

　　《温州经籍志》三十三卷、《外编》二卷、辨误一卷,是孙诒让早年对温州自唐宋迄嘉道以来一千三百余种著作所做的一部目录专著,同治八年(1869)至光绪三年(1877)写定,是艺文志中考证最精细、最详密的一部重要文献。其分类遵照四部,子目以乾隆四库总目为其圭臬①。收录以本地人著作为主,侨寄人士著作,与本地文献有关者也不能一律不收,具体见《叙例》论断限关于侨寄者云:"郡邑之人,迁徙无常,父子之间,籍贯顿异。如不有界域,则一卷之中,人殊燕越,体例芜杂,不足取信。此编所收文籍,区别特严。大抵自内出者录父而删子②。以父尚温产,子则异籍也。自外入者录子而朔父③。以子既土著,父犹寓公也。"

　　一般方志艺文收录,有的以多为责,有的失于稽考,往往名不副实。孙氏如自内出者,录父删子,自外入者,录子缺父,这个断限标准是很严谨的。又《叙例》第十则:"游宦名贤,实多载述。如缉之《郡记》,开编谱之闷规;子温《椅录》,萃永嘉之珍产。考征所籍,俘缉须详,然主客之间,当有哆域。而温州旧志,并与本郡著述相厕,尤为无例。今别录为《外编》一卷,以为搜讨旧闻之助。"

　　方志著录,自当以本地土著为主,而外地人的有关当地著述,当然也不可不收,但不能主客相混。孙氏则另立《外编》,以专收这类著作,序跋诸文,孙氏别列《外编》,折让处理自有见地。于宋元古录,悉付于录。就方志艺文之区分存汰,孙氏极为审慎。如对艺文小说的采辑,凡此两门,尽并删汰。谱牒亦并削弗载。诏定官书、游贤载述,亦分别予以处理,孙氏于"序列"之中,采其精要,义例精审,条理完密,可以说是专书中体例最好的一部,是晚清地方

　　　①　四部下细分各类,以书编次,每书著录其书名、卷数、著者姓名、籍贯、出身、经历等项,全录序跋,仿马氏《经籍考》、朱氏《经义考》例。又每书下注存、佚、缺、未见四目,最后间加按语,繁征博引,举其得失,证论存佚之时代。所以无论存亡,并为详注,避免了滥列虚名、有目无书的弊病。

　　　②　原注:如经部录叶味道《仪礼解》,而子部不录叶采《近思录》之类。

　　　③　原注:如集部录徐玑《二蔽亭诗》,而经部不录徐定《春秋解》之类。

志艺文志之经典著作。临海屈映光序称其"幽邃奥窈,独辟蹊径"①,梁启超亦曰"此书极佳,仿朱氏《经义考》,搜罗殆尽""为后世《温州志》所不能复加"②,誉为"近世汇志一郡艺文之祖"③。

治学理念与孙诒让相似,且也为考据而兼重历史者,是缪荃孙,他生于清末,曾任清史馆总纂,光绪时曾修《昌平州志》,取法洪亮吉之志,并援《汉书·艺文志》例增艺文志,仿洪亮吉之法于《叙录》阐明志例源流,他曾制"重修《常州府志》条例",对修志办法、采访格式、修书体例,均做规定④。

继孙氏而起,为一地艺文专书的,有项元勋的《台州经籍志》四十卷,采录自隋至近代台州所属各县人士的著作四千余种,依经、史、子、集四部编排,每书著录书名、卷数、著者姓名、时代、籍贯,现存者略注其版本,存佚不确或没有见到、不确定的注明"今未见",确定已佚的则注明"今佚"。在书名下,注明出处,以存著录的源流;在著者名下,或考订其出身和事历,或录各书序跋及诸家对这一书的评论。此书选材较为繁富,考订较为严谨。

还有一部学术价值较高的艺文专书是胡宗懋的《金华经籍志》。二十四卷、外编一卷、存疑一卷、辨误一卷,采辑金华一郡所辖金华、兰溪、东阳、义乌、永康、武义、浦江、汤溪八县人士所著之书,按经、史、子、集四部排列,每书首列书名、卷数,次著者时代、姓名、籍贯、简历,次为引据史志中各种书目的书名,次仿《经义考》例,分注存佚或未见,各收藏家对于一书有所论述的,沿《温州经籍志》例,则转录全文,凡经见诸书序跋各有记载,其不经见者,则于按语内择要录列,对书名、卷数的同异,作者事实,题跋姓氏,收藏印记等,皆载入按语,以备查考。所收作者断限至明代,每一作者的籍贯以本身为准,凡寄居者概不收录,非本郡人士而撰述有关金华郡掌故者,则列为外编,对部分尚待详考不能确定的书作为存疑,讹误显著则列为辨误,此书义例谨严,条理完整。

---

① (清)屈映光序[M]//孙诒让,潘猛补.温州经籍志.上海:上海社会科学院出版社,2005

② 梁启超.清代学术史概论[M].北京:人民出版社,2008

③ 姜亮夫.孙诒让学术检论[J].浙江学刊,1999(1)

④ 其体例凡二十八条,制定了"典核、征实、以地为主等"修志原则,"通例"十七,艺文门曰"宜采书名及解题",遵章学诚别创文征例别录诗文。"专例"有七,艺文志六类分纪述本地事之书、本地人著述三类,序志七则载前志原委与志序录。

　　近代对于方志艺文理论术有专攻的另一位学者是王棻。王棻（1829—1899），字子庄，他与孙仲容同时，是著名学者，也是清季修志固守考据而对章学诚多加批评的志家，尝修光绪《杭州府志》《黄岩志》，其于光绪《杭州府志》凡例曰："地志之书，最重沿革。今列表于前，复详稽历史，备检群书，条例于后，而疆域形胜，以次载焉。""杭郡文物，甲于东南，诗文词赋，美不胜载，今俱录其书目，厘为十卷，名曰艺文者，遵汉志例也。"

　　又曰："章氏等诚《文史通义》论修志之法，模仿史书分纪表图书略传六体，而以舆地之图列职官，选举之后，乱杂无章，莫此为甚。"

　　他于《黄岩志》叙中，从体裁、笔法方面对史与志加以区分，曰："志之体仿于史，而其旨实与史异，据事直书，美恶并载者，史之体也；征文考献，称美而不称恶者，志之体也。""志虽史之一体，而体裁实与史异，史记帝王，故首本纪，志记方隅，故首舆地，此不易之法也。"

　　《仙居县志凡例》又云："修志之法与修史同，一字一句必有来历，不能向而虚早也。"

　　王氏之说，也代表了乾嘉以后修志的一个流派和一种风尚，他虽不赞成章学诚过于拘谨苛细之志例，欲破志乃史体之成说，然其于修志实践中也每每无不记文献书目，无不遵从史例。王棻《重修台州府志》尝谈及修志注意之点，曰书籍宜多备，多征书籍，以备考证；曰纂修宜得人，曰校正宜得人，曰校刻宜得人，曰经费宜多筹①，对修志的准备工作，尤其人的准备提出具体之要求，较前此志家之论修志法又进了一步。就艺文志的意义，他认识得比较深刻，"邑志之作，以文献为最重，而献之足征，惟恃乎文，故艺文之志，甄录宜加详焉""后世志乘，百年一修，舆地、版籍，成书具在，莫可损益，惟人物、艺文与时俱积，不可以不记，志之所以重修者，盖为此也"②。王棻主张志书要"以征文考献为重"，并曰："古者，地志之作，必以建置、沿革、山川、土田、户口、赏赋、古迹、风土为本，而人物、艺文则从略焉。后世志乘百年一修，舆地、版籍成书俱在，莫所损益，惟人物、艺文与时俱积，不可以不记，志之所以重修者，盖为此也……今之所纂壹以征文考献为重……其用实足以系一邦文献之大。"还深入强调"以志乘之书，首重文献，而文者犹献之所恃以传者也。文苟

---

　　① （清）王棻.柔桥文钞（卷三、卷七、卷九）[M].铅印本.上海：上海国光书局，1914

　　② （清）王棻.太平续志凡例[M]//柔桥文钞·卷九·序跋三.铅印本.上海：上海国光书局，1914

不足,献于何征,故纂辑之初当以征文为重。至编次成书,自宜稍加淘汰,归于简严""文献足征,故当并重"。

他在光绪《仙居县志》自序中也清晰地表达了艺文志主张:"旧志合诗文为一编,实于志例未协。今取其系于山川、建置、古迹、典籍者,分附各门,而以其附之未尽及不能附者,别为《仙居集》一编,与志相辅而行。庶文足征而献亦与之并传矣。"王棻关于征文考献的阐述是对艺文志理论发展的又一大贡献。

民国时期,有众多学者参与到方志的编纂事业中来,并且就艺文志的编纂,从体例到编纂方法,都展开了研究和讨论。

黎锦熙(1889—1978),字劭西,湖南湘潭人,著有《方志今议》,这是在倡修《城固县志》之《城固县志续修工作方志》的基础上写就的。在艺文志的处理上,他"体七略之精微,补四部之漏",编创《城固县志·艺文志》篇目十部:"(甲)总部、(乙)哲学部、(丙)宗教部、(丁)社会科学部、(戊)语言文字学部、(己)自然科学部、(庚)应用科学部、(辛)艺术部、(壬)文学部、(癸)史地部。"每部分别注明著述范围:"爰依章氏,名以《文征》。部居如下:(甲)本籍人士诗文有关本县者;(乙)外籍人士诗文有关本县者;(丙)本籍人士诗文无关本县者。"

还提出:"以上三目,各先文而后诗词;文以事类为聚,或次时代,不须再分体制;如以某处景物古迹为题者,碑记咏歌,并列一处,亦无不可。总之为读者方便记,不拘纂辑之成式也。"

黎锦熙还提到"今后志乘艺文,且须确立新类""以符时代"。他继承并发展了章学诚的史志思想,对于章学诚的方志立三书中的许多见解,黎氏提出了比较激烈的看法:"以后方志,绝不当再以文章体裁分类。"他反对章学诚在"志"之下再分"纪""谱""考""传"四目,认为这是以"文体"分类,提出要方志返回"图经"的编纂方式,以事类来分类。又云:"补,如人物、艺文、金石、古迹等门,新获者固当'续'入;旧有者类多阙遗,须为拾补;或涉舛误,应与纠绳……凡兹订改补充,统谓之'补'。"①

黎氏对章进行思考和评价的同时,也表达了对章氏艺文志理论的仰慕之情,曾云:"未冠时,习史地,研究章实斋之书,初读其《文史通义·内篇》,颇不喜之……及读志《外篇》创论方志之学,又读其《校雠通义》阐明目录之要,而所主修之方志,其艺文一篇,又便能打通而实践其校雠之旨,则'闻其风而大

---

① 黎锦熙.方志今议[M].北京影印版,1982

悦之'。"

在民国时期,有一位学者,以敏锐的笔触总结评价方志之学,使民国出现了方志理论和实践的热潮,这位学者即是梁启超。梁启超(1872—1929),字卓如,号任公,又号饮冰室主人,广东新会人。他撰写了《清代学者整理旧学之总成绩——方志学》《说方志》和《龙游县志序》,借此向世人充分展示了对方志学的独到见解,其中尤以《清代学者整理旧学之总成绩——方志学》之阐述最为宏富深刻,被视为方志学研究的代表作。此书约成于1923年,全文只万言左右,但却是一部中国方志学发展的研究综述。特别是在中国方志学发展史上具有里程碑意义的方志学概念的提出,承前启后,是方志学理论研究的升华和拓展,在方志学界倍受推崇。因此,尽管方志学不是梁启超学术研究的主要方面,他毕生也从未纂修过志书,但却是在方志发展史上绕不开的学术大家。

方志对学术文化的发展,梁启超早就有着比较深刻的认识:"夫方志之学,非小道也。吾侪诚欲自善其群,以立于大地。"①"盖以中国之大,一地方有一地方之特点,其受之于遗传及环境者盖深且远,而爱乡土之观念,实亦人群团结进展之一要素。利用其恭敬桑梓的心理,示之以乡邦先辈之人格及其学艺,其鼓舞发浚,往往视逖远者为更有力。地方学风之养成,实学界一坚实之基础也。彼全谢山之极力提倡浙东学派,李穆堂之极力提倡江右学派,邓湘皋之极力提倡沅湘学派,其直接影响于其乡后辈者何若? 间接影响于全国者何若? 斯岂非明效大验耶! 诗文之征,耆旧之录,则亦其一工具而已。"②

这一带有推导性的论述,构成了梁氏理论的一大研究特色,可以推见他能够深入到方志文本之中,又能从中浅出真知灼见。在梁启超的著作中,频繁提及与其相去一个世纪的史学方志学大师章学诚,并以19世纪的史学殿军同时又是20世纪新史学的开创者的姿态,世纪回眸,勾勒出自己的史学志学主张,如云:"方志之通患在芜杂……注意方志之编纂方法,实自乾隆中叶始……然其间能认识方志之真价值、说明其真意义者,则莫如章实斋。实斋以清代唯一之史学大师,而不能得所藉手以独撰一史,除著成一精深博大之《文史通义》及造端太宏未能卒业之《史籍考》外,其创作天才,悉表现于《和

① 梁启超.龙游县志·序[M]//赵庚奇.修志文献选辑.北京:燕山出版社,1990
② 梁启超.清代学者整理旧学之总成绩(三)——方志学[M]//梁启超.中国近三百年学术史.北京:人民出版社,2008:330

州》、《亳州》、《永清》三志及《湖北通志》稿中。'方志学'之成立,实自实斋始也。"

民国时期,还产生了一批名志和佳志,这些志书的作者大多能根据世易时移,与时俱进,写出结合当时情势的作品,体现变通的精神。除上文所说的《龙游县志》外,另一部较好的县志是黄炎培之《川沙县志》二十四卷、附一卷,1937年印行。该志卷首列图,次分二十三门,各为一卷。卷十五为艺文志,分概述、著述类(含经学、小学、算学、诗文、医术、杂著)、金石类、书画类,"兹就征访所得""因物分门,而不求备,有闻则录,而不苟择,聊备后人鉴考"。需录重要文献,采取全录之法,故称之体例臻密、文章简陈之佳作。

民国期间,关于艺文处理较为别致的一位学者是王重民,他主纂民国二十五年《无极县志》。这部志书之艺文志编纂得法,保存了丰富而珍贵的地方文献资料,为区域的学术文化研究提供帮助,在我国方志发展史上占有重要地位。他主张:"新艺文志一仿三通、七略之意,首取著述书籍,分部摄要,论道得失,使后人得所考据。次仍辑录诗文,分标文征、诗征,以存艺文之全。"即不因循成规,一改历代艺文志多取官绅、乡耆唱和诗文而与志体相悖之做法,还艺文志在志书中的积极意义。王重民除较多地收录了人物的数量和记述的细节外,还充分利用方志艺文较正史艺文体例上限制少、相对灵活的优势,在条目的设置和资料的排比运用上别出心裁,比如在其编纂的民国《奉天通志·艺文志》、民国《永吉县志·艺文志》等的"书征"部分,记载地方人物著作目录的同时,对作者的著录颇多,亦予收录。

傅振伦涉猎方志有年,就方志在多个领域有所阐发,对于方志艺文志的编修,在民国时期陈述较多,如其主张:"今日修志,当师承纪传体'正史'艺文志之义,扩大门类,创立'地方文献志',以保存地方故实。其范围当包括学术著述、档案掌故、古迹古物、轶事传说、民间文学,用以记录这一地区有关教育、科学、文化上的科研成果。"

其思想在所撰志书中有所体现。《河北新河县志序例》其艺文考分为三门:一是书录,即是专著提要,分经史子集及方志,附县图书馆藏书目;二是金石目,和故实考互见;三是文存,分为文征、论说、文艺。在《北碚志稿》中,设文教略,包括了艺文、方言、民间文艺、古迹古物,别录又有文征、丛谈、丛录。傅振伦的学术观点继承了章学诚等人的艺文思想精华,同时从现代西方史学和社会学中汲取营养,顺应时代潮流,开现代方志之先声。

综上所述,艺文作为方志的类例之一,长期以来,为传统学人所熟知,并从多个层面和角度,对于方志艺文多有研讨,薪火相传赓延历代从未间断,各志家学者结合志书编纂实践,以致用为原则,形成了别具特色的研究成果,和正史艺文志研究相比,方志艺文志的研究十分关注艺文的目录学本性和地方文脉的传承,于源流因革、来龙去脉之外,还强调艺文品格和理论价值的把握,故不仅是历史的考察,还有理论的综合。

纵览古代关于艺文的研究,虽然古代的先哲已经付出了艰辛的劳动,取得了很大的成绩,但也有其局限性,离完全弄清方志艺文志发生发展演变的历史还很远,还有许多问题有待于我们去继续探讨。

首先,研究理论缺乏,使得古代的方志艺文志成就多局限在认知领域,而拥有一定数量的确定的方志艺文知识,是方志艺文编纂质量提升的前提,但这并不表示古代艺文的编纂必定先于艺文意义的研究,方志理论应是在方志不断进行过程中产生的,其非惟创制,许多理论产生在志书的编纂实践中,这种理论反过来又指导了艺文实践。到了清代,尤其是乾嘉时期,我国的方志艺文志的编纂实践日益增多,方志理论才逐渐丰富起来,但因方志艺文长期局限在史学视野之下,其理论的建立和审度极其稀少。

其次,综合研究方面,对于艺文研究的畛域非常狭窄。传统方志艺文志的研究始终把排列材料、挖掘背景、训诂考据作为研究的终极目的,所以阐述的内容通常是表述些艺文编纂的现象,而不能提供意义解读和研究路径,因而衍生了大量的、重复的、无关紧要的命题,这种研究虽貌似繁荣而实质空泛。

再次,传统方志艺文志的理论多数是志家在编纂方志过程中的零散言论。古人结合实践、以实践经验为基础的理论探求,固然表明其理论思考的独立和价值,但同时也导致缺乏深层次的、真正科学的研究,即所谓的一叶障目,不见泰山,不利于研究深度的挖掘和广度的拓展,以及从整体上探求方志艺文的产生、发展过程,导致方志艺文的研究经常是随笔而就,是正史研讨成果的伴生产品。因此对于方志艺文志,大多古代志家对它的价值往往心知其意,具有一定的感性认识,而没有上升到理性的总结和认知。而近代学人大多是从志书的"书序""书后""书跋""例言"或书札信函记,以及修志文诏等内容上反映了关于艺文的理论认识,相对于艺文志的数量和规模而言则是凤毛麟角,而系统论述和研究更是很少,仅是少数志家略有涉及,而要研究方志艺文志,是需要从理性的高度来总结其历史发展的规律,对其的认识有待于进一步提升。

第四节　新方志艺文志之镜鉴

历史是一面镜子。古人云：以铜为鉴,可以正衣冠;以人为鉴,可以明得失;以史为鉴,可以知兴替。考察方志艺文志的评价和缺失,可以以史为鉴,对于我们今天正确认识和把握方志规律,科学编纂方志和方志艺文志具有重要意义,也就是力求从更大的时空范围,用更深远的历史眼光和更宽广的学术视野去研究总结中国传统方志的经验教训,探讨方志及其艺文志的发展规律,从中汲取智慧,用以指导新方志的实践。

一、编纂艺文要知难而上

前文所述,两轮新方志艺文志的编纂不尽如人意,分析起来,有许多主客观原因,其中一点就是方志艺文志的编纂存在难度。但把原因简单地归于编纂太难以及存在弊病,并不符合实际。"知其难,而不敢不即闻见以存其涯略,所以穷于无可如何,而益致其慎尔。"①因此,纂修新方志艺文,要做到一方面重视基础工作,把县一级艺文部分编纂好,然后上级市及省的艺文志才容易修成;另一方面,方志艺文志虽然和其他史料一样,也存在着真伪繁简等诸多问题,但只要弄清其修纂的脉络、汲取其他实录、档案、正史、地方史等文献的可信部分,相互考订,就可以解读并开发其重要价值。

另外,"方志的内容既是无所不载,方志的效用与功能,取决于修志者的器识与抱负……修志者的期许,决定所修之志的功能面向"②。克服编志之难,还要积极倡导学者专家参与修志。我国古代和近代名家学者参与修志一直是优良的传统,受历史的局限,当时参与撰写的文人们,在指导思想和记载手法上都不可避免地打上那个时代的烙印,但瑕不掩瑜,真实地记载了历史是它的本质和主流。事实也证明,名人参与修志,对志书的质量有着极大的影响,以方国瑜主编的《保山县志稿》为例,这是在两轮修志中一部较好的地方文献,其体例完备,是云南比较好的一部县志。这和志书编撰队伍的强大

---

① (清)章学诚,叶瑛校.永清县志政略叙例[M]//文史通义校注(卷七).北京:中华书局,1985:756

② 高志彬.台湾方志之纂修及其体例流变述略[J].台湾文献,1998,49(3)

是分不开的,这部志稿最初的准备阶段是在二十世纪四十年代初期,当时西南联大的许多教授到保山避战乱,协助保山修志馆的撰写人员共同编写保山志稿,并推举方国瑜为主编。方氏是新中国成立后中国科学院在云南命名的唯一院士,他的参与,是这部志书的重要保证。他在艺文的处理上较有章法,在卷十七中设艺文一,书目一,并云:"史志艺文,肇自班固,列举载籍目录,考镜源流。近代地方志书每沿袭此名,而选录诗文以塞责,且有以诗文占志书过半者。章学诚创三立之说,志书与文征各成一书,志之艺文,专载书目,今遵斯例,胪列书目。又依道光《云南通志》之例,分纪载县事之书与县人著述之书为二,并于每书下为题解,略加考证。至纪载县事,则凡关于一隅之书收之。又现人著述,生存者不录,亦古例也。志不收诗文,故别录篇目,且详记见于前志之卷叶,而附于书目之后,以供览焉。"

因此,我们的方志工作者要以开阔的胸襟、宏远的器识,去探讨方志艺文志的规律,从而改造旧形制、建立新体制,加强这个领域的研究,力争补上这一课,重放艺文在方志中的光彩。

二、编纂艺文要有因有创

传统方志艺文志存在不足和瑕疵,"对于自己的乡土文化要有所认识,认识不是为了保守它,重要的是为了改造它,正所谓推陈出新"①。人们如果只是一味地指责它的简陋,那不仅是缺少科学眼光,而且也缺少历史眼光。它在历史的今天,仍具有重要的当代地位与鲜明的特征,仍有所取鉴,其治学精神更应继承。方志艺文志在新的环境中寻求生存、保持影响,这正是发展的必然。

在新的历史时期,方志如何继承和创新,胡乔木在全国第一次史学会议上有过提倡:我们今天要"用新的观点,新的方法,新的材料和体例,继续编写地方志",而"新的地方志要比旧志增加科学性和现代性"。就此,方志学家们也各抒己见,"我们既反对全部丢掉方志原有的特性而一味追求创新的做法,也反对原封不动全部照搬照抄旧方志的一切格式和门类"。而就方志艺文志,也应该有因有创,在各个方面表现出时代的特色和丰富的内容。章学诚在评价佳志时,都要用"史家法度""方志体例""内容价值"三个标准进行衡量。在今天对于新方志艺文的编修,仍然有着重要的指导意义,以其标准绳

---

① 费孝通.关于"文化自觉"的一些自白[J].学术研究,2003(7)

之,不外乎以下几个方面:

一是体例要与时俱进。传统艺文志,编纂方式主要是纂辑,采用经、史、子、集、杂分类纂辑,是符合当时的客观情况的。时代在变迁,新艺文志要记述的内容更丰富了,层次更多了,作为方志坯料的内容已经变化发展了,传统艺文志的体例已实在不能拢括现代的学术内容,新方志从类例到著录方法等面临革新和变迁是必然的选择,若泥古不化,以旧体套新篇,则是画地为牢的守旧之举。研究和探索旧志体例变化的基本情况和体例发展的一般趋势,目的在于建立适用于新时代的方志新体例。新方志的结构是现代章节式结构,出现了篇、章、节、目等多种层次,层层相辖、条理分明。采用以时为经,以事(类)为纬,以著作为主体的体裁,要根据现实情况与时俱进。如今方志艺文志的"地盘"已经拓展得太大了,如艺文方面的著作:美术、书法、摄影、音乐等。因此为完整具体地再现这些新的艺文材料,必须建立崭新的体例和科学的秩序。

检阅部分新方志可以看出,新方志在体例形式上,一是力求保持传统方志旧有的格局,一是在旧的形式基础上加入新内容,向现代文学形式延伸。但如果新瓶装老酒,依然在章节体艺文卷中采用类目体,继续沿用经、史、子、集的分类方式,就有失科学性而显得不伦不类了。而且用经、史、子、集去涵盖现代丰富多彩的作品形式,将众多作品进行分类是很难操作的。新的体例包容新的内容,新志艺文卷要与志书整体保持协调一致,采用章节体结构,多数编按体裁设编,诸如诗词联语诗选、文选、民间文学作品选、艺术作品选、作品提要、作品目录;编下再按时代立章,章下再按作者属地分节,节下再按作者和作品题名立目。这样编、章、节、目,层层相辖,使看似散乱的作者、作品,都有条不紊地归属在一个有机的统一体中。

二是内容和形式要具有学术和艺术价值。内容不是别的,而是形式转化而成的内容,而形式也不是别的,而是内容所转化的形式,从这个意义上说,艺文志编纂的形式和内容是同等重要的。内容所以成为内容是由于它包括有成熟的形式在内,新的编纂形式往往是应内容的发酵成熟而产生,而内容的创新,同样也需要通过创新编纂形式来表达。方志艺文志的创新,既是内容的创新,同时也是体例的创新,是体例和内容的相互依存和转化。旧志的艺文,受时代局限,收录了诸如制册诰命、封建迷信和荒诞不经的内容,还有文人猎奇记、辗转传抄不实之文;新方志艺文志的编撰,要具有较高学术价值,为研究者提供有益的参考,在内容上不仅要多访搜求,还要认真考辨真伪,抉择去取,必须去伪存真、去粗取精,不可真假杂糅,也不可以多为胜,在形式上,深刻地切入到体裁的内在逻辑、充分地展现内容的艺术魅力。一部好的方志艺文志,一定是一部内容和形式深度契合、和谐统一的艺术成果。

三是篇目要特色突出。仓修良曾说过:"一个时代的史书和方志,若不能反映出一个时代的面貌和社会风俗,自然就将失去它存在的价值。因此,写史修志,都必须用时代的内容和时代的语言来反映时代的精神面貌,否则就会失去其生命力和存在意义。"①其所谈的是方志要突出特色问题。1982 年湖南人民出版社出版了《湖南省志》二卷。卷一曰地理志,卷二曰湖南近百年大事记述,该志备载疆域、政区、人口、沿革及地质气候植被、近百年来革命斗争的历史,而于文化艺术全无涉及,虽搜集材料详备得当无可诘难,然仍未能反映一地文化发展之现状与全貌。1985 年湖北人民出版社出版《黄梅县志》,从其类例分设可看出其融古用今之用意。通体分十一篇,概述、地理志、经济志、社会志、艺文志,历代大事记述,附录,文教卫生志包括文化艺文志(戏曲、民歌)、教育、医药卫生、报刊出版与名胜古迹。艺文志一曰诗选:黄梅竹枝词、民国诗选、革命烈士诗抄;二曰文选。附录记《黄梅县志》编修始末,对黄梅县政治、经济、军事、文化、教育等诸方面情况予以介绍,不失为结合古今之佳作。

方志内容的广泛性,决定了方志艺文的内容要全面,要反映的是一地的文化、学术概貌和特点,必须涵盖一方之林林总总,方方面面。因此,要避免以点代面,以偏概全,艺文卷记述的内容力争全而又全。首先,时间要全,在规定的时间断限之内,时间编排要有连续性,按时段编排,不能间断;其次,是文体之全,诗、词、文,对联、诗钟,民间歌谣、谚语、俗语、歇后语、谜语、方言诗、民间故事传说,美术作品、书法作品、摄影作品、音乐作品,品类不能缺项;再次,是作者之全,既有本土作者,又有外地人写本地事的作者,既有名人名家,也有本地民间人士;还有编纂手法要全,有全文照录,有要文选录,有提要撰写,有书目存录,有繁有简,有点有面,从多方位、广角度表现地域艺文的水平和特点。

傅振伦在 1989 年提出:今日修志,当师承纪传体"正史"艺文志之义,扩大门类,创立"地方文献志",以保存地方故实。其范围当包括学术著述、档案掌故,古迹古物、轶事传说、民间文学,用以记录这一地区有关教育、科学、文

---

① 仓修良.方志学通论[M].济南:齐鲁书社,1990:612

化上的科研成果。正确处理继承和扬弃的关系,方志之编纂越是进步,方志艺文志个体与整体的矛盾就越突出。艺文志越来越膨胀,相对于志书的总体规模,的确有"阔眉半额"的弊病。虽有弊病,但其合理的部分还是要继承的,不能倒脏水泼掉孩子。因此,传统艺文的类目,诸如碑刻等,也要留有一席之地,使之在新方志中闪现它本来就有的光芒。

四是索引要便于检索。编者务求为读者利用考虑,一要为读者查检著者、地名、作品来源提供便利,二要为读者查检其他史志提供便利,如要录载的所有著者和作品在志书的页码,按作者姓氏笔画编排,使读者转瞬就可查得某人在四部旧志中的作品。又如人物笔名索引,可通过笔名、别称、字号查出人物姓名及小传。这一用途不只适用于艺文卷,在一定范围内也可帮助读者解决其他著作有异名无正名的问题。此类具有学术导航功用的索引,必然会得到读者的青睐。

据调查,在全国新编方志中索引最多的主要有以下几个内容:传统方志所载作者和作品索引,本卷作者姓名索引,本卷人物笔名、别称、字号索引,本卷主要地名索引,本卷作品出处索引。另外,有些志书还设立"刊用、展出或展出作品一览表"。列出作品类别、名称、作者、发表时间或获奖等级,使地方名人贤士艺术成果一目了然。

余 论

　　笔者在绪论中说过,对古往今来的方志艺文志进行梳理和系统总结,这方面的研究还不多见,本书以方志艺文志作为研究的对象,初步尝试循着它的发展轨迹,从目录学和方志学的角度,对它的内容、体例、优长等一系列问题进行富有理论意义的分析和研讨,对于它的当代价值等问题也进行了有意义的考察。然而,这并不意味着研究工作就到此为止了。我们研究艺文志的意义也并不仅是为了描述和介绍这种文献类型而已,而是希望从研究工作中得到一些有益于自身、有益于当下的启示。那么,我们接下来可能面临的问题是:研究方志艺文志对于我们又有什么意义? 对古人艺文志编纂的考察和关怀,能够启迪和指导今天的志书编纂事业吗? 在新方志艺文志的编纂中我们能否避免泥古不化和以今变古两种弊病? 对于这些问题的回答,是我们整个研究工作的意义所在,因此,让我们在此再加以作答。

　　本书以时为序,用几千年修志的历史经验和古今一系列对方志艺文志问题的讨论做铺垫,集中篇幅对一些基本理论问题进行归纳。方志和方志艺文志的发展,离不开我国传统文化和核心价值体系的影响。一个国家、民族的文化有核心,文化的核心是一种价值观念,它对于文学研究和艺文研究以及其他方面的研究,富有指向性,同时也影响到治理国家等政治操作。卷帙浩繁的传统方志,在本质上也同样是这种价值观在指导,如“天人合一”的哲学理念强调天道、自然与人息息相通,和谐统一。体现在方志编纂上,方志述说的是地方的人文、自然情况,同时又与政治教化联姻,维护皇权统治。方志的艺文志恰到好处地将文史哲通融合一,具有史志、言情、义理三重功能。从编纂内容上,体现着“和而不同”价值观,方志艺文能够把各种文献类型的优长综合起来为自己所用。通过比较正史艺文志和方志艺文志,探知方志艺文志既沿袭正史艺文志,又保持着独特的地方特征和人文气息,某种意义上还可补正史艺文之不足。既和其他文献类型有相同之处,又在记述范围等内容上和其他文献保持着根本的分野。其“同”,不是简单的重复,其“不同”,又能保持着平衡和和谐。这一重要问题的勘探发现,说明方志艺文志是深深根植于我国文化的沃土之上,大而弥德,久而弥新,很难受其他因素影响而改变的,因此,不难理解它历经千年却绵延不衰的原因了。

一是回顾我国传统方志艺文的编纂和发展,其同方志母体浸淫于中国史学精神之中,同中华史学的发展紧密联系,梁启超曾指出:"中国于各种学问中,惟史学为最发达。史学在世界各国中,惟中国为最发达。"①宋代方志定型以后,就不断有人提出方志为史的见解,尤其是清代章学诚提出"志乃史体""志乃史裁""志属信史""方志为国史要删""方志乃一方全史"等理念,并从理论上做了系统的阐释,方志历史说逐渐占据深入人心。"方志,从前人不认为史,地位才逐渐增高"②,方志从源头上属于史学范畴的探讨,赋予了方志和史学之间在分类体系和文化系统上呈现了不可分离的鱼水关系,也可以说,传统方志的发达,即是我国史学发达的表现之一。在发达的史官制度和史学文化下,造就了发达的史学目录学体系,传统方志艺文实践历久弥新,与中国目录学的发达也息息相关,"传统目录学……在整序文献的同时,也整序了文化。每一部自成体系的目录,都是对人类既有文化的梳理"③。一方面,中国目录学为方志艺文的编纂提供了宝贵的可资借鉴的成果,成就了其特殊的文化地位和历史地位。另一方面,方志艺文志反过来丰富了中国目录学的内容。前者,长期以来得到了世人的认同和关注,而后者,则是一片盲区,没有做深入的研究。本书从"艺文"名称的由来、演变、目录的体制、价值等多个层面和角度,阐释了艺文目录的功用,是保藏地方文献的工具,也是检索、查阅、辑佚的工具,更是读书、治学的门径,同样赋予了其"辨章学术、考镜源流"的特点和优良传统,其特有的地域特征,对于地方文化和地方学术研究作用尤为突出。而且,这种目录,因和方志的其他门类及其阐述的内容形成一个立体而又丰满的体系,对方志的通读可对地方形成一个整体而全面的文化认知,既可见地方学术的崖略和梗概,又可知政令教化、民俗土风、山势川源。

二是志书是资政、教化、存史的重要手段。历史上有作为的统治者,无不重视编史修志。考察方志的传承历史,可以发现,自隋炀帝始,历代几乎都是皇帝下诏修志。故而自隋以后,方志始具官修的性质。美国芝加哥大学历史系教授阿利拉(G. Alitto)在谈到中国传统方志为什么在经历了时空的改变后

---

① 梁启超. 中国历史研究法[M]//梁启超. 饮冰室合集(10). 北京:中华书局,1996

② 梁启超. 中国历史研究法补编[M]//梁启超. 饮冰室合集(12). 北京:中华书局,1996

③ 傅荣贤. 传统目录学的文化价值[J]. 图书与情报,1995(2)

仍能连绵不绝时称:"所有早期的方志,事实上是向中央政府提供情报的记录,就每个地方的情况向政府当局提出的报告。"对这个说法有可辩之处,但有一点可以肯定,那就是传统方志实践之所以绵延发展并走向兴盛,是因为它的资政、存史和教化等功用引发了统治阶级的重视和积极干预,形成了一种自上而下的中央修志活动与地方学术活动的相互资鉴,从而"分之而州别县殊,合而海宇为一",正是有赖于此,才保证了地方志传统文化的绵延发展,并历经两千五百多年的历史风云而经久不衰且自成体系。

三是爱国是中华民族的优良传统,志"存史、资治、教化"的功能吸引了一些文人仕宦、名儒硕贤将其作为表达"忠君爱国""乡情乡曲"、君子"立言"的载体。封建时代的知识分子以"齐家治国平天下"为理念,对于时代发展、民族血脉、社会现实和民间疾苦都有着相当自觉的感知、理解和行动,他们积极参与编修方志,传统方志的修志队伍中,有相当一部分是学有专攻的荦荦大者,如宋代的宋敏求、朱长文、范成大、李焘、薛季宣、陈傅良、高似孙、周必大、陈振孙、刘攽,如乾嘉时代的袁枚、戴震、章学诚、钱大昕、段玉裁、全祖望、洪亮吉、孙星衍、谢启昆、姚鼐、王昶等,这么多的名家参与,不仅使地方志编纂的数量洋洋大观,总体质量大大提高,而且方志的种类也纷繁驳杂,记载范围涉及广泛,使得方志的发展处于官修与私纂互补相济的良性循环,极其有效地促进了方志编修工作的开展,使方志内容不断充实,体例不断完善,学术性和科学性不断提升,同时也推动地方文化和知识体系经久积势、向着纵深全面发展。

四是方志与方志艺文志编纂相互推动。在研究过程中,笔者发现有一个非常值得重视的现象:是否收录艺文和某些地区的修志历史有关,越是修志事业较为发达的地区,对艺文的重视程度就越高。例如,第一轮修志,《凤庆县志》就收录艺文,凤庆县旧称顺宁,"元置土府,明设流官",清乾隆三十五年(1770)设顺宁县。1954年8月改称"凤庆"。追溯其方志编纂历史,早在明代嘉靖四十二年(1563)土府时,勐寅编得《顺宁府志》手抄本一卷。之后,又有董永芟纂修清康熙《顺宁府志》三卷,范溥修、田世容纂的雍正《顺宁府志》十一卷,刘靖编纂的乾隆《顺宁府志》十卷,党蒙等修、周宗洛等纂的光绪《续修顺宁府志》三十八卷,张问德修、杨香池纂的民国《顺宁县志初稿》十五卷。一以贯之,历经数代而不绝,比较完整地反映了顺宁方志事业的发展成就,展现了一地独有的历史风貌,这种方志编纂的成熟和延续,也使得历代学人志家对艺文志的研究非常深入,在收录作品的数量、质量及风格上独具特色。

事实也证明,方志艺文的编纂,对方志事业的发展又有所推动。浙江省是我国历史上文化基础较为深厚的地区,从东汉即有《越绝书》问世算起,浙江有近两千年方志编纂的悠久历史,其人文荟萃、人杰地灵,历代著名学者如陆游、高似孙、陈耆卿、袁桷、黄宗羲、全祖望、章学诚、余樾、王棻、孙诒让、王国维……代有其人,不可胜数,其艺文理论和实践不断推陈出新,在我国艺文的编纂史上,书写了浓墨重彩的历史画卷。即使到了近代,也是得以继承和发展,鲁迅先生就是其中的杰出代表。他收集了绍兴山阴、会稽、诸暨、萧山、余姚、上虞、嵊县、新昌八县的历代人著作八十多种近一千卷,编辑了《会稽郡故书杂集》,以"用遗邦人,庶几供其景行,不忘于故"①。鲁迅因此说过:"古人所传授下来的经验,有些实在是极可宝贵的,因为它曾经费去许多牺牲,而留给后人很大的益处。"②历代学人之所以重视艺文,是把它作为总结和发展学术经验和地方文化的重要手段,从中得到启发和借鉴。

五是志书编纂中的一些具体问题的研究和解析也十分必要,纵观千百年来方志艺文的发展,其内容、体例等的改制是在一次又一次的反复淬炼的经验中总结产生出来的,尤其是体例问题是一个远比体裁内容更为丰富和复杂的范畴,体裁有一定之规,相对固定,上下数千年,横跨文史哲,可以共用同一体裁,而义例则有千差万别。一方面,它为"艺文志"在方志中继续存身找到了出路,为目录学增添了新的内容,十分灵活,每部方志艺文志的体例都具有各自的特征;另一方面,从选文和分类角度考察,搜罗宏富的其他文献所不载或所载不完整的大量诗文,是古籍整理不可或缺的参考资料,是辑佚的渊薮,具有相当大的价值。纵览不同历史时期的方志艺文志,总的趋势是,艺文的分类越科学、文体划分越细致、文体越丰富,展示文学和学术发展的实际状况越充分,那么这部志书的编纂越富有成效,志书的质量越经得住时间的考验。而艺文选文的形式又是多样化,是将关乎地方的大量文献经过筛选编辑,根据特定的目的,众多有关地方的众多诗文歌赋中取其精华,精心编排而成,且内容丰富,涵盖经、史、子、集,兼收赋、诗、骚、诏、策、令、表、奏议、制诰、策、诗、表、墓志、祭文等不同的体裁和文体,其中多为地方学术和文化的精华,是学者文人思考社会、人生、自然的思想结晶,通过这些选录的内容,可以使读者感受到时代的脉搏,考见地方的文化风貌,洞悉时代精英所关注的问题,提

---

① 会稽郡故书杂集·序[M]//鲁迅全集(第11卷).北京:人民文学出版社,2005:35
② 南腔北调集·经验[M]//鲁迅全集(第4卷).北京:人民文学出版社,2005:554

供了有关政治、经济、文化、军事、外交、民族等问题的系统资料。

六是世界上的任何一种理论都是在同谬误做斗争的过程中逐步发展完善的，特别是社会科学领域里的理论问题，不像数学定理那样只需推导论证就行了，一开始往往很不成熟，需要随着实践的不断深化而逐步使之完善。因此，有针对性地组织一些基本方志艺文批评的理论问题的讨论和在讨论中采取平等的、心平气和的态度，是方志艺文发展不可或缺的。总结以往的艺文积累了不少的经验和成果，也产生了不少的错误和教训，这些都是宝贵的财富，值得我们认真总结，扬长避短，去粗取精，科学地编纂方志艺文。

七是展望新一轮的方志艺文志编修，在把握全面记述的前提下，要做到以点带面，突出重点，既有面的广泛性，又有点的深入性，其中尤其值得重视的是，方志艺文志不仅是方志的重要组成部分，也是历史研究和学术研究的需要，要继承和发掘这一宝贵遗产，积极进行收集、整理、研究、总结和利用工作，融古用今，用新的内容、新的观点，纂修新的方志艺文志，使这一事业得以承前启后，后世永继。

总之，审视过去的、现在的、未来的方志艺文志研究和实践都将是一件必要、必需和有意义的事情。清光绪刘德全等纂《旬阳县志》卷十三之序所言概之，可表心意：

> 书详目录，汉史所勒。
> 志入诗文，宋人作则。
> 彪外弸中，英声茂实。
> 凭吊古今，表彰幽默。
> 发抒性情，歌咏功德。
> 忠孝揄扬，山川润色。
> 骚雅之音，马班之识。
> 严乐之笔，渊云之墨。
> 上希古人，下垂无极。